U0620718

權威 · 前沿 · 原創

皮書系列為
"十二五"國家重點圖書出版規劃項目

中国社会科学院创新工程学术出版项目

温州蓝皮书

BLUE BOOK OF WENZHOU

编委会主任／陈作荣　诸葛承志　执行主任／张纯芳

2015年
温州经济社会形势分析与预测

ANALYSIS AND FORECAST ON ECONOMY AND
SOCIETY OF WENZHOU (2015)

主　编／潘忠强　王春光　金　浩
副主编／朱康对　王　健　任　晓　陈中权

社会科学文献出版社
SOCIAL SCIENCES ACADEMIC PRESS（CHINA）

图书在版编目（CIP）数据

2015 年温州经济社会形势分析与预测/潘忠强，王春光，金浩主编.—北京：社会科学文献出版社，2015.4
（温州蓝皮书）
ISBN 978 - 7 - 5097 - 7300 - 0

Ⅰ.①2… Ⅱ.①潘… ②王… ③金… Ⅲ.①区域经济 –
经济分析 – 温州市 – 2014 ②社会分析 – 温州市 – 2014
③区域经济 – 经济预测 – 温州市 – 2015 ④社会预测 –
温州市 – 2015 Ⅳ.①F127.553

中国版本图书馆 CIP 数据核字（2015）第 063335 号

温州蓝皮书
2015 年温州经济社会形势分析与预测

主　　编/潘忠强　王春光　金浩
副 主 编/朱康对　王　健　任　晓　陈中权

出 版 人/谢寿光
项目统筹/邓泳红　张丽丽
责任编辑/张丽丽　王　颉

出　　版/社会科学文献出版社·皮书出版分社（010）59367127
　　　　　地址：北京市北三环中路甲 29 号院华龙大厦　邮编：100029
　　　　　网址：www. ssap. com. cn
发　　行/市场营销中心（010）59367081　59367090
　　　　　读者服务中心（010）59367028
印　　装/北京季蜂印刷有限公司

规　　格/开　本：787mm × 1092mm　1/16
　　　　　印　张：22　字　数：333 千字
版　　次/2015 年 4 月第 1 版　2015 年 4 月第 1 次印刷
书　　号/ISBN 978 - 7 - 5097 - 7300 - 0
定　　价/69.00 元

皮书序列号/B - 2008 - 081

温州蓝皮书编委会

主编简介

潘忠强 现任中共温州市委党校副校长、温州市社会科学院副院长，曾任中共温州市委政策研究室副主任。曾主持中共温州市委"十一五"规划建议、"十二五"规划建议等40余项规范性文件起草，完成"浙南沿海港湾资源开发对策研究""温州民营企业生命周期研究""温州企业虚拟经营研究"等省市课题50项，发表学术论文、调研报告30余篇。

王春光 中国社会科学院社会学研究所首席研究员，博士，博士生导师，享受国务院特殊津贴专家。长期从事农村社会发展、农村流动人口、社会阶层和社会流动、海外移民等方面的研究。曾主持和参与国家社会科学基金课题、中国社会科学院重点课题的研究，先后出版了《社会流动和社会重构》《中国农村社会变迁》《中国城市化之路》《巴黎的温州人》《中国农村社会分化和农民负担研究》等专著，并先后在《中国社会科学》《社会学研究》《社会》《中国人口科学》等杂志上发表多篇文章。

金　浩 曾任中共温州市委讲师团团长、中共温州市委党校副校长、温州市乡镇企业局局长、温州市科学技术委员会主任。

摘　要

本书是中共温州市委党校和中国社会科学院社会学研究所合作推出的第八本温州蓝皮书，由总报告、改革篇、经济篇、社会与文化篇、生态篇、专题篇和附录7个部分组成，共28个研究报告。

总报告研究指出，2014年温州在新常态的背景下，积极消除区域金融危机的影响，努力化解危机后的各种矛盾和风险，扎实做好改革发展和稳定工作，环境建设有序推进，各项改革不断深化，绝大多数经济指标在全省的排位有所提升，经济和社会发展继续向好发展。地区生产总值达到4302.81亿元，增长7.2%；财政总收入突破600亿元，达到612.44亿元，增长8.8%。

报告认为，当前温州仍处于后危机时期，影响社会经济发展的主要问题尚未解决，各种社会矛盾仍有激化的危险。

报告建议，2015年温州要深入贯彻十八届三中全会精神，继续深化各项改革，重点做好加大风险化解力度、推进产业转型升级、推进基础设施投融资体制改革、城镇治理模式、构建多层次社会服务体系等五个方面的工作。

改革篇共6个报告，内容包括温州金融改革、农村改革、民政改革、社会资本办医、民办教育改革、权力清单制度。

经济篇共9个报告，内容包括区域经济整体运行分析、农业、工业、服务业、外经贸、财税、投资、金融、房地产经济。预测2015年地区生产总值将增长7%左右。

社会与文化篇共7个报告，内容涉及公共治安形势分析、城乡居民收入与消费状况分析、文化发展、文化礼堂建设、博物馆建设、文化产业发展、

"温州书法现象"研究。

生态篇由3个报告组成,内容包括温州重污染高耗能行业整治、工业挥发性有机化合物排放与防治、一般工业固体废物处理。

专题篇共分2个报告,内容涉及领导干部对温州经济社会发展状况的调查、工业企业生产经营状况的调查。

附录列出了1978~2014年温州经济社会发展的主要指标,反映了温州经济社会发展的进程。

Abstract

This book is the eighth edition of Wenzhou blue book, consisting of seven parts with totally twenty – eight reports, including General Report, Construction & Reforms, Economic Development, Social & Culture Development, Ecological Development, Special Topics and Appendix.

The General Report indicates that in 2014, in the "New Normal" context, Wenzhou has taken the initiative to eliminate the impact of regional financial crisis, resolve the succeeding contradictions and risks and strengthen development and stability in economic reform. With environmental development being rapidly pushed forward and all kinds of reform deepened, most of its economic indexes are ranking up in the province, and general economy as well as social development continue to maintain a sound momentum of growth. The GDP has reached 430.281 billion Yuan, a growth of 7.2% from the previous year; meanwhile the total financial revenue has increased by 8.8%, exceeding 60 billion Yuan.

The report implies that Wenzhou is still in the post – financial crisis era. Problems that hinder social and economic developments remain unsolved, and this may intensify social contradictions.

The report also suggests that in the year of 2015, the spirit of third Plenum of the eighteenth CPC Central Committee should be implemented during Wenzhou's development. Various reforms shall be continually deepened, especially in the following five aspects: mitigating risks, promoting industrial reform and upgrading moves, promoting structural reform in infrastructure financing and investing, promoting urban and rural administration, and establishing multilevel model of social services.

Construction & Reforms is comprised of six reports, mainly concerning about Wenzhou financial reform, rural reform, civil service reform, and reforms in social capital investment in medical services, as well as in mechanism of disclosing power

lists.

Economic Development is consisted of eight reports, including overall analysis of regional economy in areas of agricultural industry, industry – based economy, service industry, foreign trade, fiscal taxation, finance and real – estate market. The report concludes that it is able to attain the goal of 7% regional product growth in the year of 2015.

There are seven reports in Social & Political Development. Researches on public security situation, income and expenditure of urban and rural residents, culture development, cultural hall development, museum development, cultural industry development, and "Wenzhou Calligraphy Phenomena" are included in this part.

Three reports are included in Ecological Development, namely regulations on heavy pollution and high energy – consuming industries, volatile organic compounds (VOCs) emission prevention and control, and ordinary industrial solid waste treatment.

Special Topics is consisted of two reports, concerning respectively about Leading cadre's investigation and judgments on current situation of Wenzhou's economic and social development, and the survey on production operation state of industrial enterprises of Wenzhou.

Main indexes of Wenzhou's social and economical development during 1978 – 2014 were listed in Appendix, reflecting Wenzhou's progress of development.

目　录

BⅢ　经济篇

BⅣ　社会与文化篇

皮书数据库阅读 **使用指南**

CONTENTS

B I General Report

B II Construction & Reforms

B Ⅲ Economic Development

B)IV   Social & Cultural Development

B) V   Ecological Development

BⅥ   Special Topics

BⅦ   Appendix

B.1

2014年温州经济社会发展报告

课题组*

摘　要：　2014年温州适应新常态，积极消除危机影响，继续深化各项改革，工业技改投资快速增长，网络经济迅猛发展，产业转型升级加快，经济效益明显好转，环境治理和建设力度加强，社会治安形势继续好转，基础设施不断改善，社会文化事业蓬勃发展。但仍存在危机影响继续深化，社会信用破坏严重，发展环境问题仍受关注，原有的投融资平台难以为继，社会服务资源布局有待进一步优化等问题。2015年温州有望实现地区生产总值年增长7%的目标。社会经济工作方面应重点在化解金融危机、稳定经济形势的基础上，科学规划未来的产业发展方向，大力推进投融资体制改革，做好新型城镇化综合试点，促进教育、医疗和其他社会服务资源

*　课题组成员：潘忠强、王春光、金浩、朱康对（执笔）、王健、任晓、陈中权。

的合理布局。

关键词： 经济 社会 新常态 温州市

在中国经济增长渐趋新常态的背景下，2014 年温州积极消除区域金融危机的影响，努力化解危机后的各种矛盾和风险，扎实做好改革发展和稳定工作，环境建设有序推进，各项改革不断深化，经济社会向好发展。

一 2014 年温州经济社会发展情况

2014 年，温州虽然区域金融危机余波未消，但社会经济仍取得了可喜发展。近些年绝大多数经济增长指标在全省垫底的状况有所改变。全市全年地区生产总值达到 4302.81 亿元，增长 7.2%。公共财政预算收入 353 亿元，增长 8.8%。温州市规模以上工业企业实现利润总额 248.36 亿元，同比增长 13.2%。2014 年全市居民人均可支配收入 33478 元，增长 9.4%，其中，城镇常住居民人均可支配收入 40510 元，比上年增长 8.7%；农村常住居民人均可支配收入 19394 元，比上年增长 10.5%。

（一）投资保持增长，消费恢复正常，出口和内需市场仍然低迷

投资保持增长态势。近两年来，温州地方政府着力加强有效投资，逐步扭转了前几年投资规模盲目扩大的局面，固定资产投资增长率逐年回落。但由于大投入的惯性作用，2014 年温州固定资产投资仍保持高速增长，全年限额以上固定资产投资共 3052.81 亿元，比上年增长 16.6%。但到 2014 年底温州全市限额以上固定资产投资增长率逐渐回到全省平均水平。从统计数据看，有两个突出亮点：一是工业性投资、技改投资和房地产投资增速回升，且前两者增速居全省第 1 位。2014 年温州市完成工业性投资 750.88 亿元，同比增长 24.0%，增速比上半年提高 22.8 个百分点。其中工业技改投

资增长 56.1%，较上半年提高 31.2 个百分点。房地产投资也开始回稳。全市实现房地产投资 808.88 亿元，增长 10.1%。二是 2014 年工业性投资占限额以上投资的比重为 24.6%，比上年提高 1.5 个百分点。其中工业技改投资占工业性投资比重为 72.2%，比上年提高 14.8 个百分点。服务业投资额为 2208.05 亿元，增长 14%。民间投资完成 1911.86 亿元，同比增长 25.4%，占投资比重的 62.6%，比上年提高 4.4 个百分点。

消费需求逐步回暖。2014 年温州消费需求继续保持回暖态势，全市实现社会消费品零售总额 2410.36 亿元，比上年增长 12.8%，增长速度赶上并超过全省平均水平。同时许多商业企业加强了网络零售业务，零售额增长较快。全市限额以上批发业和零售业单位零售额分别增长 31.5% 和 10.7%。但受政策性因素影响限额以上住宿和餐饮企业零售额表现仍然低迷，同比分别下降 1.4% 和增长 5.0%。

外贸出口低速增长。因温州重要出口市场——俄罗斯经济受油价下跌冲击，2014 年温州出口受到很大影响①。加上 2014 年全市外贸进出口总额 207.82 亿美元，比上年增长 0.9%，其中出口 185.51 亿美元，增长 2.2%。在全国和全省出口形势 2014 年下半年以来有所好转的形势下，温州市出口增速与全省平均水平差距拉大至 7.7 个百分点。加上国内市场增长乏力，2014 年温州市规模以上工业内销产值 3755.55 亿元，同比增长 4.1%，经济增长的外源动力不足。

（二）第一产业恢复性增长，第二产业增速加快，第三产业增加值超过第二产业②，三次产业结构发生重要变化，产业转型升级速度加快

2014 年温州全市第一产业增加值 117.92 亿元，在上年负增长的基础上

---

① 2014 年温州出口增长缓慢，还受出口订单转移和贸易模式转变的因素影响。全市有订单转移的出口企业月均占比 20% 左右。另全市有 300 多家传统外贸企业转移到阿里巴巴"一达通"贸易平台出口，转移企业数居全省首位，导致温州市出口数据流失。

② 2014 年的经济普查发现原来的经济统计中三次产业有漏统现象，加上现价与不变价格有差异，故原统计的三次产业增加值的比重和增长率与 2014 年的数据难以——对应。

增长 2.2%；第二产业增加值 2046.23 亿元，增长 8.4%；第三产业增加值 2133.66 亿元，增长 6.2%。同时产业结构发生重要变化，三次产业结构比重为 2.7%：47.6%：49.7%。第三产业占比超过第二产业，三次产业比重排序从二、三、一转为三、二、一。

工业转型升级加速。全年全市除限额以上工业性投资和技改投资增幅居全省第一外，科技进步综合评价排名也上升至全省第四。全市 112 家企业进入股权交易平台。完成"个转企" 18483 家、"小升规" 999 家、"企转股" 230 家，均居全省第一。R&D 经费支出增速全省第一，财政科技支出增速全省第二，研发人员数增速全省第三。

网络经济快速发展。2014 年全市网络零售总额为 660.46 亿元，占浙江省的 11.71%，增速达 69.01%。居民网络消费总额为 438.42 亿元，占全省的 13.73%，增速达 37.69%。两者分别列全省第四、第三位，顺差达 222.04 亿元。2014 年温州市获批国家电子商务示范城市和信息惠民国家试点城市。

（三）不良贷款处置力度较大，企业整合重组加快，债券融资快速增长，贷款结构已有所改善

2014 年温州市继续积极化解资金链和担保链风险，稳定经济形势。全年处置了不良贷款 394 亿元，银行贷款不良率降至 4.09%。近两年累计发放转贷金 750 亿元，解决了 2500 多家企业的转贷困难，保障了 2000 家优质企业的资金需求，完成了 40 多家企业的整合重组。

法院系统创新破产简化审理模式，健全完善"僵尸企业"市场化、常态化退出机制。2013 年以来，温州两级法院共受理破产案件 321 件，审结 264 件，盘活土地 1658 亩，厂房 100.12 万平方米，化解不良资产 41.99 亿元。其中 2014 年受理 123 件，审结 111 件，分别占全省的 40.73% 和 52.36%。通过破产审判，盘活土地 921.9 亩，厂房 53.92 万平方米，化解不良资产 23.94 亿元。防范和打击破产逃废债的力度加大，共受理涉嫌逃废债的破产关联案件 60 件，审结 49 件，涉案标的 1.07 亿元，追回破产企业资产 4132.84 万元。

2014年12月末，全市金融机构人民币存款余额7937.16亿元，比年初增长2.1%。贷款余额7223.63亿元，比年初增加131.31亿元，同比仅增长1.9%。其中工业企业贷款余额2271.66亿元，较年初减少274.63亿元。虽然2011年金融危机以来温州银行贷款增量每年递减的态势没有改变，但是贷款结构已有所改善。2014年12月末，温州市金融机构人民币中长期贷款余额1925.69亿元，增长30.6%，占贷款余额的比重26.7%，较上年提高5.9个百分点。短期贷款余额为5123.37亿元，下降6.8%。"短贷长用"现象进一步得到改善。

（四）各项体制改革有新进展，部分领域对外开放有新突破

大力实施40项改革项目，金融体制改革、民政综合改革、社会办医体制改革、城乡统筹改革、民办教育改革五大国家级改革试点取得新进展。温州民商银行获批筹建，市保障房私募债成功发行，村级集体经济组织股改基本完成，土地承包权证到户，民办教育、医疗和养老项目加快落地。"四单一网"① 建设走在全省前列，生态园、高新区管理体制开始调整。获批22个国家级改革新试点和23个省级改革新试点，包括苍南龙港被列为国家新型城镇化综合试点，文成、泰顺被列为国家生态主体功能区试点，乐清、瑞安被列为资源要素市场化配置综合配套改革试点。

着力扩大对外开放。温州港口岸实现扩大开放，保税物流中心（B型）获批，空港、海港均被提升为国家一类口岸，积极申报综合保税区。谋划建设"温州韩国产业园"，与韩方签署了合作框架协议，签约引进"韩国时尚新天地"和"医乐园"两个总投资130多亿元的产业大项目。争创海峡两岸（温州）民营经济创新发展示范区，成功举办"2014浙江·台湾合作周"，获批大陆居民赴台个人游试点城市。温商"走出去"发展呈现良好势头，有3个境外经贸合作区布局于"一带一路"。

---

① "四单一网"是指政府权力清单、责任清单、企业投资负面清单、部门专项资金管理清单和政务服务网。

（五）大都市区建设大力推进，基础设施条件进一步改善

城市总体规划修改修编并上报国务院审批。抓好市区"3+1"亮点区块建设，滨江商务区 30 幢大楼结顶，中央绿轴公园开工建设，温州生态园加快推进，双屿综合整治减员增效。加快重大基础设施建设步伐，诸永高速延伸线建成通车，乐清港区一期工程开港，龙湾国际机场新跑道正式投用，温州港、金温铁路扩能改造，市域铁路、沈海高速公路温州段、绕城高速公路西南线等加快推进，龙丽温高速公路瑞文段、乐清湾港区铁路支线等开工。全国智慧城市试点加快推进。"三年实施 20 万亩围垦工程"启动，创新推出"蓝海股份"，加快瓯飞一期、浅滩二期等围垦项目建设，其中瓯飞起步区围垦工程堤坝堵口合龙，完成投资 49.9 亿元；启动城镇低效用地再开发项目 2.1 万亩，清理转而未供、供而未用土地 3.7 万亩。城乡统筹发展水平大幅提升，"文泰工业飞地"机制得到有效落实。

（六）黑臭河、垃圾河得到整治，空气优良天数上升，环境治理和建设取得明显成效

大力推进"五水共治"①。完成治水投资 248 亿元，全社会治水捐资 6.3 亿元。在全省率先消除垃圾河，共整治黑臭河 300 公里，建成镇级污水处理项目 23 个。查办涉水污染案件数超过全省 1/3，三大江水质明显改善。建成滨水公园 178 个，获批全国水生态文明建设试点城市。加大"三改一拆"② 力度，扎实推进"无违建"创建，率先出台新违建责任追究办法，完成拆违 1341 万平方米、"三改" 5659 万平方米。2014 年温州市区空气优良天数 300 天，比 2013 年提高了 13.4 个百分点。PM2.5 平均浓度为 46 微克/立方米，与宁波、台州并列全省第 3 位，相比 2013 年下降了 20.7%，下降幅度居全省第一位。

---

① "五水共治"是指浙江省委、省政府提出的治污水、防洪水、排涝水、保供水、抓节水。
② "三改一拆"是浙江省政府决定，自 2013 年至 2015 年在全省深入开展的旧住宅区、旧厂区、"城中村"改造和拆除违法建筑三年行动的简称。

（七）刑事案件发案数继续下降，社会治安形势进一步好转，百姓对社会治安关注度下降

继 2013 年连续第五年获得平安大市称号后，2014 年温州社会治安状态继续好转。为了进一步完善立体化社会治安防控体系，温州在全国率先实行社会治安物联网管控，严厉打击各类违法犯罪活动。2014 年刑事、治安、"两抢"、盗窃的案件分别下降 6.2%、10.3%、48.4% 和 7.6%。打黑除恶、打击侵财、缉枪治爆、处理黄赌毒案件、打击食品药品和环境犯罪等 9 项工作绩效居全省第一。开展"城中村"安全综合整治，深入开展十大重点领域安全生产专项整治，安全生产事故总数、死亡数、受伤数分别下降 7.1%、5.8% 和 7.9%。正在努力争取"平安大市"六连创。由于社会治安状况的持续改善，百姓的满意度不断上升，对治安问题的关注度也开始下降。据统计部门的连续调查，2008 年高居百姓关注的十大民生问题排行榜第一位的社会治安问题，2011~2012 年分别降至第7、第5位，2013~2014 年更淡出百姓关注的十大民生问题视野。

（八）肯恩大学正式建校，市区初高中分设办学扎实推进，文化礼堂建设成效显著，文化产业发展迅速

温州肯恩大学成功去筹，浙江安防职业技术学院（筹）等加快建设，市区初高中分设办学工作扎实推进。成功举办中国越剧节、市民文化节，电视剧《温州一家人》获中宣部"五个一工程"奖、《温州两家人》开机拍摄，建成文化礼堂 290 家，实施 43 个文化产业重点项目，获批国家广告产业试点园区，成功举办时尚文化创意博览会和首届微电影节。成功举办中华龙舟大赛、省第五届少数民族传统体育运动会，在省第十五届运动会上再创佳绩。

二 2015年温州经济社会发展亟待关注的问题

当前温州正处在后危机时期的相对萧条阶段，影响社会经济发展的主要问题尚未解决，各种社会矛盾仍有激化的危险，许多问题仍值得关注。

（一）虽然民间借贷纠纷案件数量继续减少，但银行不良贷款处置和风险企业"两链"压力仍然较大，银行不守信、企业不诚信、民间不互信现象尚未扭转，社会信用体系亟待重建

2014 年温州经济危机进一步向金融系统蔓延。民间借贷纠纷继续减少，而涉及金融系统的案件急剧上升。全年法院系统受理的民间借贷案件数量降至 15009 件，收案标的额 165.53 亿元，审结 15076 件，分别同比下降 10.06%、7.28% 和 13.33%。但是，同时受理的金融类案件却增至 14932 件，审结 13215 件，结案标的 381.67 亿元，同比分别上升 64.78%、43.52% 和 60.12%。

危机以来，经过上级银行的倾斜支持，温州不良贷款的处置力度很大，但是如果把账面不良贷款、已处置不良贷款和"观察期"贷款等各类不良贷款相加总额已超千亿元，后续的风险处置和化解压力很大。尤其新增需要帮扶的资金链、担保链出险企业数量超过了帮扶取得成效的企业数量。在银根紧缩和金融危机背景下，银行催收贷款、压缩贷款甚至骗收贷款现象时有发生，企业有意拖延、拒绝还贷以及转移隐匿资产的恶意避债行为也层出不穷，民间借贷中的失信行为更成常态。长期以来形成的民间人格化信任关系受到了严重的冲击，社会信用体系亟待重建。绝大多数企业没有健全的公司治理机制，企业财务管理制度也不严格，直接阻碍了企业通过资本市场直接融资。全市上市公司只有 14 家，上市公司总数和总市值均仅占全省的 4.92%。企业的资金过度依赖于间接融资渠道，维稳压力加大。2014 年涉众型经济犯罪立案数上升了 20.9%，社会失信问题比较严重。

课题组对 213 位领导干部的问卷调查显示，"社会信用缺失"被认为是 2014 年温州经济发展过程中最为突出的问题。有 130 位领导干部选择了该选项，选择总数占总人数的 61.03%，位居第一。"企业担保链危机"与"企业融资难加剧"分列第二、第三位，占比分别为 60.56% 和 58.69%。

（二）要素供给不足，基础设施条件落后，政府公共服务环境有待进一步优化，经济发展环境不佳仍是制约经济发展的最重要瓶颈

近两年虽然政府采取了一系列措施，鼓励温商回归，取得了一定的成绩，但是大多数在外温商回归的愿望并不强烈。他们中许多人认为温州现有的要素供给状况、基础设施条件和政府公共服务等经济发展环境仍难以吸引他们回乡创业。

温州产业用地指标紧，项目落地难。近几年，海涂围垦等增量土地及周边的配套设施都尚未形成。内外因素的共同作用下，温州外来劳动力逐年减少，企业用工成本继续上升，雇工难成为困扰企业发展的重要因素。据统计，2014 年 1～11 月，温州市规模以上工业企业管理费用和销售费用分别增长 4.7% 和 4.0%，高出主营业务收入增速 1.2 个和 0.5 个百分点。人均职工薪酬同比增长 13.6%，职工薪酬成本占全部主营业务成本的比重由上年的 8.2% 提高到 8.7%。尤其是高技术人才缺乏，导致企业要发展高科技项目，不得不迁往上海、杭州等人才集聚地。

近年来虽然政府大规模投资，基础设施条件有所好转，但是由于长期以来历史债务太多，基础设施的落后状况没有根本改变。配套交通网络尚未形成，温州港口本身就条件不好，加上开通国际航线又遭遇重重阻挠，导致区域的出口货物 90% 不得不舍近求远到其他港口报关出口。

由于正向激励不足，干部工作积极性有衰退的迹象。政府没有熟人难办事局面尚未转变，基层部门办事拖拉现象仍较严重，政府依法行政的能力有待提高。近三年温州俗称"民告官"的行政诉讼案件中政府的平均败诉率达 13%，比全省平均水平 9.8% 高出 3.2 个百分点。尤其是 2014 年全市法院受理一审行政诉讼案件 1021 件，办结 1015 件，同比分别上升 20.3% 和 22.1%，行政机关败诉率为 13.89%，较上年上升了近 4 个百分点。

总之，经济发展环境不佳仍然是制约温州经济发展的最主要瓶颈。据课题组对 213 位领导干部的问卷调查，在制约温州经济发展的主要因素的 11

个选项中, 共 166 位领导干部选择了"经济发展环境不佳", 占总人数的77.93%, 排名第一。有 67 位领导干部将"经济发展环境不佳"列为第一选项; 另将"产业结构不合理"和"企业用工用地成本过高"列为第一选项的, 分别有 22 人和 18 人。

（三）在国家新的预算管理体制改革背景下, 温州前几年利用融资平台支撑大投资、大建设思路大规模举债投资基础设施建设的做法难以持续, 基础设施建设的投融资体制亟待改革

前几年温州市政府在强力提高投资率的背景下, 进行国有企业和城建体制的改革, 先后设立了十几个国资集团。这些国资集团主要是承担重要的融资平台功能。因此, 其偿债能力和债务风险一直是市民关注的焦点。据温州市发改委调查, 到 2013 年 12 月底, 22 家国资平台公司总的资产负债率为45.7%。尽管资产负债率不到 50%, 资产质量总体良好, 偿债风险在可控范围。但是, 到期债务在逐年递增, 增速不断加快。2014 年、2015 年、2016 年到期债务总额分别为 188.1 亿元、236.2 亿元、342.9 亿元。其中, 2015 年、2016 年分别增长 25.6%、45.2%。2016 年将达到偿债高峰期。加上平台债务信托等短期高成本融资比重较大, 融资成本高。22 家国资平台公司信托融资余额高达 163.9 亿元, 占非贷款类融资比重的 40.7%。这些信托融资以 2~3 年期为主, 集中在 2015 年和 2016 年到期, 年化综合成本在 10%~13%。加上这些平台公司的融资越来越多地依赖国资公司之间的相互担保, 增加了这些公司的或有负债, 削弱了对外融资的能力, 加大了互保和财政联保风险。另外, 部分公司已存在不小的到期偿债缺口, 部分工程项目应付账款数额巨大。2014 年国家继颁布新《预算法》后, 又相继出台了《国务院关于加强地方政府性债务管理的意见》（国发〔2014〕43 号）、《国务院关于深化预算管理制度改革的决定》（国发〔2014〕45 号）等一系列旨在加强地方政府性债务管理的文件。这些文件明确规定, "经国务院批准, 省级政府可以适度举债, 市县确需举债的只能由省级代为举借。政府债务只能通过政府及其部门举借, 不得通过企事业单位等举借"。这意味着前几年温州大投资背景下设立的国有投资集团已难以继续发挥预想的融资平台功能。而当前温州基础设施建设又急需大量资金，在新的制度环境下如果不积极探索基础设施建设的投融资体制，寻找新的投融资渠道，必将严重影响温州的社会经济发展。

（四）素质教育有待提高，教育和卫生资源过度集中，多层次养老服务格局尚未形成，社会服务的结构和布局有待优化

近年来，尽管温州教育、卫生、社会服务等各项事业都取得了快速发展，教育均等化也有所改善，但是由于体制性因素没有根本改变，素质教育发展存在短腿，教育卫生资源过度集中现象依旧，多层次养老服务体系尚未形成。

2014年12月4日，浙江省教育厅公布2013年全省86所普通高校234762名大学一年级新生体质健康测试数据。温州籍新生的平均分为67.45分，合格率83.89%，两个数据均在全省11个市中位列倒数第一。因此，温州教育除注重升学率外，学生的体质等素质教育的短腿现象需要引起高度重视。

这两年，温州市社区化的优质教育资源主要集中在鹿城区旧城的中心城区，而随着城市化的推进，大量中青年人口又迁往周边新区。教育资源分布和人口居住布局的不匹配，不仅造成了学生就学的不便，也影响了城市化的进程。同样，医疗资源也过分集中在温州医科大学附属一医、附属二医等少数大医院，其他医院的实力相对较弱。这种医疗资源过度集中的分布格局，虽然有利于医疗人才的培育和成长，但容易导致医疗资源的浪费和医疗服务的不到位，尤其是乡村基层的医疗服务往往难以满足公众的需求。在温州市统计局2008～2014年对市民关注的民生问题调查中，医疗问题一直位居前十大民生问题的行列，其中，2014年跃居第一位。

随着老龄化时期的到来，公众对养老服务的需求也日益增强。尤其是随着人们经济收入的分化，老龄人口的多层次养老需求也日趋显现。但是，从目前养老机构的供给情况看，主要集中在消费的中端。富裕阶层的小众化需求和贫困阶层的生存性需求仍有待完善和加强。

三 2015年温州经济社会发展预测与建议

2015年是"十二五"规划的收官之年。当前，全国仍在经济速度换挡期、结构调整阵痛期、前期刺激政策消化期"三期叠加"的关键时期，温州除了处于全国宏观的"三期叠加"时期外，更处在区域特有的金融危机后的萧条期、产业结构的转型期和前期大规模投资与改革的调整期，科学地判断温州社会经济的阶段特征、环境条件和发展趋势，对于合理制定"十三五"时期的发展战略十分关键。

（一）2015年温州经济社会发展形势判断

2015年全球经济在整体复苏的同时，各国也面临分化的局面。美国保持强劲增长，美联储取消量化宽松政策，采取加息措施后，美元走强。印度、泰国等新经济体国家表现也十分抢眼，欧盟则继续缓慢复苏。而与温州出口相关度较高的俄罗斯市场，因地缘政治冲突、油价下跌、通货膨胀等因素，经济陷入困境，市场很不景气，未来发展存在很多变数。

从国内形势看，经过改革开放后30多年的快速工业化，人口红利已经消失，劳动力成本上升已成为常态。尽管国家采取了取消限购、降息降准等一系列措施，但是许多城市的房地产市场面临着巨大的去库存化压力。房价下跌、美元走强导致了资本外流的潜在风险。金融潜在危机隐伏，节能减排压力巨大，因此，未来经济存在着诸多不确定因素。

当前温州虽然域内消费已从前几年的增长乏力状态下逐步恢复正常，投资增长也逐渐回归理性，规模以上工业企业利润也恢复增长。但由于国内市场持续低迷，外贸市场仍有很多变数，房地产市场价格下滑态势尚未止住。加上受资金链、担保链危机困扰，停产、半停产的企业数量仍在上升，银行对中小企业的资金支持持续减少，劳动力成本不断上升，中小企业尚处在微景气区间。因此，综合分析，预计2015年温州地区生产总值有望实现7%以上的增长目标。

（二）2015年及"十三五"期间温州社会经济发展建议

针对当前温州的社会经济形势，2015年温州的社会经济工作的基本思路应该是：努力遏制危机发酵，稳定社会经济形势；科学制定产业规划，推进产业转型升级；始终坚持改革创新，谋求经济赶超发展；积极完善公共服务，优化社会发展环境。因此，2015年除了继续深化各项改革，抓好环境保护，做好政府服务等各项工作外，建议重点注意以下几个方面的工作。

第一，加大风险化解力度，防范危机蔓延扩散，稳定社会经济形势，重塑社会信用。

针对当前金融危机仍在不断发酵，资金链、担保链风险仍然困扰着企业和银行的实际，政府要多方联动，积极化解金融风险，防止危机蔓延，重塑社会信用。为此，司法部门要稳步推进破产案件审理方式改革，建立"僵尸企业"市场化、常态化退出机制。依法严厉打击虚假诉讼、转移资产恶意逃废债、跑路等失信行为，防止风险被人为放大。金融部门要保持合理信贷投入，避免一味地收缩贷款和过度去杠杆化。不能遇到不良贷款率上升，就简单限制规模和上收权限。要改变联保、互保的信贷模式，积极采取拆分、割断、减负等方式处置担保链风险，同时推进信用贷款业务，从根本上阻隔担保风险。要推进授信总额联合管理机制，落实授信总额和授信银行数要求，防范多头授信再出新风险。要推进贷款转期业务，实现贷款到期和续贷无缝对接。要积极支持居民家庭合理的住房贷款需求，认真落实中央的各项住房金融政策，激活房地产市场。继续抓好不良贷款"化旧控新"，切实维护金融稳定。地方政府要市县配合，部门联动，统筹运用应急转贷、重组清算、资产盘整等措施，加强对风险企业的分类帮扶处置，压缩银行不良贷款，化解金融危机。综合采取把控供地节奏、政策调控、功能配套、舆论引导等多项措施，稳定市民对房地产市场的预期，促进房地产市场的稳健发展。积极鼓励和推动企业利用股票市场直接融资，借企业上市的机遇，促进民营企业的治理现代化，并为重塑温州民营企业信用，做好示范。

第二，努力适应新常态，根据温州产业演进的阶段特点，科学制定

"十三五"规划,大力推进"五一〇产业培育提升工程"①,稳步推进产业转型升级。

2015 年是规划周期承前启后的一年。政府应适应新常态,充分认识温州产业演进的阶段特点,顺应产业结构转型升级规律,科学制定"十三五"规划,合理布局温州的下一步发展。"十二五"期末温州第三产业产值已经超过第二产业,正处在工业化后期的重要转型阶段。但是由于区域内部发展的不平衡性,中心城区和县市区还存在着一定的阶段差异。虽然中心市区已经进入以服务业为主的后工业化阶段,但周边县市尚未完全走完工业化的历程。改革开放以来,温州市用短短的二三十年时间完成西方国家漫长的 200多年的工业化历史。这种快速工业化的特点使得温州的产业发展并不是亦步亦趋地步先进工业化国家的后尘,先轻工,后重工,再服务业,缓慢地演变。相反,其间的重工业化阶段的时间十分短暂。因此,在未来的产业发展规划上,一方面,在区域发展上要错位布局。城市中心区要按照都市化的定位,重点加快退二进三的步伐,促进社会服务业布局的合理化。有条件的沿海地区和海岛可在不影响生态环境的前提下发展临港产业项目,而在文成、泰顺等生态功能区则仍应坚持以绿色 GDP 为目标的生态化发展战略。另一方面,在产业选择上,应坚持 2014 年温州市提出的"五一〇产业培育提升工程"的发展导向,及时适应网络经济的发展大趋势,在加快传统产业技术改造和转型升级的基础上,积极培育新兴产业。同时,也应注意不因噎废食,忽视后工业化时期最重要的两大产业——金融业和房地产业的发展,应借危机重整的机会重振金融业,稳定房地产业,为下阶段赶超发展,稳住阵

① 根据《温州市委市政府关于实施"五一〇产业培育提升工程"的指导意见》(温委办发〔2014〕48 号)实施"五一〇产业培育提升工程",即做强做大电气、鞋业、服装、汽摩配、泵阀五大支柱产业,培育发展网络经济、旅游休闲、现代物流、激光与光电、临港石化、轨道交通、通用航空、新材料、文化创意、生命健康十大新兴产业,力争到 2016 年底,电气产业销售产值超 1500 亿元,鞋业销售产值超 1000 亿元,服装、汽摩配、泵阀产业销售产值均超 500 亿元,五大支柱产业销售产值占全市工业销售产值的比重达到 45% 左右;十大新兴产业增加值年均增长 10% 以上。力争到 2020 年底,五大支柱产业销售产值占全市工业销售产值的比重达到 50% 左右;十大新兴产业增加值比 2013 年翻一番,形成具有温州特色的现代产业体系,使温州成为引领全省乃至全国产业转型升级的示范区。

脚，夯实基础。

第三，大力推进基础设施投融资体制改革，积极开展社会资本参与公共设施建设的融资模式探索，建立民间资本和政府投资有效结合的长效机制。

由于政府财力有限，公共投资不足，基础设施建设的投融资一直是困扰温州市历届政府的难题。尽管温州社会资本总量可观，但基础设施建设项目建设周期长、资本需求量大、投资回收期长、公益性强、赢利能力弱，加上缺少融通社会资本的体制机制，往往难以使得分散的社会资金成为基础设施建设的有效资本。为了适应温州赶超发展的需要，当前应当充分利用金融危机背景下民间借贷的信用危机和民众寻求资产保值的良机，以政府信用做后盾，以资产保值为诉求，以政府投资为砝码，以现代金融工具为杠杆，撬动社会资本投入基础设施建设，建立起多元化的吸引社会资本参与基础设施建设的投融资体制。要总结和借鉴"幸福股份"和"蓝海股份"成功发行的经验，充分利用资本市场，积极开展股权融资。对于既有公共性，又有赢利能力的项目，可以考虑选择政府和企业共同投资、共担风险的特许经营模式；对于公共性较强、赢利风险较大的项目，可以考虑由政府和企业共同参与基础设施项目的投资、建设、运营，并共享收益、共担风险的公私合营（PPP）运作模式；条件成熟的，则要积极采取利用股票市场正式发行股票的股票融资模式。

第四，充分利用龙港获批国家新型城镇化综合改革试点的机会，抓紧制定设市模式试点方案的实施细则，积极探索城镇治理模式的改革。

龙港新型城镇化综合改革试点的目的是通过三年左右的努力，实现责、权、利相统一，机构设置进一步优化，行政成本得到严控，公共服务环境显著改善，城市治理能力明显提升，体制机制创新取得成效，探索出一套精简高效创新可实行、可复制、可推广的设市模式。2015年是龙港新型城镇化综合试点的第一年。为此，针对厘清政府、市场和社会职能分工，明确"县级单列管理"，按照城市发展要求合理下放权力，加快推行"大部门制"，切实完善社区服务与治理，调整优化人员结构和编制，有效压缩行政成本，积极探索多元化公共服务供给模式，建立完善城市治理体系，配套推

进城镇化相关制度改革等十项需要完成的试点任务，2015年的重点是综合考虑经济、政治、社会、文化等因素，积极做好上下沟通，大力加强部门协调，在充分调查研究现有情况和厘清各种权力关系的基础上，制定科学的试点计划实施细则，尤其要加快进行部门机构和人员的调整，从而为下一步改革试点奠定组织基础。

第五，深化医疗、教育、民政体制改革，合理布局社会服务资源，努力构建多层次社会服务体系。

鼓励和引导社会资本发展医疗卫生事业，形成投资主体多元化、投资方式多样化的办医体制。吸引高水平的优质医疗资源继续落户温州，巩固和拓展高端医疗服务领域的已有成绩。激活人力资本，解放、培育卫生事业和健康服务产业所需的社会人力资本。逐步拓展社会资本办医的重点领域，实现社会资本办医机构多元化。由目前医疗机构的高端医疗服务领域逐步扩展到基层医疗、护理、养老、健康咨询、检查、全民体育等领域，逐步建立起鼓励社会资本参与办医的开放体制，形成医疗服务的多元化供给局面，满足社会对医疗服务的多元化需求。

深化教育体制改革。积极推进名校集团化办学，鼓励名校通过输出管理团队和师资队伍，带动其他学校发展。推进教育资源空间合理规划，推动名校在居住新区创设新校。建立长期化、常态化的校长、教师轮岗交流制度，鼓励一批好校长、骨干教师，有计划地到薄弱学校任职任教。切实提升普通学校的教学水平，缩小师资差距。积极鼓励和支持民间资本创办优质特色民办学校。缩小民办学校教师与公办学校教师退休待遇的差距，消除民办学校教师的后顾之忧。逐步形成"公办不择校，择校选民校"的教育格局。

进一步深化民政体制改革。对城市社区、城郊社区、农村社区（分为集镇型和偏远型）分类分步推进社区建设。继续深化社会组织登记管理制度改革，规范"一业多会"准入条件，深化"批管分离"工作。探索建立社会组织信用体系，推进政府部门主导、社会公众参与和社会组织自律相结合的社会组织信用评价体系建设。建立"黑名单"制度，形成社会组织"一处失信、处处受限"的信用约束机制。按照政府主导、社会参与、市场推动的原则，推进全国养老服务业综合改革试点。推进公办养老机构改革，推动镇（街）敬老院转型扩容为区域性养老机构。积极引入国内外先进地区的养老资金、资源和理念，重点发展集怡亲、健康、养生、文化、教育等多种功能于一体的养老机构，特别是引入我国台湾地区的先进医疗资源，打造养老养生产业基地，以养老服务产业大项目提升温州养老服务水平。提高居家养老服务品质。重点推进"医养融合"养老模式。建立大型医养融合服务机构，重点满足困难失能、失智老年群体要求，积极引导养老机构设立医疗机构，将部分医院转型为医养融合服务机构。

改革篇

Construction & Reforms

B.2

温州金融综合改革探索与实践

张震宇　柯园园*

摘　要：温州金融综合改革近三年来，温州市以构建金融组织、产品和服务、资本市场、地方金融监管"四大体系"为基本框架，有序推进各项改革，在多个领域进行了独创性的探索，改革成果渐显，金融风险平稳可控，积累了一些可借鉴可复制的"温州经验"。但是，温州金融改革也面临着一些困难和问题，需要立足温州实际，借鉴和吸收其他地区的有益做法和经验，更好应对新常态下国内经济金融运行态势，认真谋划下一阶段的金融改革措施，促进金融与实体经济共同发展。

关键词：金融改革　地方金融监管　温州市

* 张震宇，温州市金融办主任，高级经济师；柯园园，温州市金融办。

近年来，中国经济社会发展步入新常态，温州模式也面临新的挑战和机遇，无论是温州的实体经济抑或是温州的民间金融，都面临着转型升级的时代压力。十八大和十八届三中全会以来，全国在经济、市场、民主法制等重点领域拉开了全面深化改革的序幕，给温州金融改革注入了强心针和助力剂。进一步深化温州金融改革，促进金融与实体经济共同发展，是新时代新常态下深化和完善温州模式的必然要求，也是温州转型发展、实现温州梦的重要手段之一。

温州金融综合改革三年以来，温州市着力破除体制机制障碍，促进了本土金融资本的形成和积累，在服务实体经济和产业资本的同时促进金融产业资本的发展。有效化解"两链"① 风险，实现了不良贷款"双降"，保证了区域金融总体稳定。出台全国首部有关民间金融的地方法规，引导民间借贷备案和探索地方金融的分层监管，推动了民间金融的规范有序发展。开展全国首批民营银行试点，积极组建民营保险公司、证券公司，推动民资参与银行机构增资扩股和农商行改制，新设一批具有地方特色的民间资本管理公司、商业保理公司、票据服务公司、农村资金互助互利，做强做优做实地方金融组织板块。创新发行"幸福股份"和"蓝海股份"，推动保障房私募债、小额贷款公司定向债等各类债券产品发行，促进直接融资市场的发展。推动小微企业分批进行股份制改造并为在新三板和区域资本市场挂牌奠定基础，发展金融资产交易中心、股权营运中心等，培育和发展区域资本市场。

温州金融综合改革三年以来，各类金融机构达到135家，比金融改革前增加26家，民商银行、农村保险互助社实现了零的突破，村级以上金融服务全覆盖。企业中长期贷款比重提升至26.25%，比金融改革前提高了近10个百分点；79个流动资金还款方式创新产品，贷款余额达到333.7亿元，降低了转贷成本。全市股份有限公司总数达487家，在全省占比从金融改革前的4.53%提高到15.4%；新增上市公司6家，新增在新三板和区域性股

---

① 两链指资金链和担保链。

权交易平台挂牌①企业 141 家；累计新增直接融资超过 470 亿元，年均增速超过 50%。中小企业多渠道融资态势基本形成（见表 1）。

表 1　温州金融改革前后金融市场部分数据对比

指标名称	2011 年末	2014 年末	增加量
民营银行	0	1 家（筹建中）	1 家
农商行	0	8 家	8 家
农村保险互助社	0	1 家	1 家
小额贷款公司	26 家	45 家	19 家
小额贷款公司贷款累计	295 亿元	408 亿元	113 家
民间资本管理公司	0	12 家	12 家
票据服务公司	0	5	5 家
商业保理公司	0	2	2 家
农村资金互助会	0	39 家	39 家
社区银行	0	57 家	57 家
小微企业信贷专营机构	0	31 家	31 家
增信式、分段式产品金额	0	333.7 亿元	333.7 亿元
民间借贷服务中心	0	7 家	7 家

一　温州金融改革的独创性探索和实践

（一）在破除民间资本进入金融的准入限制方面进行了积极探索

多渠道引导民间资本进入金融领域，破除所有制歧视，壮大地方金融组织板块，金融改革以来吸引民间资本超过 150 亿元。民营银行筹建工作积极开展，中信证券浙江公司分立方案已获批准；温州保险总公司筹建方案已上报保监会；温州首家瑞安兴民农村保险互助社获批设立。同时，促进民间金融创新发展，金融改革以来新设 12 家民间资本管理公司、19 家小额贷款公司、5 家票据服务公司、2 家商业保理公司、5 家应

---

① 其中"成长板"23 家，"创新板"113 家。

急转贷行业协会、1 家再担保中心、39 家农村资金互助会等（见表 1），搭建民营金融发展平台。率先推出小额贷款公司主发起人招标制度，试点私募债、定向债和优先股，小额贷款公司累计投放贷款 1800 多亿元，解决了一批资金链紧张但银行授信不足的中小企业的融资难题。"地域封闭、对象封锁、规模封顶"的农村资金互助会累计发放互助金超过 7.4 亿元，有 3200 多户农户受益。

（二）在建立企业帮扶和金融风险化解的有效机制方面进行了积极探索

作为企业"两链"问题爆发较早的地区之一，近年来，为化解持续增加的不良贷款，温州市坚守不发生系统性、区域性金融风险这条底线，坚持省、市、县、镇"四级联动"，政、银、企、法"四方联手"，创新和健全了一系列的风险防控机制，取得了一定效果。市、县两级处置办抽调人员实行集中办公，实体化运作，分级分类处置，强化风险处置组织保障。省内创新推出授信总额主办行管理机制，推动和落实金融服务温州实体升级版"双十条"措施，银企"同进共退""国保民"等一系列政策，引入市场机制化解不良贷款。强化司法创新，建立府院联席会议制度，成立金融审判庭，开创企业破产审判新机制。简化财税办事流程。开展"治赖追逃"专项行动，严厉打击逃废债行为，整顿和规范金融管理秩序，推动社会诚信体系建设。通过这些举措，银行不良贷款率持续升高趋势得到初步控制，金融债权司法保护工作得到有效落实，打击企业逃废债净化金融环境工作得到有效加强，为在更大范围内推广温州市处置银行不良资产的做法奠定了基础。

（三）在完善地方金融分层管理机制方面进行了积极探索

率先探索民间融资立法，出台了全国首部金融地方性法规和专门规范民间金融的法规。引导民间融资备案管理和企业定向资金募集，截至 2014 年末，全市民间借贷备案累计金额达 116.6 亿元（见图 1），企业定向债券和定向集合资金募集登记总额 7.82 亿元。温州将"民间融资监督管理"纳入

省行政执法范围，成为全国首个地方金融监管执法类别。率先建立温州地方金融管理局并通过民间融资管理条例赋予其相应管理职能，依法对地方金融组织和民间融资行为进行监管。率先创设地方金融非现场监管系统，对民间金融组织进行监管。监管系统于 2013 年底开始业务数据常态化报送，初步实现了对民间金融市场的监控和潜在风险的预警，为防范系统性金融风险、确保地方经济金融有序发展提供保障。

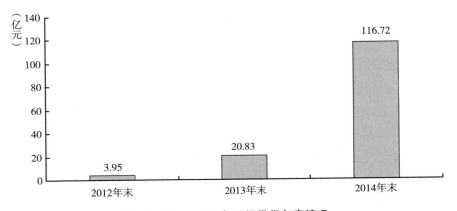

图 1　2012～2014 年民间借贷备案情况

（四）在完善区域性的、多层次的金融市场交易平台方面进行了积极探索

设立全省首个地级市金融资产交易中心，开展不良资产挂牌、收购、交易及融资项目对接，首单 1032 万元温州银行不良资产顺利摘牌。完善温州市股权营运中心功能，推动未上市公司股份挂牌、转让。温州中小企业金融综合服务网及苍南、鹿城、龙湾三个分中心已正式上线，"两库一网"① 平台撮合功能逐步发挥。引导民营企业改善治理机制，为进入多层次资本市场挂牌、融资提供条件，夯实经济发展基础。分批筛选优质企业进行股份制改造，2013 年新增股份有限公司 134 家，超过温州改革开放 30 多年来新增公

---

① 两库一网：企业需求库、金融产品库，中小企业金融综合服务网。

司数的总和；2014年新增230家（见图2），在"新三板"和区域性股权交易平台挂牌的企业有112家（见图3），融资渠道得到拓宽，2014年新增直接融资219亿元，金融改革以来累计新增直接融资超过470亿元。

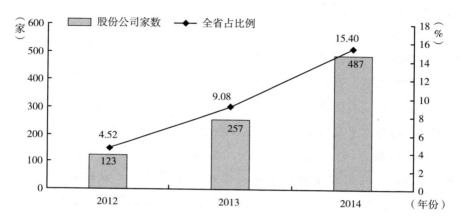

图2　2012～2014年股份有限公司增加情况

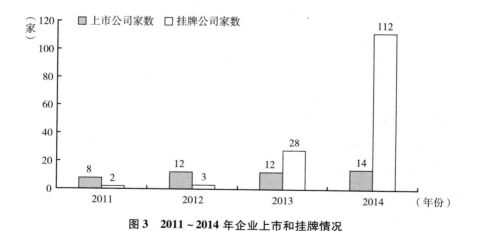

图3　2011～2014年企业上市和挂牌情况

（五）在完善金融产品和服务体系、助推实体经济发展方面进行了积极探索

围绕破解"中小企业融资难"问题，多措并举，凝聚各方合力，有效

整合金融资源对接实体经济发展。适应中小企业发展特点，设立了31家小微企业信贷专营机构，引导金融机构创新企业抵质押担保方式，推出动产抵押、货物抵押、未来收益权抵押、知识产权质押贷款等74个创新产品。着眼缓解企业还款压力，鼓励银行开展"增信式""分段式""循环式""年审制"等还款方式创新，以解决贷款期限错配问题，降低企业转贷、续贷成本。创新保险服务功能，全国首创出口企业信用保证保险"二合一"助贷模式、高额工程履约保证保险制度，全省率先启动新农合大病保险制度，推动发展社会管理型险种，推动农村小额人身保险快速发展。普惠金融服务水平显著提高，实施普惠金融"三年行动计划"，实现村以上社区金融服务网点全覆盖。此外，温州金融改革创新"地方发、地方还、地方用"的市政基础设施融资模式，发行三期"幸福股份"、一期"蓝海股份"共计43亿元，吸引市民资金参与市域铁路、海涂围垦等建设。

（六）在推动利率市场化方面进行了积极探索

完善民间融资综合利率指数编制和发布，"温州指数"的数据采集范围扩展到全国40个城市，按日发布温州地区6大类民间金融市场主体综合利率指数以及分期限、分市场主体利率指数；按周发布分区域的"中国·民间融资综合利率指数"，积极推动合作城市编制当地民间融资综合利率指数。指数已与汤森路透、中证指数等机构开展合作，成为温州乃至全国相关区域民间金融市场交易价格的"指示器"和"风向标"。鼓励金融机构创新利率市场化产品和机制，推动全市6家农商行成为市场利率定价自律机制基础成员，发行同业存单21.3亿元。

（七）在完善金融基础设施方面进行了积极探索

健全社会信用体系建设。率先获批地市级征信分中心，除覆盖所有在温商业银行外，还将13家小额贷款公司和2家村镇银行正式接入征信系统，并率先将征信服务延伸至温州民间借贷服务中心。积极推动"一个系统两个平台"① 的建设和使用。温州市公共信用信息平台实现了与浙江省企业信用系统的对接共享和企业信用信息的综合监管。通过发展民间征信机构，建立"温州民间借贷登记备案管理系统"，现场检查和非现场监管系统定期和不定期地收集民间金融组织的信用信息，发展民间信用服务平台等，并将此作为全社会信用体系建设的有益补充。其中，中新力合征信服务公司顺利备案并出具首份第三方征信报告，为地方金融组织贷款发放提供支持。完善金融业综合统计信息平台及温州金融监测报数平台，积极向全国范围推广金融业综合统计试点。

二　挑战和问题

（一）温州金融改革面临的新挑战

（1）"新常态"导致金融发展进入相对紧缩期。我国经济增长进入周期性的波动期，新常态下经济增速下降难以避免，这必然会给整个金融业发展和金融改革带来外在压力和挑战。无论是企业的赢利能力下降，还是银行业的不良率上升，都在改变着金融业过去"高速扩张"的发展模式，迫切要求金融更好地围绕服务实体，实现从"规模"到"质量"的改革转型。对于地方金融来说，在一个金融发展的"相对紧缩"周期内，推动金融改革必然面临更多难题。

（2）地方金融改革亟须融入"自上而下"的轨道。随着中央各项改革的不断深化，金融改革与发展逐渐回到"自上而下"的轨道上来。在此背景下，地方金融改革的色彩逐渐开始淡化，如何融入国家金融改革的新战略中，成为包括温州在内的地方金融改革面临的重要挑战。尤其是依靠"要政策"的传统金融改革思路已经逐渐不适应新形势，如何有效落实包括上

---

① "一个系统"是指开发建设温州市中小企业信用信息的辅助管理系统，将为商业银行等机构提供中小企业非银行类信用信息。"两个平台"指温州市征信综合数据查询平台和人行应收账款融资服务平台，分别提供企业信息的综合一站式查询和企业应收账款融资服务。

海自贸区改革措施在内的国家已有政策，成为地方金融改革面临的现实问题。

（3）处理好改革短期问题与长期问题的平衡。一方面，短期内温州金融改革面临的重大挑战，既包括特定原因所造成的银行处理不良资产和缓解金融风险的压力，也有在金融机构、市场、产品等要素方面，各方期望看到"有形"项目突破和落地的压力；另一方面，包括民间法律制度、信用环境与文化、地方金融监管、金融协调服务模式等在内的长期因素，才是真正决定地方金融改革最终能否成功的核心内容。无论是在优先次序方面还是在资源配置方面，这些短期与长期问题都可能会产生一定程度的冲突。

（4）做好金融自身发展与金融服务功能的协调。地方金融改革与发展如果离开实体经济，就会成为"无源之水、无本之木"。一方面，从地方金融体系的构建来看，扎根地方的、多元化的中小金融机构、类金融组织，更加灵活的"有形"和"无形"的金融市场形态，健康而可持续的金融业务运营模式，或许是温州金融改革真正的着力点；另一方面，无论金融业自身如何"欣欣向荣"，如果不能真正避免金融体系服务功能的短板，不能在满足小微企业、居民金融需求方面带来实质性转变，则金融改革的成效就会大打折扣。

（5）迫切需要实现金融改革的"聚焦"和"转型"。一方面，温州金融改革需要从"综合性"向"专业性"进行聚焦，突出自己的"抓手"和比较优势，明确需要解决的核心矛盾和根本性问题，避免"面面俱到"；另一方面，随着温商经济的全国性乃至国际化布局，以及长三角一体化的发展，温州地方金融改革需要逐渐跳出传统的行政地域概念，同样从"开放性""国际化"等方面着手，迈向现代化的金融运行与服务模式。

（二）温州金融改革的主要内在问题

（1）地方金融组织体系发展滞后。地方法人机构熟悉本地市场，其业务定位、风险控制措施更符合温州中小企业众多，但布局分散的经济特点和额度不高的实际信贷需求。这可以从局部金融风波后地方法人金融机构的不良贷款额和不良贷款率都明显低于其他商业银行得到印证。但是，目前温州市的地方组织体系发展明显滞后，银行机构中只有温州银行和农村商业银行（合作银行）两类，贷款份额仅占21.1%，本地证券公司、保险公司还未实现"零的突破"；小额贷款公司45家，贷款余额130.61亿元，仅占贷款余额的1.8%，资金来源渠道不足，作用发挥有限。因此，迫切需要提高地方金融板块的实力，以充分调动各类市场主体的积极性和创新能力，保障地方实体经济稳健发展。

（2）中小企业对资本市场的挖掘和利用程度不足。直接融资与间接融资不协调，尤其是上市公司仅有14家，数量和总市值均占全省的4.92%，位次比较靠后，与温州市经济总量很不匹配。主要原因有：公司治理机制不健全。财务管理制度不健全也导致企业无法有效开展信息披露，直接阻碍了企业通过资本市场融资和发展。企业家对资本市场的认识有待深化。大部分企业对资本市场的作用了解不够，没有摆脱"投入单靠银行借贷"的惯性思维。专业人才严重缺乏，尤其缺乏熟悉资本市场运作的高级管理人才。温州市的配套服务中介机构难以提供有效服务。

（3）社会诚信体系重塑的进度与社会需求仍有差距。风波发生以来，温州市委、市政府积极推进诚信体系重塑，但银行不守信、企业不诚信、民间不互信现象时有发生。受市场流动性紧缩影响，银行催收贷款、压缩贷款甚至骗收贷款，企业拖延还款、拒还贷款甚至转移隐匿资产，双方相互指责，相互推诿，民间惜贷导致借贷市场萎缩，社会信用还未修复。信用制度体系尚不健全。征信机构重征信、轻应用，一味注重建立信用信息资源大数据，应用不足，受限于政府机关和银行业金融机构的应用，尚未形成大量的、日常的、自发的社会需求。失信惩戒机制薄弱，失信披露不够及时，未形成"守信获益，失信惩戒"的联动机制。信用信息平台建设重管理、轻互通。各类信用信息平台各自规划、自成体系，难以实现全方位的交互共享。

（4）不良贷款处置和风险企业"两链"压力不减。虽然上级银行倾斜支持，处置力度巨大，但是处置速度仍然不及新发生速度。如果把账面不良贷款、已处置不良贷款、"观察期"贷款等汇总起来，实际不良贷款总额已经超过千亿元。如果没有强有力的措施，后续风险处置和化解压力更大。风

险企业帮扶压力居高不下，2014 年新增需要帮扶的资金链、担保链出险企业数量超过了帮扶取得成效的企业数量。公安司法维稳压力加大，2014 年，全市涉众型经济犯罪案件同比上升了 20.9%。

三　深化金融改革实现"四大突破"

（一）力求在促进金融要素与实体经济振兴有效对接方面有突破

结合温州金融业态和经济发展实际，坚持政府主导，全方位会聚发展合力，让更多金融"活水浇灌实体经济之田"。一是做大做强地方金融组织。加快温州民商银行筹建进度，力争在 2015 年第一季度开业，鼓励民商银行加强创新，扩大服务覆盖面，完善内控机制。加快筹建民营保险公司、证券公司。加大小额贷款公司、民间资本管理公司业务创新力度，推动民间借贷服务平台创新发展。二是发挥银行业金融机构的引领作用。引导各银行加大信贷投入，加大政策倾斜，积极争取支农和支小再贷款，加大"支小、支微"力度，降低企业融资成本。推广创新还款方式。三是拓宽保险服务经济发展领域。发挥保险"促贷""助企"功能，发展小额贷款保证保险。启动巨灾保险。支持保险资金投资重大基础设施建设、参与健康和养老服务业整合等。四是推动多层次资本市场建设。继续推进企业股份制改造工作，建立并完善现代企业制度，引导更多优质企业上市和在区域市场挂牌融资。积极参与区域股权交易市场的建设与创新，打造具有区域特色的企业股权和金融资产的交易平台。

（二）力求在有效破除民间资本投资障碍方面有突破

依据温州民间资本的存量结构和需求结构，分类别、分层次、分步骤拓宽投资渠道，逐步打破民间投资的"玻璃门""弹簧门"。一是继续引导民间资本进入金融领域。推动民间资本发起设立或参股金融机构，做强做优小额贷款公司、民间资本管理公司、农村资金互助会、行业应急转贷资金管委会等一批地方金融组织。二是引导民间资金参与基础设施建设。引导民间资金以股权、债权等形式参与市政基础设施、海涂围垦等领域。探索市政债发行模式。三是引导民间资金促进产业升级。发挥政府引导基金作用，促进风险投资、股权投资、产业投资基金等与温州产业转型升级、新兴产业互动发展。

（三）力求在缓解企业融资难、融资贵问题方面有突破

加强金融服务体系建设，多元化护航实体经济。一是构建中小企业融资政府增信机制。设立小微企业信用保证基金，组建小微企业辅导中心，提升融资增信能力。大力发展政府支持的融资担保和再担保机构，完善银行机构与担保机构合作机制，扩大担保业务规模。二是深化普惠金融服务。优化社区银行功能与服务体系，满足农村、中心集镇、城郊接合部等不同区域的居民与产业多层次、多方面的金融需求。实施农信普惠金融工程，依法探索扩大农村可用于担保的财产范围，推动农房抵押贷款增量扩面。三是支持互联网金融创新发展。加大对网络第三方支付、众筹等互联网金融业态的支持力度，推动产业集聚。引导金融机构与互联网企业合作，形成传统金融与创新金融互补发展。

（四）力求在强化地方金融风险管控方面有突破

加快化解企业"两链"风险，健全地方金融监管体系，重塑社会信用。一是推进银行不良资产有效化解。完善企业帮扶会商机制和不良资产处置机制，筹建地方资产管理公司。推动金融债权案件繁简分流审判方式改革，探索刑民同步审判，妥善推进破产案件简易化审理试点。推进授信总额主办行制度，完善转贷展期应急处置机制等。二是强化地方金融监管。进一步加强民间融资管理法制机构和队伍建设，扩大执法覆盖面，推动依法行政。健全地方金融监管协调机制，探索地方金融分层监管机制，提高监管有效性。探索实施监管负面清单管理。三是引导提升民间金融透明度。加快"温州指数"信息管理系统的二期开发，与非现场监管系统形成有效结合。完善编

报机制，深化指数应用分析。四是推进社会信用体系建设。探索建立企业公共信用信息平台与人行征信分中心的共享机制，发展第三方征信，推动信用评级市场的发展。深入贯彻落实中央八部委共同会签的《"构建诚信、惩戒失信"合作备忘录》，积极修复金融生态。

四　展望和建议

（一）更好聚焦金融改革与发展主线

金融改革要更具针对性，就要转到"金融服务实体经济，尤其是解决小微企业融资难和融资贵问题"的核心抓手上来，以此来创新和完善地方金融服务功能。一方面，在地方金融弥补现有金融体系功能"短板"方面要有突出成绩，主要是满足小微企业融资、居民消费与财富管理等方面；另一方面，有助于促进温州区域内产业结构调整与布局优化，并且以地方金融作为催化剂带动温商经济"走出去"，提升企业效率。

（二）更加突出金融改革与发展的制度建设

按照现有的地方金融发展衡量指标，制度层面的改革短期内难以产生明显效果，因此容易被各地方所忽视，但是这却是地方金融改革真正配合和助推自上而下改革的价值所在。因此，必须从关注金融改革的具体项目建设转到制度性、规则性的中长期环境建设上来，以金融制度建设为主、金融要素建设为辅，尤其是为解决"两多两难"问题构建中间服务平台、服务规则、服务渠道等，从而为地方金融的健康发展创造更好的环境支撑。

（三）更加重视金融改革和发展的结构优化

随着内外条件的不断变化，将来的温州金融改革应该逐渐体现为以结构优化为主、规模数量扩张为辅。当前从金融相关率、金融资产总量等传统规模性指标来看，我国金融的发展水平在全球范围内居前列，但是与此同时，我国还存在结构性的金融供求失衡，即还有大量的金融供给短缺部门或主体。在以温州为代表的浙江金融发展过程中，这一矛盾更加突出。例如：过度依赖债权性融资、小微企业融资难与融资过度导致企业行为扭曲、类金融组织发展不够规范等。温州金融改革在合理考虑数量指标的同时，更需要关注地方金融结构和功能的优化，更重视挖掘和盘活现有的金融资源。

（四）进一步跳出金融改革和发展的区域局限

温州金融改革要逐步适应温商经济的跨区域与国际化趋势，适应长三角经济金融一体化、现代产业的网络化与智能化趋势，配合上海国际金融中心和自贸区建设，加强区域对外金融合作。具体而言，就是实现以服务区内为主，着眼区外为辅。首先，在现有的地方发展模式与竞争格局下，服务地方产业、企业、居民仍然是地方金融改革的主要环节。其次，伴随着经济金融的区域化、一体化、国际化发展趋势，温州等外向型地区的金融改革，就应该跳出区域范畴，服务于本地企业的"走出去"，进行全国、全球布局。最后，到"十三五"末期，依托温商经济走向"新经济模式"，温州金融应该努力加强区域间的金融协调配合，共同服务于国内外的区域经济一体化发展。

B.3
2014年温州农村改革试验区报告

徐 炯[*]

摘　要：　2014年是温州农村改革的关键之年，围绕农村产权制度，通过集体资产股份制改革和农村土地确权颁证，明晰和确认农民的产权关系，建立健全农村产权交易平台，开展农民资产要素的流转交易，积极探索生产、供销、信用"三位一体"农村合作体系建设，提升农民组织综合服务水平，发展农村资金互助组织，扩大农村资源、资产抵（质）押范围和途径，有效增加农民财产性收入。2015年温州农村改革重点要突出制度安排和机制创新，建立股份制的新型集体经济组织的管理和运营制度，深化农村"三位一体"合作体系建设，推进农民及农民合作组织的产权等全要素联合，在完善农村产权确权颁证基础上，加大全市各级农村产权平台建设，实现农民权能公平配置和自由流动。

关键词：　农村产权关系　农村金融改革　温州市

温州市是国家批准的新一轮的首批农村改革试验区，具体承担农村产权制度改革试验任务，通过破除农村产权在城乡间合理自由流动的体制障碍，建立促进人口在城乡间合理自由迁移的新型产权制度，保障农民农村产权的合法权益，有效增加农民财产和财产性收益。2014年，温州市认真贯彻落

---

[*] 徐炯，温州市农办（农业局）农村改革处处长。

实党的十八大、十八届三中全会、十八届四中全会精神，根据省委、省政府的有关工作部署，充分利用全国农村改革试验区平台，着眼变革不适应城乡融合发展的生产关系和社会关系，连续第四年出台了"城乡统筹综合改革"1号文件，积极推进农村改革，逐渐完善城乡要素自由流动和市场化配置机制，有力推动了城乡一体化发展。

一　改革进展

（一）明晰股权权能，改革农村集体资产产权制度

按照政经分开的要求，进一步理顺村经济组织与村两委的职责，通过将村集体资产量化到人，实现产权明晰，较好地解决集体经济组织成员"谁有份、有多少份"两大难题。目前全市农村集体经济组织股改面达到98.2%，量化集体净资产151.7亿元，持股社员664.8万人。在股改基础上，全面开展村股份经济合作社规范化建设，目前全市已组建的股份经济合作社中，92.5%的设立了银行账户，529个已完成工商登记。

在股权设置方面，原则不设集体股，只设个人股（一般由人口福利股和劳动贡献股构成），并倡导实行"生不增、死不减"的静态管理；在量化对象的确认上，强调不能以村规民约等为借口来违反现行法律法规，防止多数人剥夺少数人的合法权益，同时严格规定一人不能在两个以上的村享有量化股份；在具体操作上，区分城中村、集体经济发达村、欠发达村等不同类型，采用"一村一策"分类指导。

开展社员个人股权内部交易流转改革试点，如乐清市长虹村允许每个社员股东可在股份合作社内部交易50%以内的股份。激活农村集体股权权能，探索入股改革试点，如泰顺县司前村股份经济合作社入股1800万元，与温州中宇控股公司注册成立有限公司，实现公司化管理；洞头县岙仔村以集体资产量化股份出资300万元组建资金互助会，两年时间内赢利60多万元。

（二）开展确权赋能，推进农地规模流转

按照建立权属清晰、权责明确、保护严格、流转顺畅的要求，充分保障农民承包权益和土地权能，积极推进农户承包地、农民宅基地、农村集体建设用地的确权固化，探索建立城乡统一的土地、房屋产权登记制度。全面开展农村集体建设用地（宅基地）地籍调查，摸清其权属、界址、面积和用途等基本情况，登记发证工作逐步规范；尊重农户意愿和发展需求，承包地确权可"确股确地"，也可"确股不确地"。截至2014年12月底，全市土地承包经营权登记制度实现全覆盖，完成承包地"入册上图"的村（社）2421个，涉及农户66.89万户，承包面积89.33万亩（实测面积95.04万亩，增加6%）；完成集体建设用地使用权登记11983宗（发证率达89.13%），宅基地使用权登记115.89万宗（发证率达88.34%）。

在坚持"三不变"原则的基础上，通过建立流转平台、健全流转程序、完善流转管理、开展流转纠纷仲裁等形式，切实保障农户流转权益，目前流转服务体系已实现县、镇、村三级全覆盖。同时创新土地规模经营项目与规范流转互相促进的扶持机制，把土地流转登记情况作为项目立项、财政扶持的必要条件，促进农业用地集约规模经营。截至2014年12月底，全市农村土地承包经营权流转面积累计达128.5万亩，流转率达64.72%，262个村（社）实现整村流转。

积极引导农户以土地承包经营权入股，开展股份合作发展现代农业，如泰顺县薛内村全体村民将承包经营权折股160万元，与返乡创业能人共同成立瑞雪农业开发有限公司，从事农产品种植、加工及销售一体化服务，短短两年多时间就将股本金以1∶1的比例返利给村民。赋予土地承包经营权抵押担保权能，2014年乐清市、永嘉县、瑞安市率先探索试点，金融机构发放抵押贷款3笔18.5万元。

（三）注重功能融合，创新"三位一体"农村合作体系

出台《关于深化"三位一体"农村合作体系建设的意见》，明确"农民

合作组织内部实现生产、供销、信用三重功能融合，农民合作组织外部实现农业公共服务、农业社会化服务与合作成员自我服务三大服务共聚"的发展思路，引导发展农村合作经济，完善综合服务功能，促进多种形式的规模经营。目前全市培育了126家示范性"三位一体"农村合作组织，组建行业性县级以上农业产业联合组织20家，区域性县级以上农民专业合作社联合会13家。瑞安市成为全省开展"三位一体"试点的省级农村改革试验区。

适应农业现代化发展要求，积极引导"户转场、场入社、社联合"，培育壮大新型农业经营主体，促进农户由分散经营向家庭农场适度规模经营转型，提升农民合作社服务能力，培育农业经营性服务组织，开展合作式、订单式、托管式服务，鼓励农民专业合作社以产权利益为纽带组建联合社。截至2014年12月底，全市累计发展家庭农场1048家，培育市级示范性农民合作组织330家、省级示范社121家、国家级示范社55家，组建农民专业合作社联合社36家。

引导农民专业合作社及联合社在完善生产合作的同时，积极拓展供销、信用服务功能，支持发展农产品加工及品牌销售，通过开展资金互助、社员互保、信用贷款等方式，建立全要素供给、全产业链服务的利益联结机制。目前全市共有214家农民专业合作社创办了加工实体，55.6%的农民专业合作社实现产加销一体化服务，创造了全市2/3以上的农业增加值，统一组织销售农产品总值35.64亿元；449家农民专业合作社开展内部信用合作，筹资额1.36亿元，累计发放金额5.42亿元。引导农村信用合作社全面建立农业经营主体的信用体系，开展授信服务。目前全市有1443家农民专业合作社开展评信用信工作，新增用信6.75亿元，614家农民专业合作社获省级农民合作社信用评价A级以上。

（四）破解融资难题，深化农村金融制度改革

按照"组织封闭、对象封锁、上限封顶"要求，体现"为农性、互助性、互补性"原则，在有条件的农民专业合作社和村股份经济合作社内，积极稳妥地组建农村资金互助会（以民办非企业单位性质登记）。制定出台农村资金互助会管理办法、监管办法、示范章程等一系列配套文件，有效控

制风险，规范管理运作。截至 2014 年 12 月底，全市已发展农村资金互助会 57 家，其中农民专业合作社领办的有 48 家，村股份经济合作社领办的有 9 家，平均每家资金互助会吸收会员 483 人、入会金 467 万元、互助金 215 万元，累计向会员投放互助金 8.3 亿元以上，月均余额 2.7 亿元。另外全市还组建了扶贫资金互助会 284 家，2014 年泰顺县还组建全省首家县级扶贫资金互助联合会。

为有效破解农业企业融资担保链问题，积极创新融资担保体模式，担保体成员以出资额为其他成员承担有限责任，目前，已在平阳县农业产业联合会、苍南县农民专业合作社联合会、鹿城农信农民专业合作社等单位成功组建 29 家融资担保体，平均每家拥有成员 50 余人、筹集担保金 195 万元，由涉农银行按 5~10 倍的贷款规模予以授信。其中，平阳县农业产业联合会遴选确定 32 家农业龙头企业和农民专业合作社作为融资担保体关联企业，自筹资金 1615 万元，由农村信用联合社完成 6 倍担保金的授信额度，至今已发放贷款 8340 万元，贷款月利率 0.65%。

着眼于破解农村担保物登记难、评估难、流通难三大难题，制定出台了农村股权抵押、海域使用权抵押、农房抵押、农业装备抵押、活体畜禽抵押等登记程序和抵押办法，有效盘活了农村的资产资源。目前，全市已开展农机具、畜禽、农房、海域使用权、渔船、林权等新型质（抵）押物试点，质（抵）押余额超过 120 亿元，其中农房抵押贷款余额 76.9 亿元，全市已开展办理农房抵押贷款的有农村合作金融机构、邮储银行、浙商银行、村镇银行、温州银行、中信银行、浦发银行以及四大国有银行等 13 家金融机构。乐清市成功申报省级农村改革试验区，具体承担"农户宅基地用益物权保障和住房财产权抵押转让机制创新"试验任务，另外根据省政府推荐，乐清市向国家申报"宅基地制度改革"试点，目前方案已报送待批。

（五）促进要素流动，健全农村产权交易体系

组建温州市农村产权交易管理委员会，成立农村产权服务中心有限公司，明确其农村产权信息发布、产权鉴证、政策咨询、组织交易等职责功能，在县级设立农村产权交易分中心。出台农村产权交易规则、转让拍卖暂行办法、交易资金结算办法等一系列配套制度，制定信息发布申请书、交易鉴证书等一系列格式化文本。积极培育各类中介服务组织，目前进驻产权中心的有 6 家拍卖机构、3 家评估机构、2 家招投标代理机构、2 家金融机构、1 家国有担保机构，有经纪人近 30 人。

出台了《温州市农村产权交易管理暂行办法》，并制定了农村集体物业使用权、土地承包经营权、农村房屋所有权、水域滩涂养殖权等 6 个交易实施细则。针对当前的农村腐败现象、"三资"管理不规范等问题，制定《温州市村股份经济合作社经营性资产交易行为规范》，规定"村集体经营性资产交易，应当在依法设立的农村产权交易服务机构中公开进行"。截至 2014 年 12 月底，全市农村产权交易平台完成交易 809 宗，金额 3.47 亿元，其中村集体经营性资产交易 425 宗，金额 2.15 亿元；农地流转 384 宗（6.19 万亩），金额 1.32 亿元。乐清探索将农房交易流转范围扩展到县域农业户籍人口，2008 年至今累计办理农房跨村产权转移案件 5355 件，面积 96 万多平方米。

二 存在的问题

（一）农村产权制度改革方面

目前温州市股改未完成的村尽管数量很少，但是这些村村情复杂、历史遗留问题较多，而且股改分歧很大，全部完成股改十分困难；已经完成股改的村股份经济合作社的法律主体地位还不明确，其工商登记和税务登记方面的"两难"问题突出，税务部门对于不同性质主体之间的资产转移要予以征税，造成大部分村不愿意将资产转移到村股份经济合作社名下，"政经分开"难以真正实现。在农村土地确权过程中，有较多的历史遗留问题需要多部门同步化解，但技术力量、政策指导力量等没有充分整合协同，使得确权进度和质量都存在差距；流转土地较零散、细碎，规模效应不明显，流转服务组织受市场化、信息化的限制，作用发挥滞后，合同签订率不高。

（二）"三位一体"建设方面

温州市农民专业合作社虽然数量多，但组织规模较小、实力较弱、连接较松散，大多农民合作组织只开展生产合作，还没有进行信用合作，全面开展生产、供销、信用合作的基础还比较薄弱；同时，由于农村资产产权的登记、评估、交易和收储等制度缺乏，扩大农户信贷的有效担保机制缺少市场化的手段，使得农村产权权益难以流转，价格难以体现产权价值，以致绝大多数农民合作组织在开展资金互助、评信用信、互助担保、合作增信等多种形式的信用合作方面，方法不多。另外，政府及金融机构扶持机制还欠整合，各自为战的局面往往事倍功半，综合服务效应难以显现。

（三）农村金融改革方面

农村资金互助组织作为一种地方信用创新，其法律地位仍然缺失，发展中还存在定位不清、扶持不力、管理多头的问题，加大了风险隐患和顾虑。农村资源的抵质押、评估、担保方面还一直没有很好地突破，为农民发展生产提供有效的贷款途径仍然不多，农房抵押贷款主要集中在乐清、瑞安两市，主要放贷机构是农村合作银行，但范围及贷款额规模还偏小。农房跨村流转及宅基地跨村置换，由于国家层面相关法律法规的限制，面临的障碍较多。目前温州市仅乐清市开展了这些业务。农村产权交易平台虽然都已布局，但开展交易不平衡，一些地方的交易平台交易量很少，甚至没有交易量，交易品种目前仅为土地承包经营权和农村集体物业，有待进一步拓展。

三 深化改革的重点

（一）农村产权制度改革方面

一是加快推进确权登记颁证工作。以农村二轮土地承包工作为基础，全面调查土地承包及权证到户、土地承包关系及承包地块变动、权证登记簿编制等情况，以确权确地为主、确权确股为辅，加快推进土地承包经营权确权工作。妥善处理宅基地、农村集体建设用地的土地权源资料不全等历史遗留问题，加大登记发证工作力度。二是强化以处分权为重点的完整权能。赋予农民对承包地占有、使用、收益、流转的权能，将处分权范围拓展到承包经营权的抵押担保，并引导农民以承包经营权入股发展农业产业化经营；赋予农民对集体资产股份的占有、收益、有偿退出和抵押、担保及继承权，探索建立现代企业的法人治理结构、内部管理制度和运行机制，实行按股份分红的利益分配制度。三是规范土地承包经营权流转。适应农村人口转移、承包主体与经营主体分离的新趋势，引导采用委托流转、股份合作等方式开展土地流转，建立土地流转风险保证金制度。对于流转给工商企业的，要引导其雇用当地农村劳动力，发展现代农业和粮食生产，防止"非农化、非粮化"。

（二）"三位一体"建设方面

一是深化现代农业经营主体示范行动。不断完善农业经营主体与农业现代化相适应的新型生产关系，充实农民合作组织内部的要素合作、服务联合、产融结合，推进单一要素联合向多种要素的股份合作转变，推进农民的联合向农民合作组织的产权联合转变。扩大"股份合作、共建共享"新型股份合作组织的资本规模，建立健全按股分红、按量返利的"二次分配"机制，发展"三位一体"区域性和行业性联合机制，切实将农民合作社由数量型、松散型向质量型、紧密型转变，发展多种形式的"三位一体"合作组织。二是促进生产、供销、信用三重功能融合。发挥市场在资源配置中的决定性作用，不断深化农民合作组织生产、供销、信用三重功能的融合发展。推进多种形式、混合所有的产权紧密合作，加快培育一批融科技、流通、金融功能于一体的新型农业合作组织，促进农业适度规模经营发展，拓展农民合作组织生态循环、产销对接、加工增值、质量追溯等功能，同时积极开展信用评级、资金互助、农信担保、保险互助等工作。三是构建服务协同机制。要着力于在农民合作组织外部实现农业公共服务、社会化服务与自

身服务的联合共聚，充分发挥股份合作有效融合各类农业经营主体和服务主体的作用，完善融合多元主体共同发展的机制。按照"主体多元化、服务专业化、运作市场化"的要求，加强资源整合和组织创新，完善农业公共服务平台，健全新型社会化服务平台，以农民合作经济组织联合会、农民合作社联合会为载体推进为农服务平台的联合。

（三）农村金融改革方面

一是规范农村资金互助组织建设。根据不同区域、不同群体的合理需求，严格区分对内吸储、对外担保、内部互助等不同互助形式，把互助资金周转率作为关键指标，确定农村资金互助组织的合理规模，明确区域范围、明确会员数量、明确筹资数额，做到稳妥发展。加快建设、全面启用非现场监管系统，落实好资本充足率和风险准备金等风险防范制度。二是完善农村产权交易体系建设。组建三级农村产权交易平台联网对接的数据库系统，实现产权登记、鉴证、交易等信息资源共享。引导社会资本、民营主体参与农村产权交易平台建设，争取在苍南、平阳率先实现突破。加快培育农村产权信息、评估等中介组织和经纪人队伍，并开展培训、管理、监督，引导它们为农村产权交易提供规范服务。拓展农村产权交易品种、范围，完善农村产权交易和监管等办法细则。三是扩大农村抵（质）押担保范围。在农村产权确权颁证基础上，健全农村产权登记、评估、抵押配套政策和相关制度。探索建立农村产权收储机制，当债务人无法偿还贷款时，将对抵押物先收购、再拍卖，拍卖所得优先偿还金融机构贷款，若有剩余再返还债务人。拓展农房财产权抵押渠道和范围，有条件的可探索将农房转让交易范围扩展到县域农业户籍人口。

B.4

温州民政事业发展报告

吴素雄*

摘　要：　2014 年，温州市民政事业从温州社会发展现实出发，积极推进基层社会治理体制、社会组织管理体制、专业社工人才体制，以及社会参与养老、救助、殡葬制度改革，但也面临城市化、人口老龄化以及环境治理等一系列问题，需要通过进一步改革促进温州民政事业从应急救危的补缺型向重视公民权利的惠普型转变。

关键词：　民政改革　基层治理　民政事业

民政是为民之政、民生之政、民主之政。2012 年，国务院对新形势下加强民政工作做出了"一统四分"① 的新概括。这一概括对温州民政事业发展提出了新要求。温州作为民营经济、民间资本、民间组织最具活力的地区，必须以城乡统筹发展为根本目的，立足温州优势，着力于通过创新基层治理模式，完善社区治理平台，促进社会组织参与治理，助推社会事务、社会养老、社会救助、殡葬改革等一系列民政改革创新，推进传统民政向现代"大民政"转型升级。

---

*　吴素雄，温州医科大学副教授，博士。

① "一统"，就是发挥民政在社会建设中的骨干作用。"四分"就是支撑骨干作用的四大支柱：第一个是围绕保障和改善民生发挥民政的保底作用；第二个是围绕加强和创新社会管理发挥民政的基础作用；第三个是围绕国防和军队建设发挥民政的支持作用；第四个是围绕提供和强化社会服务发挥民政的支撑作用。

一 温州民政事业发展的举措与成效

温州民政事业发展，坚持从推进社会治理体系和治理能力现代高度进行顶层设计，破除固化的利益格局，以法治的方式推动社会自治和共治，并逐步走向善治新格局。

（一）创新民政事业发展政策体系

2013～2014 年制定出台政策文件 30 多份，其中民政部参阅文件刊发 4 份、省参阅文件刊发 20 份、省政府领导批示 1 期，其创新经验在全国、全省推广，为全国民政综合改革提供基层实践素材。一是创新社会组织政策体系。出台社会组织"1 + 7"文件，除政治类、宗教类、社科类外，社会组织率先在全国实行直接登记，降低资金准入门槛，在改革的力度和范围方面走在全国前列。二是创新社会养老政策体系。出台社会养老"1 + 5"政策文件，实现民办养老在土地规划、金融信贷、医养融合、人才培育等方面有重大突破，其撬动社会资本参与养老的系统性改革走在全国前列。三是创新城乡统筹综合改革政策体系。出台城乡统筹综合改革"1 + 11"政策文件，形成以城乡社区建设、乡（镇）村基层管理体制改革等为重点内容的制度安排。四是创新基层民主制度安排。建立社区社会组织基层民主协商制度、人大代表听证制度、村民代表大会制度等制度安排，推动基层民主协商形式创新发展。此外，出台温州民政综合改革若干意见"1 + X"文件，其改革创新点有：社会组织孵化机制、政府授权和购买服务制度、民办非企业资产所有权改革、地方版社工考录制度、殡葬惠民机制等方面。

（二）搭建"三社联动"的基层社会治理平台

"三社"是指社区、社会组织、社工，是现代社会治理的基础。温州在前阶段改革中实现了量的迅速扩张：一是改革社会组织管理登记体制，为社会组织"松绑"。实行直接登记新规后，温州市社会组织迅速完成了量的增长阶段。2012 年全市新增社会组织数大于前 5 年增长的总量；2013 年新增登记社会组织数量是上年同期净增数的 3.3 倍。截至 2014 年 10 月底，全市登记社会组织 7189 家，备案社会组织 21081 家，位列全省第一；登记社会组织每万人拥有 7.88 家，高于全国（4 家）与全省（6.5 家）平均水平。二是创新建立地方版社工考录制度，实现社工队伍快速发展。建立地方版社工考录制度，有效解决了国家社工职业资格考试门槛过高导致的城乡社工人才紧缺问题。全市国家级专业社工由 2011 年的 139 人增至 2014 年的 881人，新增地方版社工 5291 人。同时，获批建立全省首家温州民政管理学院，首批招收养老护理专业人才 59 人，逐步推进社工培养机制从"非专业培训机制"到"学历教育机制"的转型提升。社工机构继续发展壮大，全市社工机构 84 家，占全省总量的 48%，其中 27 家能够承接政府职能转移。三是城乡社区基本平台形成，社区公共服务能力逐步提升。温州市将 5405 个行政村规划整合为 800 多个城乡社区，建立便民中心、卫生计生、居家养老、文化体育、社会管理五大功能规范化社区服务中心 798 个，村级服务代办点 4615 个，在全市常住人口 2000 人以上的行政村中建设"村民中心"，确立社区权力清单，建立健全社区准入制度，为社区现代化治理打下良好基础。

温州市以"三社"建设为突破口推进社会协同，推进社会由一元主导向多元共治转变初见成效。一是承接职能转移取得突破。积极探索政府向社会组织转移职能和购买服务工作，167 项政府职能将向 110 家社会组织及其他社会力量转移，社会组织将获得更大的施展空间。据不完全统计，2014年通过政府购买服务方式，社会组织开展社会服务项目 300 多项，涉及资金 1 亿元以上。二是经济领域社会共治取得突破。温州共有各类行业协会、商会 570 多家，在行业自治、行业维权和助推经济转型升级方面发挥重要作用。以乐清市行业协会培育基地为例，其承办的中国电气文化节，累计交易额约 12 亿元。三是社会领域社会共治取得突破。社会组织参与的社会治理服务覆盖行业治理、环境整治、文化教育等众多领域。如社会组织参与各地党政中心部门的工作"五水共治"，2014 年全市公共资金资助社会组织参与

"五水共治"的金额约有400万元;全市1000多家民办教育机构突出办学特色,民办学校在校生占全市在校生的30%。四是社区领域社会共治取得突破。温州拥有社会事务类社区社会组织4209个、权益保障类1262个,在社区事务、平安建设、法律援助、社区调解、社区矫正、社区禁毒等方面发挥了积极作用。各地社工机构积极应用专业社工人才参与婚姻家庭事务及社区矫正、关爱儿童、养老服务等工作。洞头继续深化全国志愿服务记录制度试点,从2013年试点至今共有19个志愿者组织1800余人参与服务记录,累计服务时长9605小时,成为社区治理服务的重要力量。

(三)通过"三社联通"助推民政改革

温州通过有效发挥"三社"基础平台和多元主体作用,激发社会力量参与民政各项社会事业的活力,民政事业实现整体转型提升。

(1)加快发展健康养老服务业,推动社会参与养老服务格局。一是鼓励民办养老政策全面"发力",民间投资养老服务热情高涨。在新政策的刺激下,全市18个高档次、多功能、护理型养老机构项目落地,计划总投资约30亿元。二是整合福利彩票公益金等专项资金,创新养老投融资体制。明确将福利彩票公益金每年留存部分按不低于50%的比例集中使用于社会养老服务体系建设,通过政府平台引导基金的运作融资,引导社会资金进入养老项目。在全国率先实行按营利性和非营利性分类登记民办养老机构,对营利性民办养老机构予以办理抵押登记。首开养老设施用地抵押贷款先河,泊岙老人公寓获得中国光大银行土地抵押贷款3000万元,缓解养老机构融资难问题。三是针对不同层次的养老机构创新管理方式,最大限度地激活民办养老市场。首次提出养老机构分类管理,针对民办小型养老机构设立社区养老机构标准,实行属地管理,采取备案制,由所在乡镇(街道)负责管理,从而解决小规模民办养老机构的身份和管理难题。

(2)探索多元化社会救助新模式,构建"救急难"托底安全网。在完善政府托底救急保障基础上,鼓励社会力量参与社会救助,社会救助呈现多元发展格局。一是社会力量参与基层救助。搭建社会力量参与基层社会救助

"爱心驿站"平台,2013 年 9 月以来,各级政府投入约 1000 万元,吸引民间资本近 1500 万元,吸收 6000 多名社工、志愿者参与各类救助帮扶活动,惠及 16.7 万困难群众。二是多元主体参与急难救助。①商业保险模式。洞头率先开展"自然灾害公众责任保险"工作,政府每年安排 26 万元,为洞头境内人口缴纳了"自然灾害公众责任保险",最高赔偿达 12 万元。②基金运作模式。"爱心驿站"积极引导社会力量建立"爱心小额急难救助基金",引入民营企业出资开展急难救助工作。③慈善补充模式。2014 年温州市获评全国七星级慈善城市称号,在 294 个城市中排名第 21,其中慈善组织单项排名全国第 9。三是志愿组织参与灾害救助。在全国减灾救灾志愿者服务体系试点(苍南县)基础上,加快建立志愿者参与防灾减灾救灾工作机制。

（3）推进绿色生态殡葬改革,形成社会参与殡葬改革机制。一是构建殡葬惠民救助体系。率先在全国推行全民普惠的基本殡葬服务政策,年均减免基本殡葬服务费约 3600 万元。同时,温州作为全国"青山白化"最为严重的地区之一,探索推进绿色生态殡葬改革新模式,在改善生态环境中推进惠民殡葬,实现治理方式从"拆坟"转型为坟墓生态化改造,完成"四边区域"(即公路边、铁路边、河边、山边)坟墓生态化改造约 6.7 万座,"青山白化"现象明显改观。实践证明,坟墓生态化改造兼顾实现最大限度地保护生态环境和尊重群众传统祭祀丧葬习俗两大目标,得到广大群众的充分认可。二是创新社会参与殡葬改革机制。在各地全面推行社会参与殡葬改革机制试点工作,由社区红白理事会(老年协会)等社会组织承接基层丧事管理、殡仪服务、殡葬信息传递等服务功能。全市已有 50 多个社区 100 多个社会组织开展承接殡葬管理服务职能转移试点,广大群众参与支持殡葬改革热情迅速激发,初步实现了群众自治的殡葬改革新机制。

二 当前温州民政事业发展面临的问题

在城市化的快速推进大背景下,当前温州社会建设和社会治理面临着诸多亟待解决的社会问题,温州民政事业转型发展任重道远。

（一）基层社会矛盾救济机制不健全

维稳的目的是保持稳定，但是现实是维而不稳，越维"气球"越大，时而漏气爆炸，关键是导向有问题。一是维稳不创稳。单纯重视经济发展，社会建设滞后，民生方面欠债较多。维稳工作的目标及标准简单停留在化解矛盾和平息事态上，而没有从根本上寻求治本之策。宁可花钱稳控，也很少通过政府购买服务由专业社工介入解决问题。某地为稳控1名上访人，陆续投入人力100多人次，花销30多万元。许多社会矛盾包括劳资矛盾、医患纠纷等，在已经显露萌芽甚至爆发时，没有一个有效的干预、救济、化解机制，造成恶果。比如，某地发生砍死砍伤小学生事件，嫌犯在事发前已经多次表露厌世和欲采用暴力手段报复社会的迹象，却没有引起警觉和关注，也没有相应的救济手段。二是社会心理缺乏引导。社会情绪多变，群众的社会不公平感较普遍，信任度低，弱势心态蔓延，中下层对社会不利处境焦虑。三是温州网络舆情复杂，社会治理难度大。温州网络舆情有很强的动员能力，传播快、范围广、相对复杂，各种信息鱼龙混杂，极易造成误读误信和造谣传谣，对社会稳定构成威胁，增加社会治理难度。

（二）快速老龄化背景下社会养老矛盾突出

人口老龄化不断加剧，带来严峻的社会养老问题。温州于1995年开始步入老龄城市，目前处于人口快速老龄化时期，呈现四大特点：一是基数大，2013年底全市60岁以上老年人口120.65万人，占总人口的15%；增速快，2008~2013年老年人口净增17.04万人，年均增长3.3%；高龄化，全市80岁以上老年人口19.91万人，占老年总人口的16.6%；空巢化，纯老年人家庭人口达20.53万人，占全市老年人口的17.1%，是国家空巢化城市之一。从以上指标来看，人口老龄化出现了历史性的、前所未有的新态势，必须考量老龄化带来的一系列社会问题。一是家庭规模缩小，导致传统家庭养老功能日益弱化。一个独生子女成年后将不得不为4~6位老人养老，养老压力难以承受。二是居住方式的代际分离，使传统家庭养老模式开始瓦解分化。据对 14 个城市的抽样调查，有 2/3 的青年婚后与父母分开居住，居住方式的代际分离使老年人面临生活不便、照料不够、精神苦闷等问题。三是老年人平均寿命延长、患病率、伤残率上升、自理能力下降。据调查，温州 86.53% 的老年人患有不同程度的慢性疾病，将更多地需要日常护理、生活照料和社会服务。四是养老服务需求迅速膨胀，养老供需矛盾日益突出。以养老床位数为例，全市失能、半失能老年人约 17 万人，而现有机构拥有的护理型床位仅 1 万多张，相差甚远，而中高端社会养老机构缺失。五是农村最先经受人口老龄化冲击。农村老龄化问题更突出，温州 60 岁以上农村老年人口占老年人口总数的 76.89%。总之，未来 10 年，加快社会养老服务业发展，是适应人口老龄化趋势、保障老有所养的客观要求。

（三）弱势群体救助保障体系不够完善

建立健全社会救助制度，编织一张兜住困难群众基本生活的安全网，这对于推进市场化改革，促进社会公正，使全体人民共享改革发展成果，具有重要意义。一是传统救助方式单一。必须推动社会救助方式由传统单一的物质救助向物质保障、心理疏导、能力提升相结合的综合型救助转变。传统社会救助以资金救助为主，但仅靠发钱发物的"输血"救助，救助效果并不佳，必须通过就业培训、社工帮扶等方式，实现救助的"造血"功能。同时，随着经济社会的快速发展，鳏寡孤独等困难群众对社会救助的需求日益多元化，对生活照料服务、心理疏导等社会服务的需求日益迫切。二是传统救助内容单一。必须推动传统的审批式救助向构建"救急难"基本民生安全网转变。虽然审批式的救助有利于实现救助的公平、公开、公正，但限制了救助的应急作用。社会救助不仅要"雪中送炭"，更要解"燃眉之急"。三是救助对象单一化。必须从低保对象向边缘群众拓展。受助群体不能等同于低保对象，一部分收入虽然超过低保线的低收入家庭当遭遇特定的困难事件时也会陷入生活危机，从而需要相应的救助制度来保障援助。

（四）社会组织整体活力偏弱

社会组织是社会治理的重要主体。近年来，温州市社会组织发展迅速，但仍面临结构性、体制性的缺陷和障碍。一是新旧体制衔接不顺，综合监管体制缺失。随着登记门槛的降低，社会组织旧的管理体制解体，新的体制正亟待完善，需要从事前登记管理转为对运作过程的综合监管。二是社会组织"行政化"和"垄断化"问题依然突出。社会组织放开登记，实现了起点公平，但机会公平尚未实现，最大的问题就是"行政化"和"垄断化"。有政府背景的社会组织，在承接政府服务方面具有天然的优势，通过对同领域资源和政府服务承接的垄断，阻碍其他同类社会组织发展。三是社区社会组织偏弱偏小。不少社区社会组织尤其是新成立的社会组织，宗旨不明、特色不清、人手不足、服务能力低下，尚未建立现代法人治理结构，自我造血和发展功能不足，面临生存危机，无法实现可持续发展，有些成为"僵尸组织"。四是境外非政府组织存在管理盲区。少数境外非政府组织在温州活动较为频繁、难以管理。

（五）专业社工和志愿服务体制不完善

社工人才素质高和志愿服务体制完善是现代社会治理成熟的重要标志之一。目前，温州市社会工作人才队伍建设处于起步阶段，遇到一些问题，并面临巨大挑战。一是社会工作从业人员职业化水平偏低。现有的社会工作从业人员以经验型居多，缺乏社会工作的专业理念、知识和技能，工作手段和方法相对落后。二是社会工作者的实务操作能力亟待提高。社会工作从业人员的继续教育和岗位培训体系尚不完善，难以有效满足广大社会工作从业人员岗位培训和技能训练的需求。三是薪酬待遇普遍偏低。目前社会工作从业人员薪酬普遍偏低，难以吸引优秀人才。此外，从社会工作软环境来看，全社会对社会工作作为一种职业、专业和社会制度的基本认知、认识和认同程度不高，主动求助的现象仍不普遍，社会工作人才得不到应有的关注、爱护和尊重。同时，志愿服务体制不健全。比如有些志愿者组织帮助养老机构打扫卫生，但养老机构并不欢迎，原因是志愿者组织开展活动随意性太大，往往不知道什么时候来，仍然需要雇佣专门人员打扫卫生。志愿者付出的时间和爱心难以真正发挥应有作用，造成志愿服务人力资源的浪费。目前，温州约有志愿者50万人，按照每人每周1小时志愿服务计算，每年约有志愿服务2600万个小时，但温州对这一巨大的社会资源利用不够。

三 进一步推进民政事业发展的建议

要实现温州治理体系和治理能力现代化，就要更好地统筹社会力量、平衡社会利益、调节社会关系、规范社会行为，切实发挥民政在社会建设和民生改善中的骨干作用，而要真正发挥民政在社会治理中的积极作用，就要从以下几个方面进一步推进温州民政事业的发展。

（一）加强温州基层社会治理体系建设

社会治理领域改革创新及现代基层社会治理体系的构建关键要做好以下几个方面的工作。一是探索温州城乡社区自治与共治能力建设。对城市社区、城郊社区、农村社区（分为集镇型和偏远型）分类分步推进社区建设。温州城市社区要以完善自治为重点，健全和完善以社区党组织为核心、社区自治组织为主导、社区居民为主体、社区社会组织和驻区单位共同参与的社区治理体制机制，大力发展公益性、服务性、互助性的社区社会组织，充分发挥多元主体在社区治理、社区服务中的协同作用。温州城郊社区以提升社区公共服务能力为重点，创新居民民主自治形式，构建新型村居治理体系。集镇型农村社区有目的地组织社区居民开展文化体育活动，培育社区凝聚力和向心力，并逐步过渡到社区自治。偏远型农村社区以移动式服务为重点，促进村社融合。二是加强温州社会组织规范化与实务能力建设。继续深化登记管理制度改革，规范"一业多会"准入条件，深化"批管分离"工作。探索建立社会组织信用体系，推进政府部门主导、社会公众参与和社会组织自律相结合的社会组织信用评价体系建设，建立"黑名单"制度，形成社

会组织"一处失信、处处受限"的信用约束机制。规范社会组织承接政府职能,开展条件认定,实行动态调整,推广目录应用,提升社会组织参与社会治理和服务的能力。三是推进温州专业社工人才体制改革。建立组织部门牵头、民政部门具体负责的社工人才队伍建设工作格局和运行机制。结合民政管理学院建设,完善专业化、职业化、本土化的社工人才制度。结合政府职能转移,加大民办社工机构扶持力度、社工岗位开发力度,构建现代专业社工人才体制机制。

(二)加强温州社会养老服务体系建设

按照政府主导、社会参与、市场推动的原则,推进温州养老服务业综合改革试点。一是加快温州发展养老服务产业项目。推进公办养老机构改革,推动镇(街)敬老院转型扩容为区域性养老机构。积极引入国内外先进地区的养老资金、资源和理念,重点发展集怡亲、健康、养生、文化、教育等多种功能于一体的养老机构,特别是引入我国台湾地区的先进医疗资源,打造养老养生产业基地,以养老服务产业大项目推动温州市养老服务水平的大跨步。二是着力提升温州居家养老服务品质。继续推进居家养老向村延伸,因地制宜地完善提升已有中心服务功能。建立政府购买服务对象评估、服务评价体系,尽可能地扩大老人享受养老服务的补贴范围、提高补贴标准。三是重点推进温州"医养融合"养老模式。建立大型医养融合服务机构,重点满足困难失能、失智老年群体,积极引导在养老机构中设立医疗机构,将部分医院转型为医养融合服务机构。推进规模较小的养老服务机构、城乡社区居家养老服务中心(站)、农村幸福院等采取与周边医疗机构(医院、社区卫生服务机构、乡镇卫生院)合作的方式,为老年人提供医疗服务。四是"三社联动"助推养老服务。以社区服务为平台,加大养老服务设施规范化建设;以社工资源为核心,社工、义工、护工"三工"联动提供养老专业化服务;以社会力量为主体,创新载体推进养老服务项目化管理,同步建设养老服务类社会组织孵化基地,促进养老服务市场化、社会化、专业化发展。

（三）加强温州社会救助及救灾体系建设

加大投入，健全机制，鼓励参与，全面推进温州救灾救助工作健康发展。一是畅通"救急难"基层渠道。建立健全"一门受理、协同办理"机制，实现一个窗口受理、一次性告知、一条龙服务、一站式办结，克服社会救助制度"碎片化"，确保困难群众"求助有门、受助及时"。依托城乡社区各类基层组织，及时发现急难救助需求，帮助提出申请。二是完善"救急难"信息平台。完善低收入家庭综合信息平台，通过省、市、县、乡镇四级联网，建立社会救助快速、便捷、高效、科学的信息化配置机制，实现全市范围内社会救助信息互联互通、资源共享。三是建立"救急难"社会参与机制。继续探索急难救助商业保险制度，通过向商业保险公司购买服务的方式，惠及困难群众。依托各级慈善总会、爱心驿站、基金会等公益社会组织，动员爱心企业和个人，支持它们针对急难个案开展慈善救助，形成急难救助合力。充分发挥专业社工机构和专业社工在心理危机干预等方面的优势，帮助急难对象发挥自身潜力，尽快渡过难关。四是推进防灾、减灾、救灾工作。建立健全自然灾害救助制度，推进自然灾害公众责任险在全市全面推广实施。结合浙南减灾中心建设目标，打造浙南应急救灾物资储备中心，力争在防灾减灾救灾方面走在前列。

（四）加强绿色生态殡葬改革机制建设

结合温州"两美"建设战略部署，巩固深化改革成果，推进绿色、生态、文明殡葬事业发展。一是深化殡葬改革政策。全面贯彻落实中办国办《关于党员干部带头推动殡葬改革的意见》精神，结合殡葬改革实际，出台地方版实施意见，形成党员干部带头、广大群众共同推进殡葬改革发展新格局。二是深化"青山白化"综合治理。切实实施源头治理，建立市、县两级"青山白化"治理信息监管平台，完善骨灰安放流向跟踪管理，守住私坟新建底线。继续推进私坟生态化改造，按照分期分批治理原则，认真组织实施，逐步根治这一问题。三是推进社会参与。大力培育孵化殡葬类社会组

织，全面推进由社区社会组织（老年协会等）承接基层殡葬管理与服务功能，制定殡葬类政府购买服务目录，形成殡葬改革中"青山白化"治理与巡查、殡葬信息报送、殡葬行业治理等由政府引导组织、基层群众自治的新机制。

在国家治理体系和治理能力现代化的语境中，民政工作关乎基本民生和基层民主权利，是加强社会建设最基本、最直接的内容，在社会建设中发挥骨干作用。温州民政事业正从"应急救危"的生存型民政转变为在公平正义的基本信念之下以公民正当需要为基准、以公民权利为规范性理念的生存和发展并重型民政。温州的民政工作也要由过去那种基本上属于补缺性的民政转变上升为覆盖普遍、内涵广泛的普惠性民政，从过去城乡二元分割的民政转变为从覆盖面到程度都"城乡一体化"的民政，即要着眼于保障公民基本权利平等的政府权力干预和再分配机制，立足于社会成员理性自利和选择自由的市场互利机制，以及立足于社会成员之间相互信任合作的社会互惠机制。与此同时，温州民政还要"实现民政工作规范化、标准化、专业化、精细化"，突出其科学性，特别注意援用现代社会工作的基本方法和手段。总之，温州民政事业在不断发展中，已从传统业务逐步走向社会建设与发展的中心舞台，更加深入地融入并影响城乡居民的生活，全面形成具有温州特色的现代大民政新格局。

温州社会资本办医现状及其对策研究

施肖峰 *

摘　要：　社会资本办医是新医改以来的一个重要改革导向和趋势。
2012年以来，作为首个国家社会资本办医综合试点城市，温
州在推进社会资本办医工作方面开展了深入的理论探索和政
策实践，创新性地推出了社会资本办医的"1＋14"政策群，
从准入、机构管理和人力资源辅助等方面对吸引社会资本建
立新的政策环境，取得了实践成绩。但同时也存在一些问题，
未来温州进一步深化社会资本办医改革的建议为：第一，巩
固现有成果；第二，重点培养、发展、解放和吸引社会人力
资本；第三，明确温州市社会资本办医的合理推进路径。

关键词：　社会资本办医　医改　温州市

鼓励和引导社会资本发展医疗卫生事业，形成投资主体多元化、投资
方式多样化的办医体制，是深化医药卫生体制改革的基本原则和重要内
容。社会资本投入在卫生事业发展中的作用及其大小，都与卫生政策的变
化有着密切关系。民营医疗机构是我国医疗卫生服务体系不可或缺的重要
组成部分，也是社会资本办医的主要形式，但社会资本办医不应仅仅只局
限于举办医疗机构。在目前的改革趋势下，温州作为国家试点城市，探索

---

* 施肖峰，温州市市级公办医院管理中心副主任，温州卫生发展投资集团有限公司监事会主席，
澳大利亚拉筹伯大学公共卫生管理硕士。

社会资本办医的理论和实践，将有助于积累经验，进一步完善和推动社会资本办医工作。

一 温州社会资本办医改革背景

温州是较早实践社会资本办医理念的地区之一，1989 年温州就成立了改革开放以来的全国首家民营医院，通过多年的探索实践，社会力量办医在温州发展比较迅速。截至 2014 年 10 月，全市登记在册的民办医疗机构 2255 家，其中民办医院 75 家，占全市医院总数的 61.5%，核定床位 6578 张，社会办医疗机构为满足人民群众就医需求做出了积极贡献，也在一定程度上缓解了政府财政、公共卫生资源不足的压力。

而温州老年人口规模大，截至 2014 年底，全市 60 岁以上老年人口达 118.3 万人，就健康服务的需求不断扩张。但是，温州市卫生资源则相对短缺，千人医生数、千人护士数、千人床位数等指标在浙江省排名均较靠后，这些医疗资源配置"缺口"导致居民的健康和医疗服务需求满足受到限制，看病难、看病贵现象较为突出。

随着新一轮医药卫生体制改革的推进，鼓励社会资本办医已经形成明确的政策导向，并得到强化。未来如何进一步开展社会资本办医，充分发挥社会资本对我国卫生事业和健康服务产业的关键作用是新医改所要解决的一个重要问题。

2012 年 9 月底，国务院医改办正式批复，同意将温州市列入全国首个社会资本办医试点城市，开启了温州社会资本办医的综合改革。作为社会资本办医的先驱地区之一，温州力求通过社会资本办医，改善卫生事业的发展环境，满足温州市本地的健康需求，同时也形成对全国具有借鉴意义的经验。

两年多来，温州民营医院不仅可以在审批准入、医保定点方面与公立医院一样享有平等待遇，医生可享受同公立医院标准一样的事业单位社会保险和住房公积金，在用人、用地以及税收减免等方面也有更多优惠，改革的推进使得温州社会资本办医乃至卫生事业发展进入一个新的阶段。

二 温州社会资本办医改革措施与成效

自 2012 年 9 月启动社会资本办医综合改革试点以来，温州市提出了以增加资源总量、促进市场竞争、延长产业链条、完善配套政策为目标，按照国资、民资、外资"三资齐上"，营利、非营利"两类并举"的改革试点原则，将社会力量办医作为争取改革红利、推动经济社会转型发展的重要抓手。

（一）社会资本办医的政策群设计

根据改革要求，温州创新性地出台了社会资本举办医疗机构的"1 + 14"政策群，涵盖了 1 个总体实施方案和 14 个配套支撑政策，全方位地建立了社会资本办医疗机构的政策体系。

在社会资本办医政策群中，系统地对社会资本举办医疗机构的相关方面重新进行政策设计，涉及准入的审批制度、机构分类和管理制度；涉及机构产权、内部运行和管理的非营利性机构法人财产权制度、财务管理制度、现代医院管理制度；涉及人力资源的卫生技术人员队伍建设制度、社会保险政策和住房公积金政策；涉及鼓励和激励社会资本办医的优惠政策和奖励补助制度；涉及社会资本办医疗机构平等待遇的医保定点政策和公立医院对民营机构的帮扶协作政策等。

（二）温州市社会资本办医的政策突破

温州社会资本办医支持政策群作为指导和辅助温州市社会资本办医试点的顶层设计和制度依据，在政策上寻求了多项突破，从而切实降低了温州市社会资本办医的门槛、加强了医疗机构管理和市场规范。具体包括以下几方面。

（1）放开市场准入管制。按照"非禁即入"原则，开放卫生事业投资、生产、供给等领域，支持社会资本通过独资、合资、合作等多种方式参与办医。不仅鼓励国内行业、企业积极参与，也支持我国港澳台和境外资本、国

际知名医疗实体举办医疗机构，以最低的门槛激发各类市场主体参与的积极性，最大限度地扩充优质医疗资源。

（2）突破"民办非企业单位"的传统分类框架。温州市按照企业的营利性、非营利性性质对民办医院进行分类登记管理，非营利性医疗机构按民办事业单位法人属性，由民政部门登记管理；营利性医疗机构按企业法人属性，由工商部门登记管理。在此基础上，分别形成财政支持、税费优惠、土地政策、产权管理等改革要素制定配套文件，建立科学化、差别化的管理办法和政策体系。目前，75家民办医院已全部完成分类登记，其中非营利性医院14家、营利性医院61家。

（3）建立合理回报制度。在年度收支有结余的前提下，对非营利性民办医院，可提取一定比例用于奖励举办者，年奖励金额按以不超过出资人累积出资额为基数的银行一年期贷款基准利率的2倍计算；歇业清算时，还可享受资产增值部分不超过10%的奖励。营利性民办医院可自主按照企业机制获取利润，将企业经营行为放由市场调节。在这一政策触动下，各民办医院加大投入、改善设备的积极性高涨，2013年累计投入10亿多元。

（4）明晰产权属性。突破了既往非营利性机构的资产需要出资人捐赠，从而不再具有所有权的规定。温州市按照"谁出资、谁所有"的原则，明确无论是不是营利性机构，其出资财产均属举办者所有，出资人产（股）权份额可以转让、继承、赠予，但存续期间不得抽回资金，确保资金有序运转。同时，坚持优胜劣汰，依法建立民办医院退出机制。

（5）创新人事人才管理机制。打破人员身份限制，利用人事代理、社会保障等手段，建立人员流动通道，卫生技术人员由目前的身份管理向资格管理转变，确保以制度"留人留心"，稳定人员队伍。温州市规定民办医院人员可按照公办医院卫生技术人员标准参加社会保险，享受同等退休金，并建立最低工资指导线，突破社保障碍；对已应聘并取得任职资格的卫生技术人员，实行人事代理制度，在职称评审、评优评先等方面，享受与公办医院的同等资格待遇。

（6）为社会资本办医提供孵化和保障机制。为进一步培育和孵化社会资本举办的医疗机构，使其能够迅速健康地成长为医疗卫生事业的一支重要力量。温州市从投融资、财政资金支持、土地使用、税收政策、医保定点单位身份等方面制定了详细的支持机制。一是，保障投融资服务。借助温州卫投集团国资平台，为民办医院提供贷款担保服务。创新融资方式，明确可将民办医院的收费权、知识产权作质押进行融资。鼓励开展信托投资等模式，推行低息贷款等措施，多措并举化解融资难题。二是，给予财政资金引导。充分发挥财政资金的杠杆作用，温州市、县两级政府分别设立社会办医奖补资金 2740 万元，用于医学重点学科、专科和实验室建设，以及基建项目投资奖励、大型设备购置补助。三是，加强用地保障。基于分类管理实施不同供地方式，对非营利性民办医院，采取行政划拨方式提供土地使用权；对企业法人民办医院，原则上实行有偿出让供地。同时，民办医院利用"退二进三"政策，将规划范围的厂房改扩建为医疗用房，可适度提高容积率，土地出让金先缴后返。四是实行税费优惠。一方面，税费政策一视同仁，非营利性民办医院依法享有与公办医院同等的税费优惠政策，建设项目规费减免也享有同等待遇。对营利性民办医院，按规定采用免征营业税、企业所得税先征后返等形式予以落实。另一方面，享有更加自主的定价权，按照"优质优价、自主确定"的原则，非营利性民办医院收费项目和标准实行政府指导价管理；营利性民办医院收费项目和标准由其自主定价，对其提供医疗服务取得的收入免征营业税，缴纳的其他税费地方所得（留成）部分由同级财政予以 30% ~ 50% 的返还。五是对医保定点的资质要求进行调整。根据民办医疗机构要求放宽基本医疗保险定点条件的要求，取消了"正式营业两年以上"的限制，明确将符合规定的民办医疗机构纳入职工基本医保、城镇居民基本医保、新农合医疗、工伤保险、生育保险、城乡医疗救助等社会保障定点服务范围，执行与公办医疗机构同等的医保报销等政策。符合条件的非公立医疗机构均可申请列入医保定点单位。

（7）建立现代医院管理制度。以制度形式要求社会资本办医，落实和推进法人治理结构建设，实行法人财产所有权与运营管理权分离，建立现代医院管理制度，依法保障院长职权，实现规范自主发展。

（三）温州市社会资本办医的实践成效

随着温州社会资本办医政策群的日益成熟，办医环境的日渐完善，社会资本办医成效逐步显现。2011 年之前，温州市民办医院共 60 家，2012 年实施试点改革以来新增了 15 家，实际开放床位数比试点前增加了 47.3%。目前 75 家民营医院已有 53 家被纳入医保定点单位。

2012 年实施试点改革以来，累计签约项目 38 个，协议引进社会资本近 82 亿元，计划新增床位 8200 多张；截至 2014 年底已完成投资 8.38 亿元。2013 年、2014 年温州市引进社会资本额与完成投资额均居浙江省第一。通过包装项目、招商推介，特别是在医养结合方面，加大与港资、台资及外资的合作交流，引进了数个健康体检、康复养老、养生保健项目。鼓励社会资本利用政策优惠选择"退二进三"的厂房举办医疗机构，温州康宁医院 2013 年获得了 1063 万元的土地出让金返还。2013 年，苍南龙城中医院以土地划拨方式取得建设用地 40 亩，近两年来温州共划拨出让土地用于建设社会资本办医疗机构的有 447 亩。

通过"大手拉小手"，建立公立医院与民办医院的帮扶协作机制，大力扶持民办医院发展，逐步形成公私合作的良性竞争氛围。2013 年，5 家公立医院与 10 家民办医院开展帮扶协作，促使民办医院的医院管理、诊疗规范、服务能力、学科建设等实现提升，已建成 6 家等级医院。其中，温州康宁医院被授予精神病学国家重点专科；温州东华医院骨外科学、温州康宁医院临床心理学、温州中山医院中西医结合生殖医学成功申报浙江省非公立医院特色学科。同时，鼓励社会资本办医疗机构大力引进人才和学科带头人，改革以来市级民办医院共引进各类医学专业人才 99 人，民办医院共有 13 人担任省市县级各专业学（协）会主委等。

三 温州社会资本办医面临的主要问题

温州社会资本办医改革试点虽然已经在开发政策体系和吸引社会资本办

医实践方面取得了显著的成绩，但在社会资本办医的具体政策发展和整体改革前景方面依然存在问题。

（一）社会资本办医的具体政策困境

温州的社会资本办医支持政策群是国内较为系统的辅助和支持社会资本办医的政策体系，在温州改革中基础措施发挥了重要作用，而改革推进依然面临一些具体的政策限制，包括以下几方面。

（1）医疗机构投资回报问题。现行的规定将民办医院列为民办非企业单位的范畴，非营利性医疗机构缺乏赢利条件和支撑，这限制了社会资本举办非营利性医疗机构的积极性。目前，温州实行的分类管理政策，明确给予非营利性医疗机构一定比例的奖励性资金作为其合理回报的措施，虽然在一定程度上调动了社会资本的积极性，但实际上缺乏法律依据，这需要在更高层面上对社会资本举办医疗机构进行政策设计。

（2）发展混合所有制医疗机构的问题。温州市在试点过程中着手开展社会资本参与公立医院改制重组谈判的工作，国内也已经有一些混合所有制医疗机构的现实案例，如公立医院改革国家联系试点城市昆明和洛阳也在混合所有制办医方面有所实践，但是，在国家层面至今没有出台在医疗卫生领域发展混合所有制的指导意见及实施细则，没有具体的规章制度严把医疗机构资产评估、价格确定、交易透明和资金到位等关键环节。因此，本着对国有资产安全负责的态度，温州市在混合所有制的相关试点工作，进展比较谨慎。

（3）卫生技术人员的流动问题。人力资源是卫生体系和服务资源配置的核心，缺少人才也是制约社会资本办医的主要问题之一，其实质是用人体制机制改革的问题。目前理想模式是人员与机构剥离，由"身份管理"变为"资格管理"，医生由"单位人"转变为"社会人"。温州市虽然做了一些探索，也出台了一些规定，但未能从根本上解决人力资源流动的问题。

（二）社会资本办医改革中的深层次障碍

温州作为我国首个社会资本办医的国家级试点城市，其改革取得了一些突破和创新性的成绩，但就目前新医改整体导向和趋势来分析，温州社会资本办医改革试点总体存在以下两个方面的问题。

（1）试点的整体设计视角比较狭窄和局限。从目前温州市社会资本办医的政策群设计和实践经验来看，其改革的主要领域依然是狭义的社会资本办医领域，即鼓励、引导、规范社会资本举办医疗机构。这一领域是传统的社会资本参与卫生事业和健康服务产业的主要领域，国内也已有很多地区在这一方面有过实践的探索和政策的突破，同时这种改革的方式，遇到的困难也比较相似，即难以充分调动社会资本的积极性，面临政策上的限制等。温州的经验与其他城市的差异在于其系统的政策设计，在实践上取得了更为突出的成绩，也总结了推进社会资本举办医疗机构的具体政策问题。

广义的社会资本办医，指社会资本参与我国卫生事业和健康服务产业的发展，因此社会资本的参与不仅仅受限于举办医疗机构，还可以参与包括医疗服务、健康管理与促进、健康保险以及相关服务的全产业链条。从广义的角度来理解，温州市的试点就显得在改革领域相对局限。广义的社会资本办医核心是社会资本参与卫生事业和健康服务产业的全链条建设，其中医疗服务是一个方面，而护理服务、养老服务、健康咨询服务、全民健康辅助服务等，均可以也应该成为社会资本能够参与的新增长点。就目前温州社会资本办医的试点领域来看，只有零散的健康体检、康复养老、养生保健项目，健康服务产业链尚未成为改革引入社会资本的主要试点领域。

（2）对社会资本的理解不够深入。社会资本参与卫生事业和健康产业的核心理念是"探富矿"，而不是加大力气"挖贫矿"。应该将卫生事业和健康服务产业打造成能够调动全社会参与的活跃市场，在这样的领域中，应当形成有钱出钱、有力出力的主动参与氛围，一同做大蛋糕，使得社会资本能够寻求合理回报，更使得居民能够享受其健康权益，提升居民健康水平和全民健康素质。

社会资本办医寻求的并不仅仅是实物或金融资本，还涵盖人力资本和社会行动等诸多内容，因此不能仅仅将社会资本办医理解为招商引资的行为。卫生事业和健康服务产业需要的不仅仅是资金的问题，更重要的是全社会参与的一种理念。

如果仅仅从吸引社会金融资本的角度来推动社会资本办医，依靠社会资金推动来解决卫生领域的人力资源问题、寻求社会资金在健康领域的回报问题等，可预期其效果均是有限的，均可能面临包括积极性低、政策限制等在内的诸多困境，也无助于新一轮医改走向纵深方向。目前，温州等多个多元化办医试点城市的改革所面临的困境正是如此。

应该看到，人力资本亦是卫生事业和健康服务业发展所必不可少的一个重要资源，推动社会资本办医则不仅仅是动员社会金融资本，同时更需要注重培育、发展、解放和吸引社会人力资本，让人力资本作为社会资本的核心，才能与社会金融资本产生共振，才能更加有效地推进广义上的社会资本参与卫生事业和健康服务业。

四 对温州市进一步推进社会资本办医改革的建议

在加深理解社会资本办医的领域和内涵的基础上，社会资本办医改革的主要措施就是进一步开拓卫生事业和健康服务产业的市场，发掘这些传统市场中没有被发现或没有得到重视的商机，充分调动一切类型的社会资本形式。一方面，能够吸引社会资本主动参与到这些新的商业增长点中来发挥作用；另一方面，更重要的是，社会资本的参与能够在提升全民健康素质和健康水平、切实维护人民群众健康权益中发挥积极的作用。

因此对温州市如何进一步开展社会资本办医的改革策略提出以下几个方面的意见和建议。

（一）吸引高水平的优质医疗资源继续落户温州，巩固和拓展高端医疗服务领域已有成绩

目前温州市在吸引、鼓励和规范社会资本举办医疗机构方面已经取得了

阶段性的成绩。在后续的试点方面应该巩固这些成果，与医疗服务体系的改革相衔接，使得社会资本办医的重点更加鲜明，并在医疗领域形成更为鲜明的社会资本导向。

利用温州得天独厚的地理优势和人文环境，力求吸引代表世界级高水平的医疗资源，在高端医疗服务市场实现全面的开放。这一侧重点，着力于吸引优质的社会资本参与温州的卫生事业和健康服务产业。但这带来的不仅仅是金融资本，同时还包含着优秀的品牌、优惠的医疗服务技术、文化和人文关怀，这些正是能够对温州的医疗服务领域产生正能量，促进医疗服务发生正向变化的关键力量。高端医疗服务市场的开放，将对公立医院形成有效的竞争压力，倒逼公立医院不断提升自身的业务和服务水平。

（二）培育、激活、发展、解放和吸引卫生事业和健康服务产业所需的社会人力资本

人力资源是发展卫生事业和健康服务产业的核心资源，也是主要的制约资源。因此引入社会资本办医，引入社会资本充分参与到卫生事业和健康服务产业中，对人力资源的培育、激活、发展、解放和吸引是一个重要的工作内容、任务，以及新的增长点。

（1）解放原有卫生体系内部的专业人力资源。从数量和质量来看，既有的卫生体系内部容纳了数量巨大的专业人力资源，但一直以来，由于无法合理流动，这部分人力资源作用的发挥受到限制，受体制的制约，人力资源的积极性没有得到充分的调动，创造性也不高。

温州市在调动人力资源积极性的方面已经积累了一些经验，但目前的工作依然不够。将实现人员与单位隶属关系的剥离，即卫生技术人员由"身份管理"转向"资格管理"、由"单位人"向"社会人"转变作为未来专业人力资源的描述实际上是不准确的。和全国其他省份一样，浙江省近日也出台了关于允许医务人员多点执业的相关文件，但从全国范围内来说，多点执业政策的效果还难以显现，说明单纯地允许医务人员流动，还不足以充分解放卫生领域的人力资源，不足以充分激发其创造性和能动性。

关键要回答的问题是人力资源作为资本如何才能流动？是什么驱动专业卫生人力资源流动？如果流动能够使得专业人力资源能够体面地满足生活需要、经济利益需要、自我事业的职业发展需要，那么流动的机制就能够自然地逐渐形成。人力资源的解放，意味着不能够单纯为了实现人力资源的流动而流动，而是要让人力资源的流动具备更深刻的意义，让人力资源的流动为全民健康素质、水平提升发挥作用，让人力资源的流动为专业卫生职业人员的生活、经济诉求、职业发展诉求提供帮助，这样卫生专业人员才能真正流动起来，真正实现人力资源的解放。

目前来看，温州为人力资源进入民营医疗机构工作提供了平等的保障制度，这在全国范围内是一个重要的突破。而进一步解放人力资源促进其流动，则应该继续突破平等待遇，进而给予卫生专业人员广阔的创业空间，从而真正激发其主动性和积极性。在这方面有以下一些做法可供参考。

第一，吸引卫生人力资本到基层、社区医疗服务领域发挥作用。可参照英国全科诊所作为健康守门人的制度设计。以社会资本办医国家试点城市的特殊身份，对温州市城镇职工医疗保险、居民医疗保险、新农合保险进行改革，关键是形成对基层医疗服务按人头支付的支付方式改革，鼓励卫生职业人员，特别是职业医师以守门人的角色，依靠多种方式直接进入基层，掌管居民的健康费用、提供基本服务、做好群众的健康代理人，从而重塑医生这一职业形象。目前上海市医保已经出台政策，拟由基层机构掌握部分医保资金的支付，这将对吸引人力资本到基层发挥作用产生巨大吸引力。

第二，吸引卫生人力资本到基层、社区医疗护理服务领域和养老服务领域发挥作用。随着温州老龄化社会的逐渐成形，护理和养老需求成为一种普遍的、基本的、必需的服务需求。因此，在发展社会资本办医试点工作过程中，应该充分发掘这一需求的潜力，将这一需求引入最容易进入、最具备活力、最为规范的健康服务产业市场，将卫生人力资源充分地吸引到基层，主动、积极地从事这一事业。加大政策支持力度，鼓励发展康复护理、老年护理、家庭护理等适应不同人群需要的护理服务，关键是依靠医保的支付方式

改革，为专业护理人员能够到基层开展护理服务提供支持，切实帮助专业护理人员到基层以多种方式开展创业，创建形式多样的护理机构和服务形式。提高社区为老年人提供日常护理、慢性病管理、康复、健康教育和咨询、中医保健等服务的能力，鼓励医疗机构将护理服务延伸至居民家庭。鼓励发展日间照料、全托、半托等多种形式的老年人照料服务，逐步丰富和完善服务内容，做好上门巡诊等健康延伸服务。

如果温州市能够切实为卫生人力资源提供实现其各层次价值的机会，无疑将对浙江省，甚至东部地区的优秀卫生人员产生吸引作用，使他们到温州创业、发展、生活、居住，从而为温州社会资本办医的改革做出贡献。

（2）培育卫生事业和健康服务产业所需的社会人力资本。需要认识到，单靠将卫生体系内部的人力资源转化为人力资本，以及吸引附近地区的人力资本是不够的。随着社会资本办医的全面开展，卫生事业和健康服务产业将产生巨大的对于人力资本的需求。护士、养老护理员、药剂师、营养师、育婴师、按摩师、康复治疗师、健康管理师、健身教练、社会体育指导员等从业人员都将成为卫生事业和健康服务产业所急需的人才。

对这些人力资源的培养也成为社会资本办医的一个重要内容、任务和增长点，因此需要支持高等院校和中等职业学校开设健康服务业及其相关学科专业，引导有关高校合理确定相关专业人才培养规模。鼓励社会资本举办职业院校，规范并加快培养相关从业人员。对参加相关职业培训和职业技能鉴定的人员，符合条件的按规定给予补贴。建立健全健康服务业从业人员继续教育制度，要把发展健康服务业与落实各项就业创业扶持政策紧密结合起来，充分发挥健康服务业吸纳就业的作用。

（三）结合温州实际，有序拓展社会资本办医的重点领域，选择社会资本办医的合理路径

温州市在后续的社会资本办医改革试点中，应遵循将重点领域逐步推进的原则。由目前医疗机构的高端医疗服务领域逐步扩展到基层医疗、护理、养老领域，在健康咨询、检查、全民健身方面的空白领域，逐步形成鼓励社

会资本，包括金融资本和人力资本参与的氛围。在温州市原有的社会资本办医工作基础上，可以按照以下路径开展进一步的工作。

第一步，巩固社会资本举办医疗机构的成果，实现社会资本举办医疗机构多元化，即不仅仅是吸引社会资本举办高质量的医疗服务机构，还依靠社会资本举办第三方服务机构，包括引导发展专业的医学检验中心和影像中心、第三方的医疗服务评价、健康管理服务评价，以及健康市场调查和咨询服务等。

第二步，推进社会资本进入健康咨询、检查和全民健身等方面。健康咨询和检查是迎合目前居民不断增长的健康需求的新的服务方式，应该尽可能让社会资本参与建设，政府力量形成规范性监管；全民健身已经超出了体育竞技的本身内涵，成为全民健康的普遍需求，因此在全民健身方面应该鼓励社会资本建立多种多样、不同层次的体育运动和健身场馆。

第三步，推动社会保险支付方式的改革，实现在基层社会开展种形式的社会资本办医的目的。支付方式的改革，能够从经济激励和制度规范两个方面形成社会资本进入基层社会发挥作用的合力。促进人力资本以及金融资本均有动力进入基层开展医疗、护理、养老、特色专科等多个领域的卫生事业工作。

这三步路径都需要政府进一步解放思想，开拓创新，充分利用社会资本办医国家试点城市的特殊地位，先行先试，探索政策空间、汇总实践经验，为全国范围内社会资本办医的全面铺开提供可参考、可借鉴、可利用的经验。

B.6
2014年温州民办教育发展报告[*]

刘 辉^{**}

摘 要： 温州自2011年启动民办教育综合改革试点工作以来，制定
出台了系列地方改革政策，形成了在全国具有影响力的民办
教育"1+16"政策体系。四年改革实践中，温州在民办学
校分类管理、办学体制创新、民办学校教师社保制度、民办
学校收费制度、民办学校投融资、产权归属、税费和土地政
策、公共财政分配机制八大领域实现了突破与创新，民办教
育发展环境得以根本性优化，民间办学信心提振、投资热情
高涨，呈现良好的发展态势。新时期，温州仍需持续推进改
革，借全国民办教育改革政策出台之机，从根本上破除阻碍
民办教育健康发展的体制性障碍，解决民办教育管理欠科学
规范、优质资源不足、发展不平衡等问题，立足民办学校分
类管理，以改革创新为动力，以提高质量为核心，以规范管
理为基础，推动温州从改革试验区向改革示范区转型升级。

关键词： 温州 民办教育 民间办学 民办学校

温州自古民间办学之风兴盛，南宋、晚清两个时期是温州民间办学的鼎
盛时期。改革开放后，是温州教育史上的第三个民间办学高峰。温州以

---

* 如无特别说明,本文数据来自《温州市教育事业统计资料》《温州市教育经费统计资料》。
** 刘辉,温州市教育局科员,硕士学历。

"保中间，促两头，活全局"的教育发展思路，走出了一条具有温州特色的民办教育发展之路。特别是1993年，温州在浙江省率先出台《温州市社会力量办学暂行规定》，以"六个允许"政策促进民办教育发展，被誉为国内最富代表性的民办教育模式之一。也正是对温州民办教育改革探索的肯定，2010年，浙江省教育厅将国家级改革项目——"民办教育综合改革试点"的重任交给温州，期望温州突破民办教育体制机制障碍，为全省乃至全国提供经验借鉴。2011年3月，温州全面启动民办教育综合改革试点工作，市委、市政府组织教育、发改、财政、国资、国土、人社、金融、民政、工商等部门，成立6个课题组开展系统调研，形成改革思路和对策。在此基础上，市委、市政府出台《关于实施国家民办教育综合改革试点　加快教育改革与发展的若干意见》（温委〔2011〕8号）（即民办教育"1+9"政策）。此后，"1+9"政策几经修订完善，先后升级为"1+14""1+16"政策。可以说，历时4年，温州通过顶层设计和推动，创新体制机制，激发底层活力，创造了21世纪民办教育改革的"温州样本"。2011年至今，近100多个地区的人员来温考察学习，不少地方出台的民办教育政策，不同程度地借鉴了温州的改革举措。从中央到地方，各大媒体都对温州改革给予了较高评价，教育部副部长鲁昕也曾就民办教育问题向全国各省（直辖市、自治区）写信推介温州经验。

一　改革成效：实现八项创新与突破

综合改革前，由于政策法规等障碍，温州与全国各地一样，民办教育的发展面临体制束缚、空间限制，呈现出整体走弱的趋势，民办学校活力不足、师资不稳，民间办学热情日渐消退。温州在近四年的改革与探索中，以突破与创新为基点，瞄准发展障碍，边破边改边立，基本建立了民办教育分类管理政策体系，为国家民办教育政策的出台提供了基础性、实践性经验。

（一）创新民办学校分类登记管理制度

温州建立的非营利性学校由民政部门登记为民办事业单位、营利性学校由工商部门登记为企业法人的分类登记制度，解决了民办教育发展的源头性障碍。同时，温州出台将民办非企业法人学校改制为企业法人学校的办法，明确了资产归属、合理回报、自主收费、购买服务等政策，形成与分类管理相配套的差异化的政策体系。为了推动分类登记改革落地，温州市政府授权民政部门印制民办事业单位法人登记证书，协调质监部门颁发组织机构代码证。至 2014 年底，全市已有 416 所学校参加改革试点工作，376 所登记为民办事业单位，40 所登记为企业法人。

（二）创新办学体制和运行机制

以办学主体多元化、办学形式多样化为目标，支持各类办学主体通过独资、合资、合作、股份等多种方式办学，大幅提升教育公共品的供给能力。目前温州兴起五种办学模式：一是委托管理。民办委托民办，如经济开发区的春晖中学（民办）委托平阳三中（民办）管理；公办委托民办，如平阳政府委托浙鳌高中（民办）管理平阳二中（公办）。二是 PPP（Public—Private—Partnership，公私合作）模式。永嘉政府投资 4.2 亿元，占地 250亩建新中学，面向全国公开招标，引进翔宇教育集团创办温州翔宇中学。三是国资主导、民资参与举办模式。如温州外国语学校迁建项目。四是公办与民办合作。优质公办学校通过输出品牌、管理、师资，扶持民办学校快速发展，如温州中通国际学校、瓯江小学分别通过与温州市实验小学、鹿城区建设小学合作，逐步发展成为优质民办学校。五是捐资办学。森马集团捐资 3亿元举办温州森马学校。另外，实施综合改革以来，全市共有 117 所公、民办学校结对，扶持民办学校发展。

（三）创新民办学校教师社保制度

民办学校教师大多按照企业标准缴纳社会保险，退休后的收入不及公办学校教师的 2/3，这成为师资不稳、不优的根本原因。为了从根本上稳住并提升民办学校教师整体素质，温州建立了公办、民办学校教师同等的社会保障政策：凡取得相应教师任职资格，参加人事代理，并从事相应教育教学工作的民办学校教师，均按公办学校教师标准参加事业单位社会保险，享受与公办学校教师同等的退休费、住房公积金、困难救助等待遇，单位应缴纳的各项社会保险费由民办学校承担。此外，政府在培训培养、学历进修、职称评审、评优评先等方面，落实民办、公办学校教师同等待遇。试点以来，民办学校骨干教师流失率大大下降；教师招聘形势转好，应聘数量多、质量好。民办学校教师已参加人事代理的 5642 人，已参加事业单位社会保险的 3265 人；民办教师资格证专项培训累计达 14177 人次。例如，温州中通国际学校 2014 年计划招聘教师 30 人，投档人数达到 2300 人，其中有不少硕士、博士。2012 年以来，温州翔宇中学等 18 所中小学校共引进特级教师 9 人，高级教师 163 人，国家级、省级名师名校长 4 人。

（四）创新民办学校收费监管制度

温州根据法人属性分类实行优质优价的收费监管政策，登记为民办事业单位法人的民办学校，收费项目及标准实行政府指导价管理，由民办学校按不高于当地上年度生均教育事业费 3 倍的标准自主确定（特别优质学校，经批准可按 5 倍确定），报价格主管部门备案并向社会公示后执行。登记为企业法人的民办学校，收费项目及标准由学校自主定价，报价格主管部门备案并向社会公示后执行。这种既有封顶限制，又有自主弹性的收费政策受到举办者的欢迎，全市 416 所学校参加改革试点，不但未发生联合哄抬价格的现象，而且更加主动接受教育、物价部门的监管。

（五）突破民办学校投融资障碍

民办学校因为资产不能抵押贷款，资源不能盘活，资本不能运作，发展受限。为了推进改革，温州成立教育发展投资集团有限公司，探索将学校学费收费权和知识产权作质押向银行申请贷款等机制。例如，在温州立人集团

破产案中,立人集团下属育才小学、初中、高中、幼儿园系列学校,共5600名学生。因举办者破产危机,影响学校稳定,温州教投集团通过注资3.5亿元,使学校逐步得以稳定,避免了公共事件的发生。此外,通过收费权、办学权质押等方式,实现民办学校银行融资"零突破"。至2014年底,全市共完成36笔贷款,总授信额度达9.36亿元,已贷款金额1.21亿元。

(六)突破产权归属的法律制约

"1+14"政策明确规定,出资财产属于民办学校出资人所有,出资人产(股)权份额可以转让、继承、赠予,但学校存续期间不得抽回资金。同时,建立合理回报制度,民办事业单位法人的民办学校,可获得合理回报,额度按以不超过出资人累积出资额为基数的银行一年期贷款基准利率的2倍计算。企业法人的民办学校按企业机制获取利润。这些务实的产权制度改革,对引导民间资金进入教育领域具有较大的促进作用。

(七)突破税费、土地政策制约

温州还出台了非营利性民办学校与公办学校享有同等的税费优惠政策,凡公办学校不需要缴纳的税、费,非营利性民办学校也不要缴纳。对营利性民办学校提供学历教育劳务所得的收入免征营业税,企业所得税由税务部门先征缴后再予以返还地方所得部分。土地方面,对非营利性民办学校可以用行政划拨方式提供土地使用权,对营利性民办学校原则上以有偿出让方式供地。同时鼓励民办学校通过土地置换迁建、扩建学校。如平阳新纪元学校通过土地置换,可望大幅增加优质资源。

(八)突破传统公共财政分配机制

随着综合改革深入推进,温州各级政府及部门逐步破除"公共财政就是公办教育的财政"的观念,建立了"公私兼顾"的财政分配机制。2010年之前,民办学校在校生占全市学生数的25%,仅获得1.57%的公共财政支持;全市有1700多所民办学校,民办教育专项资金仅有500万元。"1+

14"政策规定，从2011学年起，温州市财政每年安排3000万元作为民办教育专项奖补资金，以当地同类公办学校生均教育事业费为基准，建立政府向基础教育阶段民办学校购买服务的经费投入制度。义务教育阶段补助比例为30%至50%，学前教育、高中段教育补助比例为20%至30%。试点开展以来，全市政府专项奖补资金到位1.32亿元，政府购买服务资金额达2.58亿元，两项共计3.9亿元，年均扶持资金比改革前翻了一番。

四年的改革，使得温州民办教育政策发展环境得以根本性优化，民资办学的热情得到有效激发。试点以来，民间资金举办教育的额度达45亿元，投资额在1000万元以上的项目达21个。例如，上海新纪元教育集团计划在平阳投资5亿元以上，建设占地300亩的教育综合体，并在瑞安建设占地200亩的新纪元学校新校区。除温州翔宇学校、森马学校外，民间资金新办学校项目纷纷落成。温州新星学校小学部迁建投资5000万元、乐清育英寄宿学校小学部迁建完成投资1.3亿元、温州滨海高级中学完成投资2亿元，均已投入使用。

二　发展困境：民办教育改革的体制性障碍尚存

尽管温州民办教育综合改革取得了明显成效，较好地满足了社会对多样化和选择性教育的需要，但当前温州改革正处于关键时期，一些深层次的矛盾依然难以克服，温州民办教育的可持续发展仍然面临诸多挑战。

（一）民办教育发展的体制性障碍仍未根除

一些改革试点政策突破难度大，影响了改革试点整体进展，需要更深入、更大范围地破解，也亟须得到更大的改革授权。例如，实施民办学校分类管理是改革的起点。民办非法人学校转登记为企业法人，全国没有先例，得不到现有的政策法规支持，因资产处置、土地、税收等原因，难以突破。"民办事业单位法人"为温州首创，目前仍处于法律空白地带。在现行法律及政策框架下，"民办事业单位"产权、税收、土地、教师管理等相关配套政策执行难度大，很大程度上依赖于政府、部门的观念转变和执行态度。

（二）民办教育改革持续推进的机制尚未建立

温州民办教育综合改革以市政府出台政策、县级政府推进实施的模式运行，由于缺乏上位法、国家和省级政策支撑，在具体推进中，常常受限于县级政府的执政理念，改革试点推进出现区域性不平衡问题，政策在不同部门执行力度也不同。个别县（市、区）出台的配套政策基本上停留在纸上。例如，在落实难度最大的财政扶持政策、政府购买服务资金方面，一些县（市、区）通过提高拨款门槛、降低补助标准等方式，减少、延迟甚至拒绝兑现政策。民办学校举办者的持续投入还需更高强度的激励机制。

（三）民办教育现代管理模式亟待构建

从外部管理看，当前政府尚未构建现代成熟的、科学有序的民办教育管理模式，常常在"过于宽松、疏于管理"的放任式管理与"过于严格，公办趋同"的限制型管理模式中摇摆。例如，温州各级政府及部门长期忽视民办学校办学风险防范，出现了类似立人集团破产导致泰顺育才系列学校的办学危机，最后为维护社会稳定，不得不由市政府组织处置。再如，浙江省教育厅2012年发布《关于做好民办中小学招生工作的通知》（浙教基〔2012〕88号），其中对民办中小学招生做出限制性规定，如"民办中小学应根据核准登记的招生范围，每年向主管教育行政部门报批生源计划，应主要立足于当地招生，跨区域招生人数超过10人必须由主管教育行政部门批准并统筹安排形成跨区域招生计划统一招生"等。这些规定备受争议，一直为民办学校、专家学者所质疑，被指违背了《民办教育促进法实施条例》关于"民办学校享有与同级同类公办学校同等的招生权，可以自主确定招生的范围、标准和方式""县级以上地方人民政府教育行政部门、劳动和社会保障行政部门应当为外地的民办学校在本地招生提供平等待遇，不得实行地区封锁，不得滥收费用"等规定。又如，温州市还存在民办学校审批难的现象，一些地方人为设置门槛，以学校布局已定、办学条件差等理由阻止民办学校进入。民办学校建设项目受到规划、土地供给等因素的制约，整体进展比较缓慢。民办学校引进名师也缺乏有效的政策支持。

从内部管理看，许多民办学校法人治理结构不健全，多采用"家族式"管理模式，按照举办者个人意志、家庭意愿随意制定和修改学校制度，干涉校长管理权。有的民办学校则存在财务管理混乱、资金"体外循环"问题，将办学资金用于投资办企业等。民办学校在财务、收费、课程实施、法人治理等方面需要进一步规范。

（四）民办教育结构和质量有待同步提升

2014年，温州基础教育民办学校共计1524所，在校生达43.1万人，教职工4.23万人，在校生占全市基础教育在校生总数的31.78%（见表1）。温州还有民办高校2所，在校生达1.2万人，教职工800余人。此外，民办非学历教育培训机构1000余所。尽管温州民办教育起步早、规模大、层次全，但优质、特色、高端的民办学校不多，规模优势主要集中在学前教育阶段，办学特色、品牌优势有待进一步形成，其他学段的民办教育发展空间有待进一步拓展，以满足多样性优质教育需求。

表1 2014年温州市基础教育民办学校概况

类　别	学校数（所）	在校生数（人）	教职工数（人）	在校生数占比（%）
学前教育	1401	263881	28826	85.66
小学	24	76922	2096	12.39
初中	49	36645	5530	15.13
普通高中	37	39398	4665	31.53
中等职业学校	13	14175	1211	23.63
合　计	1524	431021	42328	31.78

资料来源：《温州市教育事业统计资料》。

三　发展展望：机遇与挑战并存

（一）民办教育迎来发展新机遇

从近年来国家到地方的相关政策和意见中可看出，在高层的改革布局

中，在地方政府的公共政策体系中，民办教育受到前所未有的密集关注，地位日益凸显，有望迎来发展新机遇。

1. 大力发展民办教育已成共识

《国家中长期教育改革和发展规划纲要（2010～2020年）》指出"民办教育是我国教育事业发展的重要增长点和促进教育改革的重要力量"。2011年，国务院办公厅印发《关于开展国家教育体制改革试点的通知》，确定上海、浙江、广东等地为民办教育综合改革试点地区，并对改革提出明确的目标和要求。党的十八大报告提出"鼓励引导社会力量兴办教育"。十八届三中全会审议通过的《中共中央关于全面深化改革若干重大问题的决定》提出：要"深化教育领域综合改革""健全政府补贴、政府购买服务、助学贷款、基金奖励、捐资激励等制度，鼓励社会力量兴办教育"。目前，教育部牵头起草的《关于进一步鼓励社会力量兴办教育的若干意见》（国务院民办教育新"31"条）已经定稿，文件涵盖民办教育分类管理、办学准入领域、办学筹资渠道、教师社保待遇等诸多领域，促进民办教育新发展。

2. 温州教育亟须民办教育驱动发展

历年来，温州教育多项发展指标均落后于浙江省平均水平。改革是教育发展的强大动力。当前，就温州教育发展而言，推进民办教育改革具有重要的现实意义。民办教育承担了温州基础教育近1/3的教育任务，不仅节省地方财政的教育投入、帮助政府摆脱公共财力不足的困境，而且能极大地推动教育体制机制创新，增强教育活力、促进品质提升。提高民办教育质量也是温州教育整体质量提升的重要内容和迫切需要。温州亟待平阳浙鳌中学、永嘉翔宇中学这样的民办学校激活民间办学市场，"冲击"公办学校，构建良序竞争、共同发展的良好教育生态。民办教育在教育体系内的地位毋庸置疑，大力发展民办教育已刻不容缓。

3. 适逢从改革"试验区"转型升级为"示范区"的发展契机

温州实施国家民办教育综合改革以来，示范效应不断扩大，顺利通过中期评估，并且得到国家教育体制改革领导小组的高度评价和媒体、同行的密切关注。温州市委、市政府提出创建"国家民办教育综合改革示范区"的目标，要求力争由"试点"转"示范"。创建示范区，将为温州民办教育提供发展新机遇，改革重点也将从鼓励民间投资转向促进民办教育品牌升级。同时，民办教育政策体系、管理水平、管理方式的同步改进提升，也将推动温州提高教育管理水平和教育整体质量。

（二）民办教育可持续发展面临挑战

面对新的形势，在新的改革阶段，温州民办教育可持续发展面临诸多挑战，亟待市、县同步推进改革，落实"1＋14"政策，破解政策瓶颈，做大做强优质资源，激发民间教育投资热情和品牌创优动力，推动民办教育实现从量的扩张到质的飞跃。近五年，温州依然要迎难而上，清除发展障碍，积极应对三大挑战。

1. 落实综合改革重点政策和突破创新

改革政策升级优化。国务院民办教育新"31"条即将颁布，温州需结合本地实际，从当前改革发现的问题入手，全面升级和优化分类管理政策体系，使之更具科学性和可操作性。加大力度推进民办非企业法人学校改制为企业法人试点，在资产处置、改制程序、税收政策和土地转换等方面进行突破；继续深化办学体制改革，巩固和发展委托办学等多元办学模式，积极支持各类办学主体通过独资、合资、合作、股份制等多种方式举办民办教育。特别要在"健全政府补贴、政府购买服务、助学贷款、基金奖励、捐资激励"等方面加强研究实践。

重点政策强化执行。清理纠正对民办学校的各类歧视政策，落实公共财政扶持民办教育政策，力争做到应补尽补，确保财政资金按时足额到达学校，兑现民办学校教师人事代理、社会保障及其他各项待遇；把落实民办学校教师待遇作为提高民办教育办学质量的主要抓手，继续加大对民办学校法人财产、土地、税收、收费自主权及投融资等政策的支持力度。探索民办学校投融资新路子，推动教育担保公司等投融资平台建设等。

2. 重建和优化民办教育管理体系

加快转变政府职能。简政放权和加强管理同步并举，保障民办学校办学

自主权，探索民办学校管理新模式，切实避免公办、民办学校管理同质化。重点加强民办学校认证体系建设、质量监测与评估体系建设、信息发布平台建设、风险预警系统建设，强化对民办教育的发展督导。积极发挥市场在资源配置中的决定性作用，切实加强民办教育的统筹、规划和管理工作，改善公共服务质量，构建更为多元和更为开放的办学体制。鼓励各类专业机构发展，承担咨询、评估等各项业务，培育教育中介组织，形成政府主导、社会参与、办学主体多元、办学形式多样的办学体制。积极发挥民办教育行业协会、专业学会、基金会等各类社会组织在民办教育公共治理中的作用。

完善民办学校法人治理结构。以建设现代学校制度为目标，监督指导民办学校依法设立理事会、董事会或其他决策机构，保障校长依法行使职权，逐步推进监事制度。鼓励和推进民办学校信息公开，建立公开透明的信息平台。依法明确民办学校变更、退出机制。以质量提升和品牌特色打造为核心，支持民办学校创新体制机制和育人模式，办出一批高水平民办学校。加强办学行为规范管理，重点关注教师准入、财务管理、招生收费、课程设置、教育教学等领域，引导和监督民办学校规范办学。完善民办学校财务会计制度和审计监督制度，加强民办学校办学风险防范。

3. 大力推进民办教育转型升级

实施民办教育发展专项规划。目前，温州已委托高校研究团队制定《温州市民办教育改革和发展规划（2015～2020）》（初案），基于当前发展规模和民间资本投资形势，提出近五年事业发展目标："到2020年，民间教育投资总额达到100亿元以上，全日制民办学校在校生数占比不低于30%，学前教育占比保持在70%以上。"今后五年，温州要以论证通过的专项规划为引领，确定民办教育在量的发展方面的科学系数、质的提升方面的层次标准，引导各类民办教育确定合理办学定位，实现错位发展、优质发展。要预留未来五年民办教育发展空间，促进民办教育新一轮发展，将温州创建成为民办教育改革示范区。

实施民办教育品牌发展战略。建立民办教育项目库，加大政策推介力度和教育项目引资工作。借助"温商回归""海峡两岸（温州）经贸合作"

等平台，吸引一批民间资金和国内外优质教育品牌投资、投资温州教育领域，积累高端教育资源。加快推进已签约的优质民办学校建设项目，力求项目落地，进度提速，使温州荟萃全国最优质的教育品牌，促进教育内部良性竞争。完善质量监测和评估体系，加快推动现有民办学校做强做优，打造一批在省内外有影响的民办教育品牌，同时鼓励品牌向县外、市外输出，逐步发展成为立足温州、辐射全国的优质民办教育集团。鼓励开展公办和民办两种体制、资源优势互补的政策试验，借鉴国内外成熟办学经验，发挥民办教育资源聚集、资源整合和资源优化功能，创新探索新型办学模式，迅速扩张优质教育。

B.7
温州市级权力清单制度建设的探索与思考

张红军 叶菲*

摘　要：　探索以清单管理的方式规范权力运行是新时期政府自身改革的方向。温州在总结过去行政审批制度改革经验的基础上通过追溯权力源头，深化政府自身改革来探索权力清单制度建设。同时，权力清单制度建设仍存在问题，要进一步提高减权放权的质量与效度，处理好顶层设计与温州特色的关系，并做好权力下放、转移的基础性工作。

关键词：　权力清单　清权减权　温州市

权力清单制度就是政府以清单管理的形式划定、公布部门职责、权限的公共治理的新机制。十八届三中全会提出"推行地方各级政府及其工作部门权力清单制度，依法公开权力运行流程"的重大举措，建立权力清单制度，就是要求各级政府转变职能，理顺政府和市场关系，使市场在资源配置中发挥决定性作用。推行权力清单模式管理，意味着政府治理升级将全面展开，对营造宽松的市场空间和公平的竞争环境将产生积极影响。

早在2013年初，浙江省就开始调研谋划，为制定权力清单做准备。十八届三中全会提出"权力清单"，让浙江的这项工作正式提上日程。十八届

---

* 张红军，中共温州市委党校公共管理学教研部副教授；叶菲，中共温州市委党校公共管理学教研部。

三中全会一结束,浙江省省长李强就主持召开省政府常务会议,研究制定权力清单。2014年1月,浙江省政府确定在富阳市开展权力清单制度试点工作。同年3月10日,省政府召开推行权力清单制度电视电话会议,在全省全面推行权力清单制度。6月25日,浙江政务服务网上线,全省42个省级部门权力清单上的4236项行政权力首次在网上公布,精简幅度超过六成。至此,浙江成为全国首个在网上完整晒出省级部门权力清单的省份。

按照省市的统一部署,从2014年3月起到8月止,以温州市编办牵头,在市审管办、市财政局、市法制办等市权力清单工作领导小组成员单位的积极努力下,温州率全省之先推行"三单一网"① 工作,希望以政府自身改革,撬动经济社会各项改革,激发市场活力和社会创造力。

一 温州推进市级权力清单制度建设的主要做法及成效

这次自中央到地方的全面深化改革正紧锣密鼓地推进,温州趁势而为,进行了一系列清权、确权、减权、配权、晒权、制权的有益探索。

(一)主要做法

按照省市的统一部署,温州于2014年3月启动权力清单工作,对列入清理范围的55家市级部门的12723项部门职权、5327项内部管理和宏观管理事项进行梳理审核,并始终坚持简政放权的工作主线,抓好"清权、减权、制权"三个工作环节,建立并实施"三报三审三回"工作流程。同时通过与纳入职权清理部门的沟通衔接,聘请温州大学、中共温州市委党校专家团队协助开展审核,征求"两代表一委员"建议,充分吸纳市法制办、审管办的审查意见,采取专人精审、部门会审、专家助审、上下联审等多种

---

① "专项资金管理清单、权力清单、负面清单、政务服务网",是温州市政府2014年4月开始部署的政务改革新举措。

举措。其间，省级、杭州市先后公布了权力清单，温州按照"对接省级，参照杭州"的原则，及时调整了工作部署和梳理口径，以加快推进节奏。

清理工作于 3 月启动后，温州市委、市政府及时研究印发了《开展市级部门职权清理推行权力清单制度工作方案》（温政办〔2014〕38 号），成立了由市政府主要领导担任组长的市权力清理领导小组，下设办公室在市编委办。

市、县两级均按计划于 4 月 30 日前全面完成了"一报"工作，其中市本级 55 个单位共报送行政权力 12723 项、部门宏观管理和内部管理事项 5327 项。经过"一审"，除经开区、生态园因涉及体制调整问题拟待下一步审核外，其他部门拟保留行政权力 6400 项，首轮减权幅度已达 50%。

浙江省在 6 月 25 日按照省级保留、市县（市、区）属地管理、共性权力、审核转报四大类公布了 4236 项权力后，温州市编委办要求各部门按系统密切对接，确保省里委托下放、部分委托下放、属地管理的权限不漏报、不错报外，要求对权力名称、实施依据、承办机构等事项进行再核对，确保表述一致、口径统一。

杭州于 7 月 15 日公布了 45 家部门的 4227 项职权，温州市编委办随即进行了研究分析。由于城市规格、清理范围等因素的不同，市编委办要求各部门逐条合理比对杭州部门权力清单，对同一部门梳理出的不同职权进行分析，对权力项数相差较大的进行核实，对由于梳理口径不一致的进行调整，确保兄弟市之间的相对平衡。

7 月 20 日，温州市本级完成"二报"工作。经过两轮梳理审核，市本级行政权力计划从"一审"后的 6400 项削减至 4200 多项，比对原来的 12723 项，减权幅度达到 60% 以上。

8 月 10 日，温州市本级完成"三报"工作。经过"三审"，市本级 44 个部门"三报"行政权力 4168 项，比"一报"的 12723 项减少 8555 项，清减率达 67.2%，顺利完成"减权 60% 以上"和"提前一个月公布"两大目标，并比原定计划（9 月底）提前了一个月。

8 月 20 日，温州市本级部门权力清单已提交市权清工作领导小组审议通过。8 月 28 日，市政府常务会议审议通过市级部门权力清单、财政专项资金管理清单并被晒上五级政务服务网。

温州市级权力清理、审核中主要把握了以下几个原则：一是对省级部门承担的其他行政权力授权、委托或部分委托的其他行政权力事项以及市、县（市、区）属地管理的其他行政权力要做好对接，特别是有在浙江政务服务网已经公布的全省所有市、县（市、区）部门行政审批事项中的其他行政权力事项，各部门要认真比对核实予以填报。对没有在政务服务网上公布的其他行政权事项，要充分征求市审管办和法制办的意见建议，慎重提出清理意见。二是以国务院、国家部委办、省委省政府规范性文件作为其他行政权力依据的予以暂时保留；以市委市政府规范性文件作为其他行政权力依据的，要通过专家论证、成员单位讨论提出清理意见，确需保留的在备注栏中注明暂时保留，取消的要统一征求分管市长意见，报市政府常务会议审定；如依据是省、市部门规范性文件的一律取消或调整到内部、宏观管理职权。三是关于财政专项资金分配的梳理。经与省编委办联系，省政府提出的"两个不再"的改革即"研究制定省级政府部门一般不再直接向企业分配和拨付资金、不再直接向企业收取行政事业费的具体办法"要求，暂时只针对省级部门，在对市、县（市、区）财政专项资金融改革未提出明确要求之前，建议仍保留"财政专项资金分配"这一子类，按照原定部门职责分工，统一由市财政局提出具体调整意见。但公布时以"三单一网"建设中的财政专项资金监管清单按省财政厅的口径对外公布，不列入市级部门权力清单。四是关于审核转报类的梳理。由于审核转报类事项的最终决定主体为国家、省级有关部门，市级部门只负责中间的审核环节，不构成一项完整意义上的行政权力，省里将 262 项审核转报事项不以权力清单形式对外公布，而拟作为管理服务事项对外公布。考虑到审核转报，虽然省级部门未将其列入行政权力清单，但作为管理服务事项也应在省政府政务服务网上予以公布。建议仍按"审核转报"这一子类进行清理，公布方式参照省里做法。

从 2014 年 3 月开始清权工作到 8 月底，经过 5 个多月的艰苦努力，温州市级权力清单基本完成。但是，这并不是一张固定的清单。为持续释放政

府自身改革"红利",权力清单将建立动态调整机制,根据法律法规规章的修编以及部门职能调整情况,及时对公布的权力清单进行调整,实现行政权力的动态调整和及时更新。

（二）取得的成效

列入清理范围的市级部门的部门职权12723项,经过三个阶段的审核、清理,通过转移、下放、整合、归并、调整等措施(其中委托下放437项,转移180项,调整为管理事项282项,行政处罚由于梳理口径的调整整合归并3515项),拟公布权力清单的44家部门共保留行政权力4168项(含属地管理和委托下放的行政权力),精简比例达67.2%。"减权60%以上"和"提前两个月公布"两大目标已经确保完成。具体情况比照如表1所示。

表1　温州清权工作取得的成效

单位：项，%

类别	清理前的市级部门职权	清理后的市级部门职权	清减率
行政许可	882	276	68.7
非行政许可审批	418	88	79.0
行政处罚	6083	2568	57.8
行政强制	337	159	52.8
行政征收	140	62	55.7
行政给付	71	16	77.5
行政裁决	17	11	35.3
行政确认	251	106	57.8
行政奖励	175	60	65.7
其他行政权力	4349	822	81.1
合　　计	12723	4168	67.2

根据省里的统一部署,市县权力清单以"本级保留""属地管理""共性权力""审核转报"4大类公布4168项权力分布情况如下。

(1)本级保留2841项。主要是指市级部门直接行使的行政权力(含部分委托下放的行政权力)。承接省级部门委托下放市级部门承担的211项行政权力（合计 3052 项），根据《关于做好权力清单比对规范工作的通知》（浙编〔2014〕48 号）文件精神，承接上级部门委托下放的行政权力在"本级保留"清单中填列，在备注栏注明，但不计入市级行政权力总数。

（2）属地管理 1319 项。主要是指依法列入市级部门行政权力，今后原则上以县（市、区）政府主管部门属地管理为主，市级部门按照"重心下移"的原则除对重大事项、跨区域执法和重大案件、举报案件的查处外，一般不再直接行使的行政权力。属地管理的权力事项计入市级行政权力总数。

（3）共性权力 8 项。是指市级有关部门均拥有的行政权力，计入市级部门行政权力总数。考虑到一些由一般法设定的行政权力，多数市级部门均为实施主体，但各部门之间因为实施情况不同填报不平衡的情况，经过梳理并参考省共性权力事项，将行政许可申请人隐瞒有关情况或者提供虚假材料申请行政许可的处罚，被许可人以欺骗、贿赂等不正当手段取得行政许可的处罚，抽样取证，先行登记保存证据，加处罚款，对经济社会发展有贡献的信访奖励，行政复议，责令当事人改正或限期改正违法行为等 8 项行政权力，作为共性权力公布，各部门的权力清单中不再单列。

（4）审核转报 255 项。是指市级部门审核并转报上级部门，由上级部门做出最终行政决定的管理服务事项，不列入市级部门行政权力清单。温州市承担的审核转报类事项，大多是对国家层面或省级层面或涉及资金的审核转报和争取。鉴于国家或省级层面相关政策尚未调整，温州现阶段清理和取消该类事项的条件尚不成熟。加上这类事项的最终决定主体为国家和省有关部门，市级部门只负责中间的初审和上报环节，不构成一项完整意义上的行政权力。因此，根据省里的精神，不再将市级部门现阶段保留的 255 项审核转报事项作为行政权力清单，但作为管理服务事项向社会公布，方便企业和群众联系办事。

比对省里其他清单，温州版权力清单体现了温州地方特色。

（1）梳理"深化改革权力"。2011 年以来，国务院、国家部委有关部门先后在温州市开展了金融综合改革试点、温州民政综合改革试验区、国家民办教育综合改革试点、全国社会资本办医综合改革试点、农村综合改革试

验区等改革创新工作。为此，相关部门认真研究重点梳理了温州市积极探索深化改革方面的权力事项，共计 13 项。

（2）转移部分政府权力。在市级部门委托下放县（市、区）437 项（含部分委托 64 项）权力的基础上，积极探索政府权力转移行使途径。根据《浙江省人民政府关于全面开展政府部门职权清理推行权力清单制度的通知》（浙政发〔2014〕8 号）"行规行约制定、行业技术标准规范制定、行业统计分析和信息预警、行业学术和科技成果评审推广、行业纠纷调解等行业管理和协调事项，原则上转移给行业组织承担"的精神，梳理出第一批面向市场和社会组织的政府职能转移目录（涉及 35 个单位，共计 180 项），拟通过委托、授权或购买服务等方式，向社会组织转移。目前正与财政、民政等部门着手制定相关的转移方案和配套办法。

（3）同步汇总"问题权力"。在审核中，一些权力事项由于部门的认知和理解不一样，对实施依据、权力表述、承接机构等权力事项还存有争议的，大部分的问题通过与部门、专家充分的沟通、协调、对接，都已经达成共识。在部门履行职权中，有些明显不符合实际、不符合改革方向的事项，由于涉及法律、法规和规章修改调整，提交省、中央层面研究。尤其是事关温州经济社会发展大局的，拟作为温州市出席全国、省人大代表、政协委员所提建议议案的第一手素材，同时提交市人大、政协参考。

（4）暂予保留"一些权力"。在审核过程中发现有部分行政权力事项是以国家部委、省委省政府、市委市政府等规范性文件为依据的，根据"职权法定"原则应予以重点清理，这将导致大量目前仍有存在必要的行政权力被清理。比如市粮食局的行政奖励事项：授予温州市粮食行业技术能手称号，依据是国粮办人〔2008〕99 号文件，如予以取消，会给温州市粮食技能评定造成损失。建议此类以国家部委、省委省政府规范性文件为依据的权力"暂予保留"（共计 37 项，主要是与省里相对应，省里也将其暂予保留，下一步再清理）。又如市发改委的民办中、小学非学历教育收费标准备案，依据是温委〔2011〕8 号，如予取消，不利于实际工作开展。建议原将以市级规范性文件为实施依据，列为其他行政权力的其他子项的，根据省里

"以规范性文件作为实施依据的一般不作为行政权力"的要求调整为管理事项（共计282项），不作为权力清单对社会公布，但调整为部门宏观管理职能，作为工作事项部门仍需承担。

二　市级权力清单制度建设的主要问题

（一）清权的数量和质量不够协调

从数量来看，本次清理的权力多达以往权力总数的67.2%，清权工作的力度已经达到预设的目标。但由于初涉这项工作，加之清权标准不统一、部门不均衡、工作人员认知差异大等因素，减权从数量的真实度到质量的"含金量"都存在不少问题。从数量上来说，有"小包"装"大包"、"苹果"与"水果"等合并同类项的游戏。从质量上来说，清理的权限大多是过去虚报、错报、归并不到位、"私设"以及归类不清的"虚权"，真正涉及部门利益、有权力点、能对行政相对人起到刚性支配和导向作用的"实权"却是不少部门不忍割舍的。

（二）改革探索受现行法律法规的限制

有的权力所依据的法律法规规章规定明显滞后，存在限制竞争、过度干预、重复审批等问题。但在未按法定程序进行修改之前，这些限制难以突破。比如有的对权力主体未做具体规定或规定多个权力主体，导致难以确定由哪个部门行使；有的法律法规规章的条文规定相互之间本身就存在矛盾；有的确有必要行使的权力事项没有相应的法律规定，导致管理真空问题；有的是法律法规和中央的红头文件都有规定，且红头文件的规范标准往往高于法律法规。各部门执行起来就会莫衷一是，相互扯皮。

（三）上级大量放权而下级承接能力有限

大量的行政权力从省里下放到地市一级和县一级，地市一级参照省里的

做法又将部分具体权力下放至县一级，导致县一级承担的行政权力数量激增。目前，县一级普遍存在承接力量不足、能力不够的问题，难以应对。同时，实际中发现，有的部门存在选择性放权问题，放虚不放实，放责不放权，影响了基层承接的积极性。

（四）向社会和市场放权仍然面临较大困难

一方面，部门对向社会、市场放权积极性不高，既有不愿放的利益本位考量，也有怕出乱子、怕担风险的顾虑。另一方面，社会组织在承接能力方面确有明显短板，自身建设薄弱，人才缺乏，经费拮据，难以有效承接政府转移的职能；而向市场转移方面，尽管政府购买公共服务的意识和理念已经逐步趋向于达成共识，但真正落地实施还尚待时日。同时以授权、委托等其他形式转移给市场的公共管理职能，现阶段仍未有具体可行的办法。

三 探索与思考

1. 要提高减权放权的质量和效率

制定权力清单，简政放权是核心。权力容易固化，削权减权意味着对固有的利益藩篱的打破，因此一些部门在清权过程中会通过做数字游戏或清减一些"含金量"不高的虚权来完成任务。为了保证减权的有效性和科学性，清除那些对行政对象有刚性要求，会制约市场和社会活力的"实权"，不能自我清理，清单方案须交由专家、学者、编委部门以及行政相对人审核，倾听他们的意见和说法。也就是说权力削减要有体制外人士介入"帮砍"。

2. 处理好顶层设计和温州特色的关系

清权的基本标准就是看其是否具有法律赋权的正当性。然而，现实中授权的法律法规、部门规章和红头文件多且杂，甚至相互矛盾，让权力行使无所适从。行政权力要去部门化、地方化，应当是公开、统一的完整体系。所以，要通过完善法律制度的顶层设计来解决。另外，温州近年来成为国务院、国家部委的金融综合改革、民政综合改革、民办教育综合改革、社会资本办医综合改革、农村综合改革等的试验区。综合改革试验区权力点设置的客观需求不符合权力清单清权、减权、去地方化的趋势。十八届四中全会又提出依法赋予设区的市的立法权，所以妥善处理好"统一粮票"和"地方粮票"间的关系，是巩固清单成果推进科学发展的重要基础。

3. 做好权力下放、转移的基础性工作

要摈弃那种机械照抄照搬式的放权。对下放的行政权力要进行审慎、细致的甄别并充分听取基层的意见建议。同时，放权还要完善相应的人财物配套下放的机制，确保顺利承接。对于转移给社会组织的权力既不能因社会组织发育不完善而拒绝放权，又不能不顾实际一放了之。社会组织的不完善是温州的实情，权力的转移必须要完善保障政府职能转移的各项配套机制，重点探索健全购买服务以外的政府职能转移途径，同时大力培育发展各类社会组织，从"放"和"接"两个方面夯实基础。

全力清单框定的是政府简政放权后的"体型"，彰显的是政府自我革命的勇气，它必将更大地激发市场和民间的活力。但是，权力清单制度是全面深化改革的一项新探索，它涉及面广、情况复杂，不可能一蹴而就，需要从实际出发，在实践中不断创新，不断完善，才能最终形成决策科学、执行坚决、监督有力的行政权力运行体系。未来温州的发展，必须继续深化政府自身改革，让温州的政务生态系统更有效率，才能完成"赶超发展 再创辉煌"的发展目标。

经济篇

Economic Development

B.8

2014年温州经济形势分析和2015年展望

高顺岳*

摘　要：　2014年，温州实现GDP 4302.81亿元，比上年增长7.2%，呈现逐季回升的态势，但是回升的基础较弱，实体经济发展仍然面临较大困难，外贸需求有待进一步提振，金融业发展中的问题成为制约经济增长的首要问题。2015年预计全市经济增速在7%左右。

关键词：　经济形势　实体经济　温州

2014年以来，在经济运行进入新常态的背景下，温州全力落实"十大举措"，以深化经济重点工作"五大攻坚"行动为主抓手，切实抓好金融风

---

* 高顺岳，温州市统计局副研究员，高级统计师，高级会计师。

险化解工作，推进经济转型发展，经济运行逐步走出 2012 年的"低谷"，进入金融危机风波以来的恢复发展阶段，总体发展企稳向好。但是由于国外经济复苏缓慢导致外需不足，"三期叠加"对温州经济发展影响逐步显现，金融风险成为影响当前经济增长的首要问题，实体经济回升动力不足。预计 2015 年仍然是化解金融风险、增强发展后劲的艰难之年，也是实现经济转型发展、赶超发展的关键之年，经济运行总体平稳，结构优化升级，质量逐步提升。

一 经济运行的基本特征

2014 年全市实现地区生产总值 4302.81 亿元，同比增长 7.2%，第一产业、第二产业、第三产业增速分别为 2.1%、8.4% 和 6.2%。三次产业结构由上年的 2.8∶47.6∶49.6 调整为 2.7∶47.6∶49.7。从 2014 年以来的经济发展趋势看，一季度和上半年 GDP 均增长 6.8%，前三季度 GDP 增长 6.9%，全年增长 7.2%（见图 1）。全年经济增速呈现"低开、稳走、向好"的趋势，经济转型升级和运行质量指标好于经济增长指标。温州经济早于全国、全省进入新常态，目前继续处于新常态的增长周期，如果剔除局部金融风波的影响，总体处于合理的增长区间。

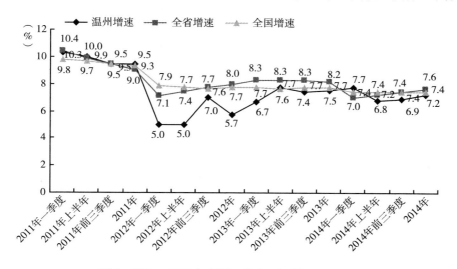

图 1　2011～2014 年全国、全省、温州 GDP 增速

（1）工业经济平稳回升，产业结构调整步伐加快。2014年，温州实现工业增加值1748.81亿元，比上年增长8.0%，其中规模以上工业增加值976.60亿元，增长6.2%，分别比上半年、前三季度上升1.2个和0.7个百分点（见图2）。工业用电量虽有波动，总体呈现同步上升态势，全年工业用电量增长0.6%，分别高于上半年、前三季度0.8个和0.1个百分点。从温州与全省工业经济增长比较看，虽低于全省平均水平，但总体仍处于逐步回升态势。

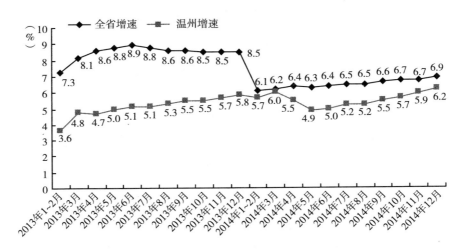

图2　2013年以来全省、温州规模以上工业增加值累计增速

全市4266家规模以上工业企业中，大型企业42家，实现工业增加值195.95亿元，增长6.2%；中型企业540家，实现工业增加值286.30亿元，增长5.8%；小微企业3684家，实现工业增加值494.34亿元，增长6.4%。

行业发展分化明显，优势主导行业带动作用比较突出。全市34个行业大类中，有28个行业实现正增长。在增加值前十名的行业中，汽车制造业（15.6%）、电力热力（10.6%）、电气（9.3%）、通用设备（7.5%）、仪器仪表（6.5%）和化学原料与化学制品（6.4%）增加值增速均超过全市平均水平，增加值占前十大行业的比重为61.0%，尤其是电气、汽摩配等行业对温州工业经济带动明显。但是鞋革（2.7%）、金属制品（2.8%）、橡胶和塑料制品（-5.8%）等行业增速趋缓，增加值占前十大行业的比重为29.0%。

工业产业结构调整步伐加快。2014年温州装备制造业、高新技术产业、战略性新兴产业增加值分别增长8.0%、8.2%和8.3%，均高于全市规模以上工业平均增速。企业创新活力进一步增强。2014年温州规模以上工业新产品产值增幅达39.9%，增速居全省第2位；新产品产值率为20.9%，比上年提高3.9个百分点。"机器换人"成效显现，工业技改投资增长56.1%，较上年提高18.5个百分点，增速居全省第1位。工业技改投资占工业性投资比重为72.2%，比上年提高14.8个百分点。"机器换人"成效显现，全年规模以上工业全员劳动生产率达12.97万元/人，同比增长10.5%，增幅高于全省平均水平1.1个百分点。

（2）第三产业发展不平衡，农业经济平稳增长。2014年，全市第三产业增加值增长6.2%，居全省末位，低于全省平均水平2.5个百分点。温州第三产业增速分别低于工业和GDP增速1.8个和1个百分点。2014年温州网络销售、快递业、房地产、旅游业、航空货运、铁路运输业等行业发展趋好，零售业产值企稳回升。电子商务等新兴流通业态快速发展，实现网络零售额同比增长69.0%，占全省比重为11.7%，网络零售额居全省第4位，居民网络消费额居全省第3位。与网络销售额紧密关联的快递服务企业业务收入为24.79亿元，增长26.4%。旅游业创收681亿元，增长16.9%。航空货邮吞吐量达6.88万吨，增长15.1%。铁路客、货运业分别增长39.2%、12.3%。温州房地产业"以降价换量"，销售形势继续向好，全年温州商品房销售面积增长20.1%，增速居全省第1位。全年温州社会消费品零售总额增长12.8%，较上年提升1.6个百分点。服务业行业中发展较差的主要有金融业、批发业、高档次的住宿餐饮业等。全年温州金融存贷款余额增速和银行业增加值增速均居全省末位。批发业受市场需求影响，全年限额以上批发业商品销售总额同比下降0.3%。受高档住宿餐饮经营情况不佳的影响，全年限额以上住宿餐饮业营业额仅增长2.8%。

2014年，温州加大农业生产扶持力度，推进农业产业规模化发展，台

风等自然灾害对温州影响较小，农业生产形势平稳向好。全市实现农业增加值119.92亿元，按可比价计算，同比增长2.2%，高出全省平均水平0.7个百分点，增速居全省第3位。从内部结构看，种植业增加值64.08亿元，增长5.0%；林业增加值2.99亿元，下降0.4%；牧业增加值17.40亿元，下降5.7%；渔业增加值33.46亿元，增长1.7%；农林牧渔服务业增加值2.0亿元，增长3.9%。全年粮食面积产量实现双增，播种面积为185.96万亩，比上年增长1.0%，粮食总产量75.98万吨，增长11.5%。农业规模化发展加快，农业"两区"示范集聚效应逐步显现。

（3）投资保持较快增长，投资结构逐步优化。2014年全市实现限额以上固定资产投资3052.81亿元，比上年增长16.6%。近年来，温州投资一直保持高速增长，随着基数的不断提高，以及企业投资意愿的减弱，部分基础设施投资项目进展缓慢，对投资增长有所影响。2014年投资增长主要有三大有利因素：一是随着"温商回归"工作不断推进，温州招商引资力度不断加大。2014年温州完成内资引进968.79亿元，完成年度任务的121.1%，其中省外回归引进项目到位资金540.65亿元，增长31.8%。二是工业性投资增速有所回升。2014年温州完成工业性投资750.88亿元，同比增长24.0%，增速比上半年提高22.8个百分点。其中工业技改投资增长56.1%，较上半年提高31.2个百分点。工业性投资和技改投资增速均居全省第1位。三是房地产投资回稳。2014年，全市实现房地产投资808.88亿元，增长10.1%，增速比上半年提高1.0个百分点。

投资结构持续优化。2014年温州工业性投资占限额以上工业投资比重24.6%，比上年提高1.5个百分点。其中工业技改投资占工业性投资比重72.2%，比上年提高14.8个百分点。服务业投资2208.05亿元，增长14%。民间投资增长较快，完成1911.86亿元，增长25.4%，占投资的比重为62.6%，比上年提高4.4个百分点。

（4）消费需求回暖，外贸出口低速增长。2014年温州实现社会消费品零售总额2410.36亿元，比上年增长12.8%，继续保持回暖态势。其中，实现限额以上消费品零售额873.41亿元，同比增长11.3%，增速连续6个月保持回升，较上半年、前三季度分别提高 1.8 个和 0.5 个百分点。从分行业看，零售业表现较好，住餐业依然低迷。2014 年，全市限额以上批发业和零售业单位零售额分别增长 31.5% 和 10.7%。2014 年不少商贸企业对接温州网络经济这个"一号新产业"发展政策来缓解销售压力，促进了网络零售业务发展，零售额增长较快。限额以上住宿和餐饮企业零售额受经济环境等多因素影响，表现仍然低迷，同比分别下降 1.4% 和增长 5.0%。

出口低速增长。2014 年全市完成外贸进出口总额 207.82 亿美元，比上年增长 0.9%，其中出口 185.51 亿美元，增长 2.2%，两项增速分别较上半年回落 1.7 个和 3.6 个百分点。全国和全省出口形势自 2014 年下半年以来有所好转，温州出口增速与全年目标和全省平均水平差距不断拉大，温州与全省平均水平相差 7.7 个百分点，较上半年提高 5.3 个百分点。受世界经济复苏缓慢、俄罗斯和非洲市场的政治动乱，以及温州外贸企业遇到资金和担保的"两链"问题等多因素影响，温州鞋类、泵阀等行业产品出口出现不同程度的下降。

（5）经济转好在效益方面更为突出，回升幅度好于 GDP 增长。2014 年，温州实现财政总收入 612.44 亿元，比上年增长 8.3%，其中公共财政预算收入 352.53 亿元，增长 8.8%。在公共财政预算收入中，税收收入增长 10.6%。从企业效益情况看，2014 年温州规模以上工业企业实现利润总额 248.36 亿元，增长 13.2%，高出规模以上工业增加值增速 7 个百分点。从城乡居民收入情况看，2014 年全市居民人均可支配收入 33478 元，增长 9.4%，其中，城镇常住居民人均可支配收入 40510 元，增长 8.7%；农村常住居民人均可支配收入 19394 元，增长 10.5%。财政、企业、居民收入增长速度均高于 GDP 的增速，表明经济效益逐步转好。

（6）经济增长过度依赖信贷投入情况得到改善，回归实体经济意识增强。12 月末，全市金融机构人民币贷款余额 7223.63 亿元，比年初增加 131.31 亿元，同比仅增长 1.9%。工业企业贷款余额 2271.66 亿元，较年初减少 274.63 亿元，其中十大特色产业贷款 1502.34 亿元，较年初减少 129.9 亿元。特别是 2011 年金融风波发生以来，温州银行贷款增量每年都在递减。

从贷款结构上看，以前温州以短期贷款为主，提高了温州贷款余额的增速。通过近几年的调整，温州中长期贷款比重逐步提高，2014 年 12 月末，温州金融机构人民币中长期贷款余额 1925.69 亿元，增长 30.6%，占贷款余额的 26.7%，较上年提高 5.9 个百分点。在市委、市政府振兴实体经济的一系列政策措施作用下，温州企业回归主业，其他业务明显减少。财政收入方面，2014 年公共财政预算收入中企业所得税和增值税分别增长 15.3% 和 10.9%，分别高出税收收入平均增速 4.7 个和 0.3 个百分点。

另外，近年来市委、市政府有效举措频频推进，突出抓改革、治环境、促转型、惠民生，全力推进事关长远发展的"十大举措"、"五水共治"、"三改一拆"、"四换三名"、有效投资、"温商回归"等重点工作，深化行政审批制度及要素市场化配置改革，使市场活力持续增强，经济发展环境明显改善。

二 需要关注的问题

（1）工业经济回升的基础尚不稳固。一是市场需求仍明显不足。2014 年，温州工业销售产值 4509.10 亿元，增长 4.6%，其中出口交货值 753.52 亿元，增长 6.9%，产销率为 95.1%，比全省平均水平低 1.7 个百分点。年末产成品存货 233.54 亿元，增长 10.6%，明显快于产销增速。二是企业经营成本上升。2014 年温州规模以上工业企业管理费用和销售费用分别增长 3.5% 和 4.7%。其中人均职工薪酬同比增长 13.6%，职工薪酬成本占全部主营业务成本的比重由上年的 8.2% 提高到 8.7%。三是小微企业发展遇到多重压力。温州市统计局对全市 4548 家企业景气抽样调查结果显示，大型企业、中型企业和小型企业的企业景气指数分别为 131.82、108.30、100.93，分别处在"较为景气""微景气""微景气"区间。中、小型企业面临的生产经营压力仍比大型企业高。从企业赢利指数看，第四季度大、中、小型企业的盈利指数分别为 89.46、83.71、74.80，大、中型企业的赢利指数依然高于小微企业。同时中小企业受劳动力成本、企业经营管理成本上升的影响更大，不少企业处于勉强维持经营状态。同时，2014年温州银行业金融机构对中小企业的信贷支持持续减弱，年末中小企业贷款余额较年初减少104.47亿元，且不良贷款风险也有逐步向小微企业蔓延的趋势。四是区域发展差距较大，工业强县对经济拉动作用不明显。2014年工业增加值增速超过或略高于全市平均水平的有6个县（市、区）：苍南县（13.0%）、洞头县（11.7%）、文成县（10.7%）、瓯海区（7.7%）、乐清市（7.0%）、龙湾区（6.8%）；增速低于全市平均水平的有：瑞安市（6.0%）、平阳县（4.7%）、鹿城区（2.8%）、永嘉县（2.1%）和泰顺县（-6.8%）。

（2）金融业成为制约经济增长的首要问题。受局部金融风波深层次影响，温州金融存贷款增速持续低迷，同时银行业处置不良贷款，使得银行业利润大幅减少，银行业增加值同比下降42.2%，温州2014年金融业增加值同比下降5.3%。尤其需要关注的是，年末温州市银行业金融机构不良贷款率有降低趋势，但关注类贷款增长较快，金融业潜在风险依然不容忽视。

（3）外贸出口拉动作用明显不足。2014年，温州出口呈现持续疲弱的增长态势。2014年温州出口增长2.2%，分别低于全国、全省平均水平2.7个和7.7个百分点，居全省第10位。从市场来看，俄罗斯市场受欧美制裁影响，出口增速下降较多，同比下降11.1%。从出口产品看，温州主要出口产品鞋类出口2014年以来逐月下降，全年同比下降7.5%。从企业层面看，部分外贸企业受"两链"问题困扰，停产、半停产的企业增加。出口订单转移明显，有订单转移的出口企业月均占比20%左右。此外，受新贸易模式影响，温州有300多家传统外贸企业将出口业务转移到阿里巴巴"一达通"贸易平台上，转移企业数为全省最多，温州出口数据面临"流失"。

（4）服务业发展优势不突出。从全国、全省情况看，经济进入新常态，服务业占GDP的比重将不断提升。2014年以来，全国和全省的服务业增加值增速均超过第二产业。特别是信息消费、文化创意、养老、健康服务业和设计服务等将是我国当前及下阶段新经济增长点。但温州2014年服务业受

多因素制约，增长力度偏弱，2014年服务业增加值增速居全省末位，影响了 GDP 增速回升。

（5）房地产市场存在不确定因素。当前房地产市场依然面临着大量库存商品房消化和房价下行的双重压力。2014 年，温州房地产开发企业商品房屋竣工面积同比增长 47.1%，待售面积增长 89.8%，其中住宅竣工和待售面积分别增长 55.1% 和 210%。根据国家统计局公布的 12 月 70 个大中城市住宅销售价格变动情况，温州新建商品住宅价格同比已经连续 41 个月下降，虽然 2014 年降幅有所收窄（5 月、7 月、8 月三个月环比持平），但在全国城市房价下行的背景下，温州房价下行压力依然存在。

三　2015年经济发展趋势和对策

2015 年国内外经济环境总体趋于好转，但面临的困难和风险不容忽视，不稳定、不确定因素依然很多。从国际看，一方面，世界经济复苏还在继续，全球贸易有所升温，国际投资有所增长，国际市场需求有所上升；另一方面，全球经济仍处于深度调整期，复苏基础不稳、动力不足，美欧与俄罗斯因乌克兰危机相互制裁，非洲深受北非战乱和埃博拉疫情影响，同时美联储已退出量化宽松政策，美元升值的预期逐步提升，国际资本将加速从新兴市场回流到以美国为主的国家，2015 年新兴市场经济增长前景堪忧。从国内看，一方面，改革效应释放，一些结构性问题有所缓解，创新对经济增长拉动效应逐步显现；另一方面，经济回升的基础尚不稳固，产能过剩矛盾依然突出，投资驱动的发展方式仍未从根本上改变，经济运行中各种深层次问题仍有待破解。2015 年我国经济增长的合理区间是 7% ~ 7.5%。

从温州的情况看，正处于经济从高速增长进入中速增长的新常态阶段，温州经济走出 2012 年的"低谷"后，2015 年仍然是化解金融风险、增强经济发展后劲，以转型发展推进赶超发展之年。由于金融风险尚未完全化解，2015 年经济发展速度仍然总体趋缓，预计全年经济增速在 7% 左右，实体经济领域将有所好转，金融业仍然是制约经济增长的突出因素，经济运行的质量将继续提高。

2015 年是"十二五"规划的收官之年，是实施"五化战略"，深化"十大举措"，全面加快转型升级、赶超发展之年。要进一步贯彻落实中央"稳增长、促改革、调结构、惠民生"各项措施，通过全面深化改革和创新驱动发展，解决长期困扰经济的结构性、要素性矛盾和问题，切实把经济发展的着力点放在调整结构、深化改革和转变经济增长方式上，化解不确定因素带来的风险，保持经济平稳向好发展，实现全年经济社会发展预期目标，以及"十二五"规划目标，为"十三五"时期经济持续快速协调健康发展打好基础。

（1）积极适应新常态，保持经济增长率的合理区间。目前，经济发展的外部条件和内生因素发生了一些新的变化，2014 年以来温州各级政府加大环境污染治理和淘汰落后产能力度，希望通过转型发展来实现未来经济的可持续发展，这些调整都在经济增速上有所反映。在新常态阶段，经济实现中高速增长更加有利于调结构、转方式，特别是有利于市场机制发挥倒逼作用来推动企业转型升级。但是在经济增长预期目标上，要实行合理区间调控，也要防止金融风险蔓延等导致经济增速不正常下降，经济发展要保持在合理区间，能够追上全省的平均水平，要通过转型发展抢占先机，实现赶超发展。

（2）化解资金要素制约，改善企业融资环境。当前金融投入增长远低于 GDP 增长，成为制约经济发展的首要因素。一是金融系统要保持定量的资金注入，加大对温州的信贷投入。同时要改变联保、互保的信贷模式，积极采取拆分、割断、削减负担等方式处置担保链风险。二是优化信贷投放结构，注重结合企业资金使用周期，减少资金期限错配，特别是要加强对成长型中小微企业的专门信贷支持，对落后产业、过剩产能企业实行合理的金融资源调整退出机制。三是加快推进信贷产品创新，推广信用贷款和各类抵押、质押贷款，创新贷款还款方式，扩大"增信式""分段式"、"循环制"等创新产品范围，同时推动保险资金运用，建立适合保险资金投资的项目库，搭建保险资金对接平台。四是扎实推进企业股份制改造工作，引导企业建立现代企业制度，大力发展直接融资，拓展多渠道融资方式。

（3）顺应经济发展的"倒逼"环境，鼓励企业改造提升传统产业。在新常态下，温州传统产业发展遇到瓶颈，在"倒逼"环境下，化"危"为"机"，顺应产业发展规律，改造提升传统产业，提高应用技术的水平，提高产品质量，降低成本，提高自身竞争力，是产业结构调整的重要前提。一方面，要加强宣传、引导和培训，抓好一批技改典型，采取措施推动企业技改水平提升，用高新技术改造传统制造业，带动产业"内变"。特别是深入实施"五一〇产业培育提升工程"，推动电气、鞋业、服装、汽摩配、泵阀等支柱产业加快转型升级，建立现代产业、现代企业集群，突出龙头企业带动引领作用，形成全产业链发展模式。另一方面，工业化与信息化、时尚化深度融合，同样是传统产业改造提升的重要渠道。当前，信息技术、时尚产业对经济社会发展的支撑作用明显增强，信息技术、时尚产业与传统产业的加速融合是推动经济结构调整、经济发展方式转变的重要动力。

（4）重视服务业的后发优势。2014年，我国第三产业占GDP的比重继续提高，增速继续快于工业，已经成为第一大产业。这意味着中国经济正在由原来的工业主导型经济向服务主导型经济转变，这种趋势将对中国经济增长、就业以及各个方面带来深远而持久的影响，可能使增长速度趋于下滑放缓，就业弹性可能会趋于提高，有利于促进收入的合理分配。温州当前服务业产值占经济总量的"半壁江山"，要顺应产业升级规律，顺应经济发展的大势，因势利导，以发展时尚产业为重点，提高网络经济比重，促进生产性服务业和生活性服务业的发展，推动整个服务业的发展以带动整体经济的转型升级。

（5）推进区域经济协调发展，提高全市经济综合竞争力。一是要按照大都市区统筹发展，促进要素集聚。按照"一主两副三极多点"的布局，打破行政区划的局限，促进生产要素在区域间自由流动，引导产业转移。健全合作机制，鼓励和支持各地区开展多种形式的区域经济协作和技术、人才合作。二是要加快形成产业集群优势，按照"五一〇产业培育提升工程"布局，加快推进工业园区、产业集聚区建设，发挥园区推进产业集群建设、培育壮大骨干企业的带动作用。

B.9

温州农业和农村经济发展形势分析及展望（2014~2015）

谢小荣　吴明通*

摘　要：　本文对2014年温州农业和农村经济发展状况做了全面的总结，提出温州农业转型已逐步由结构调整型转向完善型，农村经济继续保持平稳向好。分析了当前影响温州市农业和农村经济发展面临的矛盾与问题，指出激发温州农村经济发展的不利因素仍然明显，并对2015年"三农"工作提出了建议意见。

关键词：　农业　农村　温州市

一　2014年温州市农业和农村经济发展状况分析

2014年以来，温州市按照兴农、美村、惠民、强基的要求，坚持改革引领、产业引领、环境引领、服务引领、精神引领、组织引领，狠抓农村改革深化、农业发展转型和农村污水治理等重点工作，农业农村经济形势平稳向好。全市实现农林牧渔业总产值192.25亿元，同比增长2.3%，高出全省平均水平0.7个百分点，增速居全省第三位；农村常住居民人均可支配收入19394元，增长10.5%，增速居全省第3位。温州"三农"继续保持平

---

* 谢小荣，温州市委农办（市农业局）副主任、副局长、温州市决策咨询委员会委员、浙江省农研中心特聘研究员；吴明通，温州市农村信息与宣传中心副主任。

稳健康发展，为全局稳、社会稳奠定了基础，做出了贡献。

1. 加速推进现代农业建设，农业生产取得历史新高

全市实现农业增加值 119.92 亿元，扣除价格因素，同比增长 2.2%，高出全省平均水平 0.7 个百分点，增速位居全省第三位，位次比上年前移 7 位，圆满完成农业增加值增长 2% 的年度考核任务。其中，种植业增加值 64.08 亿元，增长 5.0%；林业增加值 2.99 亿元，下降 0.4%；牧业增加值 17.40 亿元，下降 5.7%；渔业增加值 33.46 亿元，增长 1.7%；农林牧渔服务业增加值 2.00 亿元，增长 3.9%。

粮食生产实现三增长。全市全年粮食播种面积 235.22 万亩，比 2013 年增加 1.76 万亩，同比增长 0.75%；亩产 409 公斤、总产 90.81 万吨，分别比上年增长 10.5% 和 11.5%。其中春季粮食播种面积 22.99 万亩，增加 0.40 万亩，增长 1.8%，春粮平均亩产 209.6 公斤，平均亩产呈现连续四年增长态势。早稻播种面积 43.66 万亩，比上年增加 0.9 万亩，增长 2.1%，实现两年连续增长态势。其中瑞安市南滨街道粮食种植大户钱顺旺的"甬优 12"攻关田干谷亩产达到 779 公斤，打破浙江省连作晚稻最高亩产农业吉尼斯纪录。

畜牧业生产有较大滑坡。受疫情影响及生态建设需要，畜牧业的发展空间进一步缩小。全市畜牧业产值 34.53 亿元，增加值 17.40 亿元，分别下降 5.8%、5.7%，降幅比上年收窄 1.8 个、3.7 个百分点。全省 2014 年畜牧业增加值下降 8.9%，降幅大于温州市。总体看，全市畜牧业生产仍处于转型升级阵痛期。全年肉类产量 12.22 万吨，比上年下降 5.2%。

林业生产保持平稳。全市实现林业产值 4.44 亿元，下降 0.9%；实现林业增加值 2.99 亿元，下降 0.4%。从实物量看，林产品生产有增有减。人工造林 9.16 万亩，下降 21.3%；木材产量预计 5.53 万立方米，比上年下降 21.8%；竹材产量预计 353 万根，增长 239.4%。生产人造板 42 万平方米，增长 13.5%。

渔业产量恢复性增长。全市水产品总产量 58.65 万吨，比上年增长 2.2%。其中，海洋捕捞产量 46.13 万吨，增长 1.7%；海水养殖产量 10.02

万吨，增长 3.7%；淡水捕捞产量 0.43 万吨，增长 17.2%；淡水养殖产量 2.07 万吨，增长 3.9%。

现代农业经营主体苗壮成长。2014 年新增 15 家市级"百龙工程"农业龙头企业，累计达到 271 家。新认定市级示范性农民专业合作经济组织 39 家，累计培育市级示范性农民专业合作经济组织 330 家、累计发展家庭农场 958 家，其中市级示范性家庭农场认定 54 家。

农业"两区建设"步伐明显加快。2014 年落实农业招商引资实际到位资金 23.4 亿元。建成粮食生产功能区 456 个，面积 44 万亩；市级以上现代农业园区 251 个，面积 52 万亩。实施健康农产品"一十百"工程，建成省级生态循环农业示范区 5 个、示范企业 5 个，其中 1 个示范区、2 个示范企业通过省里考核。累计认定无公害农产品 347 个、绿色食品 60 个，农产品抽检合格率稳定在 98% 以上。

2. 深入推进农村改革，农村要素活力不断显现

农民收入持续快速增长，城乡居民收入差距逐渐缩小。改革的持续深入、产业的积极调整、气候的有力保障，农民增收的有利因素继续发力。2014 全市农村常住居民人均可支配收入 19394 元，同比增长 10.5%；城镇居民人均可支配收入 40510 元，增长 8.7%；农村常住居民人均可支配收入增长幅度继续高于城镇居民人均可支配收入。

推进农村集体产权股份制改革。全市农村集体经济组织股改面达到 98.2%，量化集体净资产 162 亿元、持股社员 664 万人。推进农村土地承包经营权确权登记。全面完成土地承包关系调查，全市二轮土地承包经营权权证到户率 96.9%，完成承包地"入册上图"的村（社）1495 个，涉及农户 34.07 万户、承包面积 47.42 万亩（实测面积 49.41 万亩）；完成集体建设用地使用权登记 11975 宗（发证率达 89.13%）、宅基地使用权登记 115.69 万宗（发证率达 88.23%），依法保障了农民对土地的占有权、使用权和收益权。在土地承包经营权确权登记的基础上，出台了《温州市农村土地承包经营权管理暂行办法》，并全面建立了市、县、镇三级流转服务平台。全市新增土地流转面积 12.04 万亩，累计 125.02 万亩，流转率达 63%，土地

流转新增农民收入近亿元，推动了938个农业招商引资项目落地，实际到位资金达78.41亿元。不少地方以土地承包经营抵押担保及入股试点推动土地流转。永嘉县岩坦镇茶山村惠宝农庄有限公司和恒生村镇银行合作，以500亩农村土地承包经营权作为抵押贷款10万元；乐清市大荆镇下山头村以土地承包经营权入股3000万元，与返乡投资能人共同发展铁皮石斛产业；泰顺县三魁镇薛内村、平阳昆阳镇水亭社区前爿村等以土地入股形式实现规模经营、村企互赢；乐清市柳市镇西仁宕村进行了土地承包经营权抵押拓展探索。

推进农村金融制度改革。建成全省首家农村资金互助会、全国首家农村信用合作融资担保体、全国首家合作社信用部。发展农村资金互助会57家、融资担保体29家、信用部24家，累计发放互助资金9.3亿元，当月余额3.7亿元。同时，随着农村金融改革的深入推进，温州"三位一体"农村合作体系也得到创新发展，全市1443家农民合作社参加评信，449家农民合作社开展内部信用合作，认定示范性"三位一体"农村合作组织126家。

推进农村产权流转交易。完成农村产权交易671宗，累计交易金额28380万元，其中土地流转6.15万亩，366宗，交易金额15833万元；集体经营性资产305宗，交易金额12547万元。开展农房交易和抵押贷款。乐清市农房宅基地用益物权保障和住房财产权抵押转让试点获省级批准。

农家乐休闲旅游业继续成为农民增收的有力支撑点。全市农家乐休闲旅游接待游客2061万人次、直接营业和游客购物收入达12.91亿元，同比分别增长20.6%、19.4%。

3. 农村民生事业加快发展，城乡一体化进程不断加快

公共财政预算资金用于"三农"的增长19.47%，完成省指标任务的229%。

加快推进农村环境整治。全市"五水共治"完成投资224.5亿元，占年度计划（177亿元）的126.8%。深入实施"农村生活污水治理三年行动计划"，全力推进美丽乡村建设，有效改善农村人居环境。累计投入12.5亿元，完成农村生活污水治理村1101个，受益农户数118786户，完成畜牧业

治理改造提升 1630 家，农药减量 118.51 吨、测土配方 267.8 万亩、推广商品有机肥 4.7 万吨、化肥减量 2620 吨。

加大"美丽乡村"建设。建成美丽乡村精品线 20 条、新启动建设 17 条，创建省级休闲观光农业示范园 8 个、市级休闲观光农业示范园 34 个，三星级以上农家乐经营户（点）297 家，培育了一大批观光农业示范基地。永嘉县埭头村入选中国最美休闲乡村，泰顺县稻田入选中国美丽田园。

加快农村基础设施建设。全市落实气象防灾减灾标准化示范村建设点 31 个。平原绿化面积 23325 亩，完成省指标任务的 136%；治理农村河道 257.97 公里，完成省指标任务的 107%。温州市农村医疗保障水平已实现大病保险制度（新农合）11 个县（市、区）全覆盖；与 2013 年同期相比，城乡低保标准增长 10% 以上，农村不低于城镇低保标准的 73%；全市城乡居民基本养老金保险，与 2013 年同期相比人均养老金水平增长 20.6%；建设农村联网公路 128 公里，完成省指标任务的 116%；新增农村文化礼堂 150 个，完成省指标任务的 133%。加快推进标准渔港建设。全市完成投资 1.233 亿元，完成年度计划的 100.24%。

实施农民素质提升工程。组织培训农村劳动力 44592 人，其中农村实用人才培训 20789 人，转移农民就业技能培训 23803 人。培训发证 42239 本，发证率 94.7%，转移就业人数为 22542 人，就业率达到 94.7%。形成了一支数量规模较大，行业门类众多，区域分布广泛，扎根"三农"服务"三农"的人才队伍。

实施低收入农民"倍增计划"。省内率先成立县扶贫资金互助联合会、县来料加工资金互助会和专业合作社扶贫资金互助会，新成立扶贫资金互助组织 43 家，累计 259 家，数量依然保持全省最多。5 个欠发达县新建续建异地搬迁小区（点）52 个，启动整体规模搬迁 18 个村，总投资 5.6 亿元完成异地搬迁 8380 人。发放扶贫小额贷款 1.97 万元。大力推进 21 个市级扶贫创业就业中心和 10 个物业经济项目建设，新发展来料加工企业（点）1532 个，发放来料加工工资 7 亿元。落实市级挂钩帮扶资金 2366 万元。

二 当前的主要矛盾和问题

当前，中国经济已步入新常态，温州的农村改革与发展面临着内外环境的深刻变化。主要体现在"三个不适应"。

（1）农业发展要素支撑不足，已不适应农业产业化加快发展的新趋势。近年来，无论从链条完善、功能拓展看，还是从经营机制看，规模化生产、合作化经营、社会化服务已成为温州农业发展的新趋势。但是，温州人多地少，农业发展面临着土地、资金等要素制约，还存在基础薄弱和农业组织化、科技化、产业化水平不高等诸多问题。虽然2013年第一产业增加值增速居全省第三，但总额仍居全省倒数第三。温州2/3的粮食、2/3的蔬菜、2/3的生猪等畜禽靠外地调运的"三个三分之二"问题，始终是摆在我们面前的一道重大课题。

（2）农村改革关键领域尚未有效突破，已不适应加快激发农村活力的新要求。近年来，温州市农村城镇化、农民市民化步伐较快，全市常住人口城镇化率由2005年的56.4%增加到2013年的67%；同时，随着工业化和城镇化的推进，温州市农村绝大部分农民已转移到城镇从事第二、三产业，第一产业从业人员比重从2005年的30.8%下降到2014年的22.5%。即便如此，温州市城乡二元体制尚未真正破除，"半城市化"现象严重。广大农村还存在承包地、宅基地、集体资产等产权主体不清、流动不活、权能不全，以及权益保障难、优化配置难、抵押融资难、流失防范难等问题，都需要用改革和创新的办法来解决。

（3）农村治理体系不够完善，已不适应农民改善生活质量的新期待。农村环境问题。尽管近年来美丽乡村建设成效明显，但温州市村庄数量多、规模普遍较小、离散度高，农村"脏乱差"现象还没有根本改变。单就农村生活污水而言，全市5403个建制村中，有3348个村需要治理。2013年治理了1101个村，还有2247个村需要治理。公共服务问题。总体上，温州市农村公共服务水平不够高、覆盖面不够宽、财力保障还不到位，城乡居民在医疗、教育、就业等方面仍存在较大差距。基层治理问题。乡镇（街道）"撤扩并"和基层组织"转并联"后，乡镇变大了、社区变大了、村子变大了，但基层治理的有效性和基层组织的作用却变小了，基层干部和广大群众的意见比较大。此外，农村基层侵害群众利益的现象时有发生，包括基层干部贪污侵占问题、农村"三资"管理问题等，群众反应很强烈。

三　工作的建议

尽管温州农业在整个国民经济中的占比仍然很小，但从温州经济的均衡发展和社会稳定需要来看，农业作为国民经济的基础地位不会改变。2015年，随着温州农村改革的不断深入，农村要素的活力会更加显现，现代农业的发展步伐会更快，预计温州农业农村经济会迎来螺旋式的上升，农业增加值增速会继续保持2.0%、农村常住居民人均可支配收入9%以上的增长态势。新常态下要确保现代农业发展取得新成就、农村综合改革取得新突破、农民生活水平取得新提升，加快实现温州农业农村生态化、信息化、时尚化、都市化、国际化"五化同步"的发展目标和全面完成年度经济指标，建议围绕五个方面来重点推进。

1. 围绕建设现代都市农业，加快转变农业发展方式

建议从三个方面来推进。一是坚持走农业产业化发展之路。要紧紧抓住农业"两区"建设，严防粮食生产功能区"非粮化"和农用地"非农化"，切实提升农业"两区"建设水平。突出稳定粮食生产的重要地位，着力稳定粮食播种面积，提高粮食单产量，挖掘生产潜力，坚持水稻与旱粮一起抓，努力实现粮食生产扩面增产，确保建成粮食生产功能区10万亩，确保实现全年213万亩的粮食播种面积、86万吨的产量。与此同时，还要拓展农业产业化。让农业纵向延伸、横向连接功能日益加强，建立在"接二连三"全产业链基础上的农产品价值得到提升，互动型、融合型的"六次产业"成为新的趋势，让产业集群发展成为农业经济新的增长点。同时还要加强农业产业化的科技支撑。推进农业领域"机器换人""电商换市"，提升农业机械化、信

息化水平。二是坚持走农业时尚化发展之路。把传统农业加快向生产、生态、生活和文化融合的多功能发展转变,深入挖掘农业生态、养生、休闲、文化等功能,促进时尚消费由城市向农村延伸,培育新的经济增长点。实现温州农业的时尚化,建议 2015 年要实施好"美丽田园"创建行动,打造 10 条时尚休闲农业精品线路,培育一批"美丽田园"品牌,发展一批农业观光基地、现代生态农庄、农耕文化项目等。三是坚持走农业生态化发展之路。发展高效生态农业,是推进温州农业转型发展的根本方向;建议 2015 年要加大省级生态循环农业示范县、示范镇,生态循环农业示范项目的创建。强化农产品质量安全监管,建立重点农产品风险监测预警机制,健全农产品溯源系统,逐步完善从生产基地到餐桌的全程监管体系。

2. 围绕增添农村发展活力,全面深化农村改革

改革是激发农村发展动力和活力的根本之举。2015 年建议温州的农村综合改革要从四个方面有所突破:一是创新发展"三位一体"农村合作体系。要在扶持培育专业大户、家庭农场、专业合作社、龙头企业等新型农业经营主体的基础上,着力推动"户转场、场入社、社联合"。2014 年,要深化农民合作经济组织联合会改革试点,鼓励更多农业经营主体和服务组织加入农民合作经济组织联合会。按照"多类型发展、多功能融合、多层次联动"原则,支持专业合作组织开展统一的技术服务、市场营销、征信用信等,为农民提供优质、便利、周到的服务。二是全面深化农村产权制度改革。要根据"三权到人(户)、权跟人(户)走"的要求,进一步推进农村资产确权赋权活权改革,加快盘活农业农村各类资产资源。重规范农村集体"三资"管理,切实加强对村级集体资金、资产、资源的监管,确保集体资产保值增值,并实行规范的按股分红。三是积极推进农村土地制度改革。要按照"三权分置"的要求,明确集体所有权、稳定农户承包权、放活土地经营权,扎实开展农民承包地"确权登记、入册上图",总体上要确地到户,从严掌握确权确股不确地的范围,2015 年"入册上图"村(社)比率要达到 60% 以上。四是切实抓好农村金融配套改革。要把发展农村金融组织作为农村金融改革的重要内容,鼓励支持各类农业经营主体发起或入股地方性金融机构和组织，积极稳妥发展农村资金互助会。同时要扩大农村抵（质）押担保范围，积极稳妥推进农村土地承包经营权、农民住房财产权抵（质）押试点，加快把农民的"死资产"变成"活资金"。还要全面建立市、县、乡三级农村产权交易市场体系，拓展完善价格评估、融资担保、抵押登记、贷款服务等功能，真正让"三权"有序流动起来。

3. 围绕兴农富农，着力促进农民持续增收

促进农民持续增收是"三农"工作的核心，建议2015年要强化"四项工作"，来促进农民收入持续普遍较快增长。一是挖潜力促增收。要深挖农业内部潜力，完善农业服务体系，推进农村第一、二、三产业融合发展，来增加农业的附加值，提高农民的收入水平。二是抓改革促增收。要借力农村综合改革，加快"三权到人（户）、权跟人（户）走"，进一步把改革的红利释放给农民。还要大力发展农村集体经济，努力提高农民的集体经济分配收益。三是扩渠道促增收。要用信息经济引导农民走上增收之路，主要是实施电子商务进万村工程，鼓励当地农民足不出户进行网络创业。四是强帮扶促增收。要加大对偏远地区的帮扶力度。继续深化"山海协作"，加快推进文成、泰顺"工业飞地"建设，推动偏远山区、海岛地区、革命老区加快发展。另外，要加大对弱势群体的帮扶力度。深入实施"低收入农户收入倍增计划"，通过产业开发帮扶、就业创业促进、农民异地搬迁、社会救助完善等方式实行精准帮扶。

4. 围绕城乡发展一体化，深入推进美丽乡村建设

经过这几年大投入、高强度的美丽乡村建设，温州的农村环境大为改善。但是客观地说，农村生态环境离真正意义上的绿水青山仍有距离，农村基础设施建设仍然落后，农村公共服务供给仍显不足。针对这些问题，2015年建议从四个方面来推进。一是要扎实推进农村"五水共治"。首先是抓农村生活污水治理，把生活污水治理、畜禽养殖场的整治作为农村生活污水的重点来抓。其次要抓好农村黑臭河、农村垃圾治理。二是要提升村庄美化靓化水平。首先是深入实施"千村整治百村示范"工程，加快推进美丽乡村建设，打造一批宜居、宜业、宜游的美丽乡村精品线、精品村。其次要建特色民居。结

合"浙派民居"建设，设计推广独具地域特色、体现乡土风情、农民喜欢的特色民居，改变农村"千村一面、千户一面、千房一面"现象。三是要不断夯实农村生态环境基础。首先要认真落实全省农业"两区"土壤污染防治三年行动计划，深入实施垦造耕地、高标准基本农田建设和农村土地综合整治工程，抓好农村饮用水水源保护，开展海域污染防治工作，加快振兴修复"浙南鱼仓"。四是要大力促进公共服务均等化。加快实施农村公路发展三年行动计划、教育资源均衡发展三年行动计划，推进医疗资源下沉，实施全民参保登记，努力缩小城乡之间、区域之间、群体之间的基本公共服务差距。

5. 围绕依法治农，加快构建完善农村社会治理体系

农村和谐稳定是推进经济社会发展的根本基础。建议2015年要进一步创新治理机制、健全治理功能，加快构建新型基层治理格局。一是强化党管农村工作。要以强化基层党的建设推进"三农"工作，充分发挥党员先锋模范作用和基层党组织战斗堡垒作用，以党员"细胞"的活力来增强党组织的活力，巩固和扩大党的执政基础。同时还要充分发挥农村指导员在推动"三农"工作中的指导引领作用。二是推进乡村治理创新。进一步深化完善社区的服务管理机制，加强基层民主制度建设，完善农村基层群众自治机制，加强农村精神文明建设。三是提升农村法治建设水平。加强农村普法宣传教育，规范村"两委"职责和村务决策管理程序，加强对村干部行使权力的监督制约，开展农村基层作风巡查工作，坚持"抓早抓小抓苗头"，确保广大农民安居乐业、农村社会安定有序。

温州工业经济运行形势分析与展望（2014~2015）

任 晓*

摘　要：　2014 年温州工业抵受住了宏观经济台阶式下行的冲击，全年工业生产温和上行，产业结构调整初见成效。在"新常态"背景下，2015 年温州工业经济运行将保持窄幅上行，工业内部结构转型推进将有所加快，而工业整体赢利能力赢弱、新增投资乏力难见改观。2015 年工业企业营收增速可能出现小幅放缓，赢利增速大致与上一年持平。2015 年全年工业固定资产投资增速轨迹将呈现稳中趋降态势。总体来看工业经济"稳增长"无虞，"调结构"将是下阶段工业经济转型的重点。

关键词：　工业经济　产业政策　产业结构　新常态

2014 年是中国经济步入"新常态"的又一年。宏观经济处在增长速度换挡期、结构调整阵痛期以及前期刺激政策消化期，在"三期叠加"作用下，新问题、新矛盾和潜在风险逐渐显现，经济增长进一步放缓。温州工业抵受住了宏观经济台阶式下行、外围有效需求疲弱的冲击，工业经济表现与我们年初的报告预测结论一致，工业生产温和上行，并渐行渐稳，尤其是在

---

* 任晓，中共温州市委党校教授。

以能源为主的要素成本压力得到缓解之后。

在"新常态"过渡阶段宏观经济运行的政策托底背景下，2015年温州工业经济运行趋势性窄幅上行轨迹仍将得以维持，结构性转型推进将加快，工业赢利能力、新增投资水平波动极小。工业经济强劲反弹的可能性几乎不存在，大幅滑坡概率也极低，增长基本动力与速度的季度形态将与2014年大体一致。可能的亮点是，伴随工业若干领域的改革，以及工业准入大门的解锁、运营规制放松与投资便利化推进，或有机会观察到一轮温州工业中小企业的活跃表现。

一 生产平稳上行，转型端倪初现

我们在2014年度报告中的观点是：2014年温州工业产出微弱反弹，进入触底回升的上行周期。背后的基本驱动因素应该是工业进入存货补充阶段，存货周期对工业生产增长影响从此前的负面拖累转向正面助推。由于本轮补库存以温和平缓的节奏进行，库存回补的时间被拉长，故对产出增长是一个持续缓释的促进作用，而非瞬时冲量。

从2014年1～11月的规模以上工业产出同比增长水平看，同比上行态势明确，尤其是进入下半年后，产出增长趋势逐月增强，稳态增长表现得到明确数据确认。前11个月增速先抑后扬的数据是实体经济在复苏期的调整阶段运行的特征之一。11月规模以上工业产出同比增长速度为7.5%，是时隔36个月之后的新高。1～11月规模以上工业产出累计同比增长速度比上年同期提高2.2个百分点。①

除了存货周期效应外，外围大宗商品与原材料价格的大幅持续回调显然加快了工业企业的库存回补节奏。2014年7月以来，制造业受制于成本压力的闲置产能得到激发，工业生产出现一反前期去产能过程中的低迷状况，昂头向上（见图1）。

不过，从季节调整后的产出环比增速看，却未见清晰的上行走势（见

---

① 数据引自《温州统计月报》2014年1～11期，温州统计局。

图1）。2014 年 1～11 月平均环比增速为 2.53%，是一个很弱的上升趋势。产出增长缺乏内生性正向增长因素支撑，2015 年内将维持一个弱上行的运行轨迹，不排除受出口需求等外生性因素变动冲击，全年可能在个别月度会有失速表现。

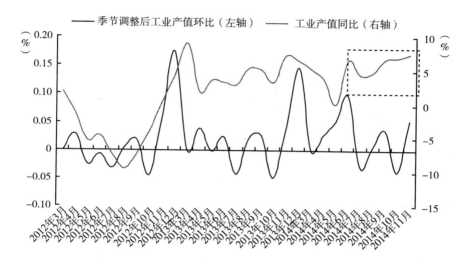

图1　季节调整后的温州市工业产值增速

资料来源：《温州统计月报》（2012～2014），温州市统计局。

出口增长好于预期是促成 2014 年工业经济的上行走势的原因之一。1～11 月规模以上工业出口累计同比增长 5.7%，较上一年同期提高 7.4 个百分点。[①] 在地区一般出口受挫下行的背景下，规模以上工业出口增速的逆势走强扭转了上年工业出口滑坡式负增长的局面。自第二季度开始稳步增长，11 月同比增速为 8.8%，是近三年单月最高增速。[②] 2015 年工业出口方面，外围需求情况在美国引领全球经济复苏之下会有所改善，然而，人民币的走强将进一步弱化本地皮革、机电等大类出口工业品的低成本比较优势，预计工业出口将沿着一条平缓的上行轨迹运行（见图2）。

---

① 数据引自《温州统计月报》2014 年 1～11 期，温州统计局。
② 数据引自《温州统计月报》2014 年 1～11 期，温州统计局。

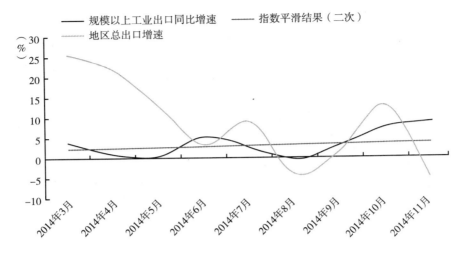

图 2　温州工业出口增速

资料来源：《温州统计月报》（2014），温州市统计局。

　　2014 年 1～11 月规模以上工业产值累计同比增速与工业用电量累计同比增速在形态上高度一致（见图 3）。从月度工业用电量看，除 7 月天气因素达到 25.24 亿千瓦时外，9 月最低为 16.49 亿千瓦时，3 月最高为 20.94 亿千瓦时。其余月份用电量仅在 18 亿～20 亿千瓦时的窄幅区间波动。① 从工业用电数据看，工业经济复苏回暖形势正在稳步夯实基础，生产节奏平稳可控。从产值能耗的角度观察，全年单位能耗的产值表现略有提高。纵向数据呈现的不仅是产能的集约化效率，而且直接反映结构调整的新进展。

　　不过，由于上述产值数据来自规模以上工业企业，工业经济可能囿于技术性结构转型。对于不少中小型工业企业来说，结构转型压力还在持续加重。展望 2015 年工业经济增长表现，短期平稳增长得以维持的背后，结构调整能力与速度仍然是观测工业经济持续增长潜力及其加速度的重要先行风向标，长期看温州工业经济尚不具备支撑工业稳定增长的优势结构。

　　积极的变化是工业经济有益的趋势性和结构性的调整加快。趋势性转变

---

　　① 数据引自《温州统计月报》2014 年 1～11 期，温州统计局。

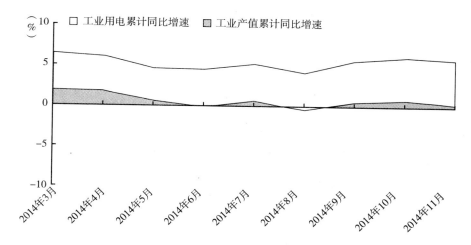

图3 温州工业用电增速

资料来源：《温州统计月报》（2014），温州市统计局。

主要是增长动力从主要依赖要素驱动、投资驱动转向创新驱动的趋势得到强化。2014 年 1 ~ 11 月，温州规模以上工业新产品产值累计为 843. 24 亿元，占同期规模以上工业总产值的 19. 98%。从月度增长水平看，考虑上半年数据翘尾因素和个别数据异常月份，进入下半年后，月度同比增长进入两位数的加速上升通道，11 月的当月增长速度达到 38%（见图 4）。① 另外，工业企业的技术装备水平与生产效率得到较为全面的提高。截至 11 月末，工业企业技术改造项目完成投资 477.7 亿元，同比增长 56.2%，增速居全省第一。技术改造项目投资占工业投资的 70%，创历史新高。②

本地政府正在大力推进激光与光电、电气等产业的高新技术化进程，力图在实现若干产业的高价值附加与全要素生产率升级方面实现突破，引领创新驱动。同时，淘汰一批高耗能、低效率的传统工业的产能。产业政策体现落后产能淘汰与行业规模治理优先，本轮结构调整过后增加 4770 亩工业用

---

① 数据引自《温州统计月报》2014 年 1 ~ 11 期，温州统计局。
② 2014 年 12 月 26 日，温州市经济与信息化委员会新浪官方微博，http：//weibo. com/p/1001062811854704/home? from = page_ 100106&mod = TAB#place。

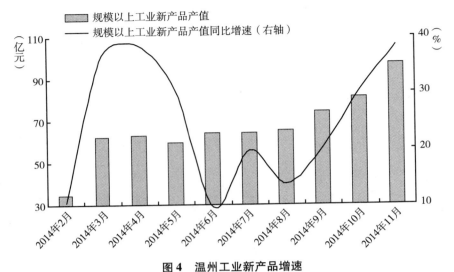

图4　温州工业新产品增速

资料来源：《温州统计月报》（2014），温州市统计局。

地、7万吨标准煤用能指标，连同环境生态治理综合效应，[1] 效果显著。表明调结构、促转型、提质增效政策正在逐步发挥作用。随着传统发展方式调整深入，产业结构升级和技术进步对增长的贡献力度逐渐增大。

结构性调整主要在于中小型制造业企业增长加速发力。占到工业产值总量近一半的中小企业是温州工业经济韧性所在，构成平抑工业运行轨迹大幅起伏的重要平衡力量，也是研判工业经济走向必要考量的关键变量。政府谋划的振兴实体经济举措取得了初步成效。随着全市32个小微企业创业园建设全面启动推进，解决了不少小微企业发展空间不足的硬约束，释放了积压的产能。数据显示，2014年以来，在贷款增长乏力的情况下，小微企业新增贷款增速高于同期全部贷款平均增速3.28个百分点。[2]

调整节奏的加快不是单个年度的静态表现，而是服从于工业经济增长动力接力棒交接的动态过程。制造业的转型升级和比较优势的重新打造，一定

---

① 全市废水排放量削减39.8%，COD排放量削减50%，氨氮排放量削减52.16%，铬排放量削减38.74%，镍排放量削减38.55%。

② 数据引自中国人民银行温州中心支行《2014年温州金融形势运行情况》，2014年12月。

同步于其产能扩张传统模式被替代的进程，创新驱动与结构变动将为工业经济可持续发展提供新的支撑和动力。

如无意外，2015 年温州工业经济将保持平稳上行，且结构调整节奏伴随政府相关产业政策的落实或能有所加快。但行业的分化可能会加重，PMI 指数 12 月再次跌落，① 经济偏弱的状态还没有改变。大部分工业行业基本面未见改善迹象，工业企业生产仍在收缩。在整体需求维持弱势的市场中，部分上游行业以及个别中游行业处境困难，比如金属冶炼、专用设备等行业面临产能收缩调整的压力，少数下游消费类行业却可能因为投入成本约束的放松而获得增长机会。

二　利润增速略升，赢利能力羸弱

工业企业利润增长节奏稍有加快。2014 年 1~11 月，规模以上工业企业利润累计同比增长 11.6%，较 1~10 月提高 0.9 个百分点。利润增长提升并非来自主营业务收入的增长，而是源于主营业务成本的意外回落，1~10 月主营收入累计同比增速为 3.1%，较 1~9 月下滑 1.3 个百分点（见图 5）。② 原油等大宗原材料价格的大幅下跌降低了部分企业的成本。尽管 PPI 处在回调通道，但生产者购进价格指数跌落足以抵消 PPI 持续下跌带来的负面影响（见图 6）。1~10 月工业企业成本率好转和利润率数据回落，每百元主营业务收入中的成本为 94.13 元，较上月回落 0.02 元；主营业务收入利润率 6.47%，较上月下滑 0.1 个百分点。③

利润增长步伐并非因为赢利能力的改善，而更多是受成本下降推动。即便是很小的利润提升，也能强化工业生产扩张惯性，但这并不能支持本地企

① 2014 年 12 月，制造业 PMI 为 50.1%，下跌至逼近荣枯线，为 2014 年最低值，也是近四年以来同月的最低值，而汇丰（HSBC）/Markit 联合公布的中国 12 月制造业采购经理人指数（PMI）终值为 49.6，自 6 月以来再次跌落至枯荣线下。
② 数据引自《温州统计月报》2014 年 1~11 期，温州统计局。
③ 数据引自《温州统计月报》2014 年 1~11 期，温州统计局。

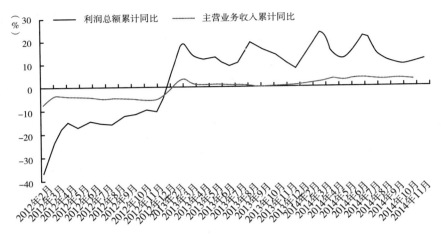

图 5   温州工业收入、利润增速

资料来源:《温州统计月报》温州市统计局。

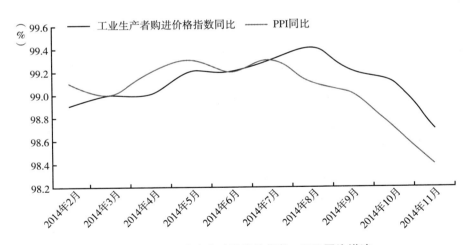

图 6   温州工业生产者购进价格指数、PPI 同比增速

资料来源:《温州统计月报》(2014),温州市统计局。

业生产经营状况由此转好的判断,偏弱的赢利能力仍然为未来的利润增长指标的反复表现埋有伏笔。

赢利能力整体弱化表现可能有工业企业生产处在周期性库存回补阶段的原因。这也是工业企业在市场需求不旺、销售放缓、产销率持续滑落之下

（见图7），仍然放任产能提升的重要理由。工业生产者购进价格指数环比下行，尤其是近期原油等大宗原材料价格的大幅下跌，使得工业企业利润表现趋好。尽管 PPI 同比呈现下跌趋势（见图6），但从动态趋势上看，PPI 的环比水平基本持平（见图8），2014 年 11 月，PPI 环比增速更是略微上扬，也就是说，相对平稳的 PPI 为温州工业企业构成利润单边看涨的条件。

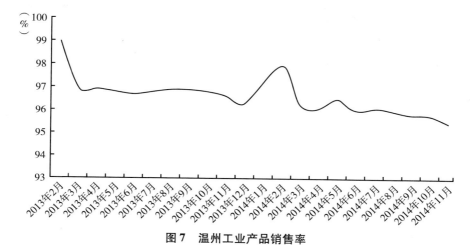

图7　温州工业产品销售率

资料来源：《温州统计月报》（2013 ~ 2014），温州市统计局。

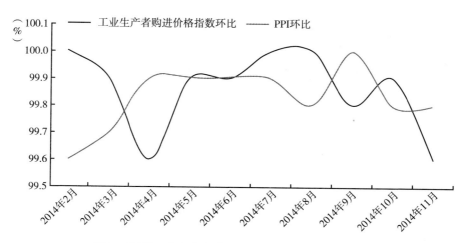

图8　温州工业生产者购进价格指数、PPI 环比增速

资料来源：《温州统计月报》（2014），温州市统计局。

原因可能在于，有相当的温州工业企业分布在消费品工业与资本品工业行业，而非关涉基础能源、矿产等原材料的工业行业。因此，除个别行业外，温州整体工业部门不仅避开了当前国际大宗商品价格下跌的冲击，也没有遭受为当前"形势所迫"而被动调整的阵痛。相反，却能从能源、资源产品价格跌落过程中获益。

虽然市场整体需求低迷，毛利率提升困难，但是，仍然有重要的"利好"因素托底工业企业利润数据。比如，因实施"营改增"等综合性结构减税政策而正在显现的转移收入效应；流动性宽松及价格（基准利率）调降带来的增收效应等。整体来看，我们预计未来工业企业在收入分配上将处于更有利的位置。工业整体赢利可能不会在 2015 年有令人意外的突出表现，但可以预计 2015 年工业企业赢利增速大致与 2014 年持平。在工业生产微增、销售放缓、PPI 降幅收窄的综合影响下，营收增速可能出现增速小幅下行。

分行业看，工业企业主营业务收入利润率低位波动，行业间利润率走势分化持续。虽然大部分行业利润保持正增长，但多数行业利润增速放缓。受大宗商品价格下跌影响，利润下跌最快的是上游或靠近上游的金属冶炼、金属制品、建材等行业。另外，运输设备行业利润也有较明显的下降，产能过剩，竞争加剧是主因。纺织服装、鞋帽制造、皮革制品等行业由于劳动力成本刚性上调，主营业务成本增速并没有比营业收入增速更快回落，利润增长并不明显。通用设备、化工制品、电气机械等行业的赢利很大程度上得到目前上下游价差支撑，利润增速相对较高。

三 投资增速好转，投融资继续降杠杆

2014 年 1～11 月温州限额以上工业固定资产投资累计 673.1 亿元，占全市同期限额以上固定资产投资累计值的 24.6%，分别比 2013 年同期提高 129.98 亿元和 1.6 个百分点。进入 2014 年下半年后，限额以上工业固定资产投资累计同比增速逐月快速上行（见图 9），其中除了上一年同期基数较

低的因素，以及统计口径的变动之外，地方政府以招商引资为"一号工程"，启动"赶超发展三年超万亿投资计划"，① 吸引了一大批在外温商产业资本对本地制造业的增量投资，此番运动式招商是带来 2014 年后几个月投资加快的直接原因（见图 9）。

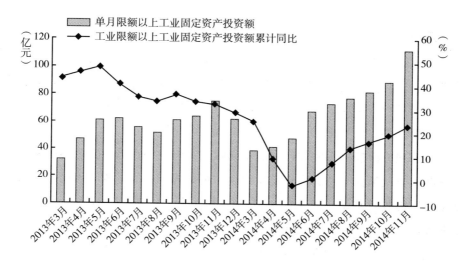

图 9　温州工业固定资产投资

资料来源：《温州统计月报》（2013～2014），温州市统计局。

尽管现期工业固定资产投资获得了相对较快的增长，但是如果刨除域外引进的增量资本这部分"异常量"，本地产能的自生增长依然相当有限。多数本地企业投资正在降杠杆，在需求低迷、工业利润增长不甚理想的情况下，企业扩大生产意愿较低，投资活动仍然较弱。如果考虑 2014 年度的高基数，以及温商返乡产业资本的投资轮动周期，2015 年的工业投资速度将回归惯性增长。

就 2015 年态势来说，全年工业固定资产投资增速将呈现稳中趋降形态。

---

① 政府据此提出的"赶超发展三年超万亿投资计划"，2014 年限额以上固投要突破 3000 亿元。同时还要继续实施"温商回归三年超三千亿工程"和"百名领头雁工程"，激励更多领军企业和综合实力强的温商回归。

由于基数提升原因第四季度可能会出现变化幅度有限、增速下降态势。当然，2015 年工业增长引擎交棒创新驱动的影响仍将持续扩大和加深，相关技术研发和改造的投入扩大将带来新的投资增量，但仍然没有足够大的影响投资量级的因素来带动趋势性上行，工业固定资产投资增速与 2014 年持平将是最乐观的判断。

现期的工业投资是未来的产能。从温州工业经济整体生命周期角度看，目前工业投资优先任务应在于加快通过技术进步改造闲置产能，促进产出提质增效，以对冲总量扩张放缓的困局。投资于存量传统产能的优化升级虽然较引进增量投资于新兴产业更为困难，但毕竟传统制造业承担了实体经济增长的主要责任，仍然是工业投资的重头戏。

当前地方政府振兴实体经济的意愿强烈，但我们认为在宏观弱周期形势下这些地方政策信号意义大于实质作用，更何况相关的刺激政策已经可谓悉数出尽，但收效甚微。未来如果没有中央版重大"利好"政策出台，本地工业投资中期减速形势难以逆转。

从温州的产业结构现状看，工业投资资本来源基本不受政府主导，而单个企业投资则风险控制优先，投资增长恐难短期加速。外围偏冷的经济形势，域内债务危机的余波，综合影响之下，本地企业对债务融资表现患得患失，债务加载谨小慎微。2014 年第三季度末，企业贷款余额 3704 亿元，同比下降 2.7%，为近年所罕见。本地规模以上工业企业债务间接融资明显收缩，1～10 月债务累计同比增速仅为 0.7%，较 1～9 月回落 0.9 个百分点（见图 10），说明企业有明显的主动投资减杠杆行动。

此外，民营产业债务关系正在暴露其脆弱的一环。2014 年，本地关联金融机构的坏账率因此快速上升，这也使得金融机构对本地企业收缩出口信贷。企业债务违约率正在上升，2014 年 1～9 月本地企业不良贷款累计同比增长 1.9%。由于宏观经济看不到强劲反转迹象，不能排除会出现更多信用事件。房地产业低迷对本地工业企业投资拖累明显，除了房地产业增速放缓造成宏观需要低迷的间接影响，更直接的是转投资房地产的机会主义行为导致企业运营资金被套带来的流动性紧张，以及房地产抵押价值下降带来的企业授信杠杆逆向萎缩。从来源和风险两端来看，在资金来源渠道收窄的背景下，风险的积聚和暴露是抑制工业投资步伐的主要考量。

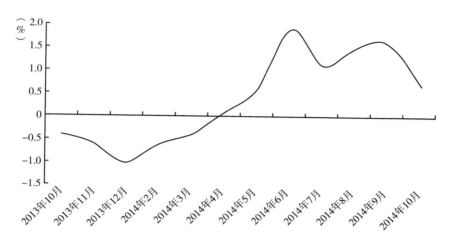

图10　温州工业企业负债同比增速

资料来源：《温州统计月报》（2013~2014），温州市统计局。

四　新常态、新动力与新策略

新常态之于工业经济运行管理并不仅仅是接受一个下移的增长中枢，而是要着力解决产业政策机制的旧模式。其中对工业部门增长潜力与运行形态的研究是实现产业政策目标"精准化"管理的前提。抛开旧模式"单向单边"的粗放管理思维，由此卸下高增长目标的倒逼压力。从更开阔的视野和更长期的周期理解经济运行态势，平衡处理短期增长和长期结构调整关系，以循序渐进、定向调整的策略解决面临的问题。也就是说，新常态共识下的产业策略基调应当趋向于实质中性，注重中长期结构调整，而非对短期高增长速度的单向追逐。

新常态下，工业部门增长引擎如何由要素驱动、投资驱动向创新驱动顺利"交棒"是温州工业经济转型面临的最大的课题，以及在策略层面产业

政策的逻辑要从关注短期增长目标的经济政策，转向关注促使增长潜力培育与形成的经济成长内在作用关系。

关注两个方面：第一，改革创新"解决方案"为简单指向的工具化政策管理模式。聚焦具体问题，关怀系统短板，从强实体着眼，补漏洞入手，把更多的政策导向作用发挥好，推动产业增长方式转型与结构再调整。第二，政策安排坚持"滴灌"方法。精准发力，定向施策。进一步创设新的产业政策工具，从生产用地供给、科技创新补助到融资特殊便利，放弃产业政策在一般口径下统一"放水"、同步"筑坝"的传统模式，不妨转向差别"滴灌"方法，以清晰的政策安排达到预期的效果。

2014年温州服务业发展形势和2015年展望

何光秋 *

摘　要：　2014年，在国内外经济形势错综复杂的环境下，温州经济发展努力克服宏观经济"三期叠加"的影响，主动适应经济新常态，经济运行企稳向好，服务业经济进一步优化升级，但因受企业金融风险延续、金融业发展回落的影响，服务业增速明显放缓。在当前经济新常态下，温州要实现经济赶超发展的战略目标，服务业将是重要的增长点，要深化实施"十大举措"，着力加强服务业发展平台建设，积极引导现代服务业与制造业融合发展、与城市转型互动发展，促进服务业发展提质增效。

关键词：　服务业　第三产业　温州市

　　2014年，温州服务业内部结构进一步优化，新兴产业、新兴业态发展较快，但因受金融业回落的影响发展步伐明显放缓。全年实现增加值2138.66亿元，按可比价计算，比上年增长6.2%，增幅比上年回落1.8个百分点，比GDP和第二产业低1.0个和2.2个百分点；服务业对经济发展贡献率下降，2014年为41.6%，比上年下降5.6个百分点，若剔除金融业，

---

*　何光秋，温州市统计局。

其他服务业实现增加值增长 7.5% 。纵观近年来温州服务业发展态势，尚未与当前新型的城市化、工业化发展形成良性互动，鹿城区作为温州服务业高地发展明显趋缓，服务业集聚化程度低下，现代生产性服务业体系建设滞后，服务业效益和投资、外资引资水平均不及全省。在当前经济新常态下，温州服务业发展提质增效，要着力加强发展平台建设，正确引导服务业与城市转型、产业转型融合发展。

一　服务业发展总体特征和行业发展现状

（一）服务业发展总体特征

（1）温州服务业发展速度总体慢于全省。从近年来温州服务业发展速度看，除 2007 年、2011 年外，其他八年增速均慢于全省平均水平（见图 1），十年年均增幅为 10.7% ，比全省年均增幅低 1.1 个百分点。2014 年，温州服务业增加值增幅（6.2%）比全省平均增幅低 2.5 个百分点，居省内 11 个市末位；服务业占 GDP 比重（49.7%）比全省平均比重高 1.8 个百分点。

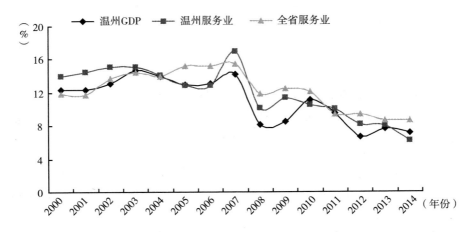

图 1　2000~2014 年温州服务业增加值及其增速与全省比较

（2）各行业（领域）发展差异明显。从各行业实现增加值增速来看，2014年商贸经济中零售业、房地产开发经营业发展相对较快，分别增长11.9%和10.1%；交通邮政业和信息软件业发展较上年加快，分别增长4.5%和6.3%，增幅回升2.6个和3.2个百分点；金融业发展出现回落（下降5.3%），批发业依然较为低迷。从相关领域来看，网络经济、快递业及社会办医办学等新兴领域发展较快，网络零售额增长69.0%，规模以上快递企业业务量增长58.4%，规模以上民办教育企业和民办医院实现的营业收入分别增长17.9%和38.6%；旅游经济发展相对平稳。

（3）服务业投资进一步放缓。2014年，温州固定资产投资增幅从上年的24.1%降至16.6%，服务业投资也随之放缓，限额以上服务业投资2208.05亿元，比上年增长14.0%，增幅比上年回落7.8个百分点。在限额以上固定资产投资中，服务业投资比重为72.3%，比上年下降1.8个百分点，比全省平均比重高7.1个百分点。投资结构进一步优化，有效投资提升，生产性服务业投资比重从上年的18.4%上升至20.1%；房地产开发投资比重继续下降为36.6%，比上年下降1.3个百分点。

（4）服务业集聚化发展稳步推进。2014年，温州创建了五马中心商贸区、"印象南塘"景区、雁荡山综合旅游服务集聚区、瑞安金融创新产业园四家市级服务业集聚示范区，年末省市级示范区27个，投资建设发展稳步推进。据初步统计，2014年省市服务业集聚示范区建设投资29.42亿元，年末入驻企业近7000家，实现营业收入336.07亿元，增长10.5%；利税总额23.43亿元，增长21.1%。

（5）服务业提供税收平稳增长。2014年，温州服务业实现各项税收294.23亿元，比上年增长9.5%，同口径增幅比上年回落0.4个百分点，相当于服务业增加值的13.8%，比上年上升0.4个百分点。

（二）服务业主要行业（领域）发展现状

（1）商贸经济进一步回升。温州商贸经济从2011年第三季度开始增速一路急速下行，2012年下半年触底后逐步回升，2014年发展继续向好，限

额以上批发零售业销售额 2573.32 亿元，比上年增长 3.0%，增幅比上年回升 2.6 个百分点，却比全省平均增幅低 4.3 个百分点。电商贸易保持高速增长，据省商务厅统计显示，温州网络零售额 660.46 亿元，居全省第四位，增长 69.0%，增幅比全省平均水平高 21.6 个百分点。

消费品市场恢复平稳发展。2014 年，限额以上消费品零售额 873.41 亿元，比上年增长 11.3%，增幅比上年提高 5.9 个百分点，比全省平均增幅高 0.7 个百分点，其中汽车消费恢复平稳增长，其零售额增长 11.1%，增幅比上年提高 7.1 个百分点。

批发市场仍然低迷。限额以上批发业销售额 1761.82 亿元，下降 0.3%。生活资料市场回暖。15 类生活资料类商品销售额增长 9.7%，增幅比上年回升 9.0 个百分点；生产资料市场继续低迷，10 类生产资料商品销售额下降 3.4%，降幅比上年提高 2.6 个百分点，其中木材及制品类、煤炭及制品类、化工材料及制品类、金属材料类商品销售额分别下降 25.2%、16.9%、11.0% 和 5.4%。

（2）物流业发展进一步好转。2014 年随着实体经济企稳回升，温州社会物流业明显趋旺。铁路、公路和水路货物运输总量 12904.43 万吨，货物周转量 547.43 亿吨公里，分别比上年增长 9.9% 和 10.8%，增幅比上年回升 6.2 个和 4.2 个百分点，比全省平均增幅高 5.6 个和 4.1 个百分点。邮政快递行业迅速发展。邮政企业和规模以上快递服务企业业务收入 32.62 亿元，居全国各大城市第 13 位，增长 21.7%；业务总量 47.51 亿元，居全国各大城市第 15 位，增长 49.2%。

（3）旅游经济发展平稳。温州市委、市政府将旅游产业作为当前"一号服务业"，积极推进旅游功能区建设，进一步强化全域景区化、旅游主业化发展，乡村旅游投资热情高涨，旅游新业态、新产品不断涌现，在温州经济增势放缓的情况下，旅游经济发展仍呈现平稳较快的态势。2014 年，温州旅游总收入 681.0 亿元，比上年增长 16.9%，增幅比全省平均水平高 3.1 个百分点；接待旅游总人数 6578.5 万人，增长 14.4%。其中国内旅游收入和国内旅客人数分别增长 17.1% 和 14.3%，增幅比全省平均水平高 2.8 个和4.1个百分点;旅游外汇收入和入境旅客人数分别增长15.6%和19.1%,增幅比全省平均水平高8.9个和11.6个百分点。但受居民自驾游增多、严禁公款旅游等因素影响,旅行社经营相对不景气,规模以上旅行社实现营业收入下降5.8%,营业利润出现亏损。

(4)房地产市场趋向理性回归。2014年,温州房地产开发投资增势平稳,投资总额808.9亿元,比上年增长10.1%,增幅比全省平均水平低6.7个百分点。在全国、全省及省内大部分市商品房销售回落的情况下,温州房地产市场总体呈现"价跌量升"的态势,新建商品房价格已有40个月出现回落,2014年新建住宅和二手房住宅价格分别同比回落4.6%和9.6%;商品房销售实现逆势增长,尤其是限购政策取消和央行全面松绑限贷新政正式出台后,第四季度居民刚性需求进一步释放。2014年商品房销售面积420.17万平方米,在上年增长71.2%的基础上再增长20.1%,而全省下降4.3%。县域商品房销售增长较快,鹿城主城区销售下滑。当前房地产市场去库存化压力较大,年末温州商品房待售面积117.88万平方米,增长2.1倍,其待售1年(含1年)以上的占51.7%。

(5)金融业发展进一步回落。自2011年局部金融风波爆发以来,温州金融业发展遭受严重的挫伤,2014年金融业发展继续走低,实现的增加值比上年下降5.3%,是2000年以来唯一负增长的年份。当前温州企业金融风险仍在持续发酵,金融机构发贷更趋谨慎,存贷款增幅较上年进一步回落,年末金融机构人民币存款余额7937.16亿元,贷款余额7223.63亿元,分别比上年增长2.1%和1.9%,增幅回落2.6个和1.8个百分点,创近年新低。银行业不良贷款率为4.14%,比上年回落0.27个百分点,但比2011年9月(金融风波爆发前)上升3.87个百分点,远高于全国、全省平均水平。2014年部分银行机构负责人更换逐步到位,为确保优质放贷资金,均加大了不良贷款处置,大幅计提坏账拨备,银行机构经济效益显著回落,1~11月温州银行业提取资产减值损失(坏账拨备)180.37亿元,同比增长40.8%,而全省增长25.3%;利润总额25.01亿元,同比下降71.9%,而全省下降3.4%。股市好转,证券业交易额大幅扩大,2014年证券交易额

14645.53 亿元,增长 72.3%;期货交易额 43850.82 亿元,增长 3.2%。保险业平稳发展,保费收入 144.77 亿元,增长 10.4%。

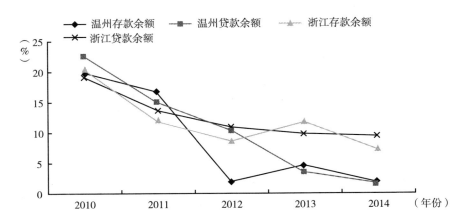

图 2　2010 年以来温州金融机构人民币存贷款余额增幅与全省比较

金融综合改革步伐稳健推进。民间融资综合利率指数继续下降,2014 年 12 月为 19.68%,比上年同期下降 0.23 个百分点。小额贷款行业结束了快速扩张期,行业规模稳步扩容,增至 45 家公司,其中新成立 1 家,经营更趋谨慎稳妥,主动缩减银行融资,加强放贷审核和风险预警,积极应对不可预期的经营风险,年末小额贷款行业可贷资金 135.75 亿元,贷款余额 130.12 亿元,分别下降 6.4% 和 8.8%,受放贷利率回落、坏账增多以及银行融资率下降的影响,2014 年小额贷款行业营业利润下降 11%。担保经济进一步发展,32 家融资性担保公司年末担保余额 52.03 亿元,放大倍数为 2.66,比上年上升 0.33。7 家民间借贷服务中心借贷成交登记余额 45.57 亿元,增长 3.2 倍。

(6)高技术服务业规模进一步扩大。高技术服务业是生产性服务业重要组成部分,是服务业提质增效的重要行业之一。2014 年,温州高技术服务业规模继续扩大,规模以上高技术服务业企业年末拥有资产 304.28 亿元,比上年增长 13.4%,年末从业人员数 1.96 万人,增长 1.5%;但是赢利水平下滑,尤其是信息服务业和专业技术服务业,规模以上高技术服务业企业实现营业收入138.69亿元,比上年下降4.9%,增幅比上年回落10.0个百分点,实现营业利润33.37亿元,下降10.1%。当前电信业务饱和,资费下调,经营成本大幅增加,以电信传输服务为主体的规模以上信息服务业营业收入115.71亿元,占高技术服务业的83.4%,比上年下降4.7%,营业利润下降10.0%;随着固定资产投资放缓,工程技术服务业务量减小,规模以上专业技术服务业实现营业收入16.41亿元,占高技术服务业的11.8%,比上年下降7.6%,营业利润下降12.7%。规模以上研发与设计服务、科技成果转化服务、知识产权及相关法律服务、环境监测及治理服务企业实现的营业收入分别增长30.5%、102.3%、8.9%和25.5%,规模以上检验检测服务营业收入下降5.7%。

(7)商务服务业发展平稳。在国有投资集团资产整合和融资加大的强势拉动下,商务服务业行业规模扩大较快,2014年规模以上商务服务业企业年末资产1002.26亿元,比上年增长19.6%,增幅比全省平均水平高8.2个百分点;企业经营运行平稳,全年实现营业收入49.39亿元,增长5.1%;实现营业利润9.17亿元,增长74.6%,主要表现为企业管理服务行业投资收益大幅增长,全年投资收益8.04亿元,增长44.0%。主要行业发展差异明显,安全保护服务业、人力资源服务业、法律服务业等增长较快,其规模以上企业营业收入分别增长14.5%、49.5%和7.2%;受企业培训、审计等业务减少的影响,规模以上咨询与调查业营业收入下降12.6%,旅行社经营业绩下滑,规模以上旅行社营业收入下降5.8%。

二 服务业发展中存在的问题

(1)服务业与城市化互动发展不足。鹿城区作为温州主城区,是服务业发展的高地,其服务业总量占温州的1/4强,近年来发展趋缓,严重地影响了温州服务业发展。2014年,鹿城区服务业增加值539.73亿元,比上年增长3.3%,增幅比温州平均水平低2.9个百分点;2013年增长5.0%,增幅比温州平均水平低3.0个百分点,近两年增幅是唯一低于温州平均水平的

县（市、区），是拉低服务业增幅的主要区域。服务业与城市化互动发展是服务业转型升级发展的必然趋势，加快推进温州现代服务业发展，关键是打造好主城区的服务业集聚化高地。

（2）生产性服务业发展相对缓慢。生产性服务业是现代服务业的核心，是经济新常态下服务业提质增效的关键所在，但是与全省相比，当前温州生产性服务业发展相对缓慢。规模以上服务业统计数据显示：温州信息和软件服务业营业收入比上年下降4.7%，而全省增长17.9%，尤其是网络经济产业发展缺少大项目、大企业支撑，无法与拥有淘宝系的杭州等城市相比；租赁和商务服务业实现的营业收入增长5.1%，增幅比全省平均水平低9.3个百分点；科技服务业实现的营业收入下降8.0%，而全省增长11.2%。公路、水路交通输运及邮政业实现的营业收入增长5.3%，增幅比全省平均水平低1.2个百分点。

金融业是生产性服务业中的重要行业，是推进实体经济发展的原动力之一，金融业发展对国民经济发展有巨大的拉动作用，但是受当前企业金融风险持续发酵的影响，温州金融业增加值出现深度回落，2014年温州市金融业增加值下降5.3%，而全省增长8.0%。

（3）服务业发展平台有待完善。趋向集聚化是服务业发展的必然规律，服务业集聚区是服务业高端要素集聚的窗口和产业转型升级的重要推动平台。据2014年9月省发改委、省财政厅、省统计局三部门公布的省级服务业集聚示范区评价结果：在全省100家服务业集聚示范区中，温州仅1家集聚示范区进入前20位，排名第19位，4家分别居50位、51位、53位和78位，另外5家集聚区排后10位。当前温州服务业集聚区发展制约因素多，规模较小，产业层次相对较低，生产性服务业集聚区建设发展滞后。

（4）服务业效益较低且呈现下滑趋势。2014年，温州服务业税收收入相当于服务业增加值的13.8%，比全省平均水平低9.9个百分点；规模以上服务业企业资产利润率为3.7%，比上年回落0.4个百分点，比全省平均水平低0.2个百分点，服务业企业亏损面从上年的19.4%上升至22.6%；

服务业投资效果系数（连续三年服务业增加值之和/连续三年的服务业投资额之和×100）为104.8，比2013年和2012年分别下降4.0个和33.1个百分点，比全省平均水平低28.7个百分点。可见，当前温州服务业提质增效面临的压力较大，推进服务业发展转型升级急不可待。

（5）服务业投资和外资引资有待加强。2014年，温州限额以上服务业投资增幅（14.0%）居全省末位，比全省平均增幅低4.8个百分点。与全省相比，温州服务业外资引资"量小增慢"，温州服务业实际利用外资4.66亿元，占全省的2.9%，比上年增长7.2%，增幅比全省平均水平低4.4个百分点。

三　2015年展望和建议

综合考虑当前温州经济发展战略选择和促进服务业转型升级的扶持政策进一步强化、新兴业态迅速发展的引领、服务业有效投资强劲等因素，预计2015年服务业发展将稳中趋快。政府要更加注重服务业发展平台、项目建设，挖掘服务业发展潜力，切实提升发展内在动力。

（1）进一步强化服务业集聚化发展平台。各地要牢固树立现代服务业与城市化融合发展的工作理念，在规划引领、工作机制建设、集聚区公共平台、周边配套设施建设等方面，加大政策倾斜力度，着力抓好服务业集聚区建设，推进现代服务业集聚化发展，增强服务业规模效应，打造服务业发展的高地。

（2）进一步引导服务业投资平台建设。各地引导扩大服务业投资，要突出有效投资，重点抓好生产性服务业投资。积极搭建招商平台，吸引一批服务业大企业、大集团、大项目、大品牌入驻，提升现代服务业发展的后劲，促进服务业发展转型升级。

（3）切实创新和完善企业融资平台建设。当前服务业企业人工成本等各项经营成本费用呈现常态化上升态势，赢利空间缩减，企业将面临一个较长的经营困难期。各地要加快重塑社会信用体系，解决企业与银行信息不对

称问题，进一步鼓励和引导金融机构有针对性地改善信贷结构，创新企业融资平台，解决企业融资难的问题，促进企业经济效益提升。

（4）进一步引导服务业与工业互动发展平台建设。现代服务业发展与制造业息息相关，服务业结构优化升级，一定意义上就是基于制造业转型升级基础上的配套升级。要围绕促进工业转型升级进程，加快发展现代物流业、金融业、科技服务业等配套性的生产性服务业。

2014年温州外经贸形势分析及2015年展望

林 俐 李雪雁 翟金帅*

摘 要： 2014年温州对外贸易低开高走小幅增长，吸引外资结构有所优化，境外投资亮点凸显。2015年温州外经贸发展可以说是机遇与挑战并存，由此做出初步预测，2015年温州对外贸易有望延续小幅恢复性增长，吸引外资在2014年基础上有望回升，境外投资继续保持较快增长。结合实际，本文提出相关政策建议。

关键词： 温州 外经贸 境外投资

一 温州外经贸发展情况

（一）对外贸易：低开高走小幅增长

根据温州海关统计，2014年1~12月温州外贸进出口总值207.82亿美元，较2013年同期增长0.9%。其中外贸出口总值185.51亿美元，同比增长2.2%；外贸进口22.31亿美元，同比下降9.3%。一般贸易出口176.44亿美元，增长2.0%，占总出口的95.1%，居主导地位。从全年各个季度出

---

* 林俐，温州大学商学院副院长，教授；李雪雁、翟金帅，温州大学商学院硕士研究生。

口情况看，一季度、上半年、前三季度、全年出口增速分别为 - 1.3%、5.8%、4.3%、2.2%。由此，全年走势看，呈现低开高走的小幅增长态势。

横向比较看，2014 年浙江省实现外贸进出口总值 3551.5 亿美元，同比增长 5.8%。其中外贸出口总值 2733.6 亿美元，同比增长 9.9%；外贸进口 817.9 亿美元，同比下降 6%。全省 11 个市（地区）中除舟山市外贸出口同比下降外，其余各地市外贸出口总值同比均呈增长态势；其中，金华市涨幅最大，温州涨幅最小。温州进口贸易呈负增长，跌幅仅次于湖州、台州和绍兴。

1. 商品结构

进口产品方面，以生产性材料与酒类消费品为主，其中铁合金、生动物皮、塑料原料初级原材料进口占主导地位，三者占比 37.98%。1～12 月，前十大进口商品中，铁合金、液化气、葡萄酒三类产品保持增长，增长幅度最大的为液化气，进口为 18339 万美元，增长 187.19%；其他商品均为负增长，其中未锻轧镍进口 3214 万美元，同比下降 47.59%（见表 1）。

表 1　温州前十大进口商品一览

单位：万美元，%

商品名称	1～12 月	
	进口总值	同比增减
铁合金	33380	37.87
生动物皮	28013	-16.65
塑料原料	23321	-32.33
液化气	18339	187.19
机电产品	13330	-2.81
未锻造的铜及铜材	12274	-43.58
有机化学品	11972	-24.76
原木	11559	-36.95
未锻轧镍	3214	-47.59
葡萄酒	2675	0.66

资料来源：根据杭州海关数据整理计算而得。

出口产品方面，机电产品、鞋类、服装及衣着附件、通断电路连接装置及零件和纺织织物为温州前五位出口商品。其中，机电产品、鞋类、服装及衣着附件三者占比70.66%。1~12月，其中仅鞋类出口481284万美元，同比下降6.64%；出口机电产品755079万美元，同比增长5.15%；服装及衣着附件出口185705万美元，同比增长2.99%；通断电路连接装置及零件出口138981万美元，同比增长6.02%；纺织织物出口111366万美元，同比增长7.33%。1~12月，温州前十位出口商品中涨幅最大的商品是箱包，出口值为64224万美元，同比增长9.99%（见表2）。

表2　温州前十大出口商品一览

单位：万美元，%

商品名称	1~12月	
	出口总值	同比
机电产品	755079	5.15
鞋类	481284	-6.64
服装及衣着附件	185705	2.99
通断电路连接装置及零件	138981	6.02
纺织织物	111366	7.33
眼镜类	84111	5.4
汽摩零配件	74133	3.9
阀门	69274	-0.18
箱包	64224	9.99
合成革	48399	3.37

资料来源：根据杭州海关数据整理计算而得。

2. 贸易市场

从出口市场看，欧盟、美国、拉丁美洲、俄罗斯、非洲为五大出口市场，占同期出口总值的66.67%。其中，1~12月，对欧盟出口319.94亿元，同比增长13.95%；对美国出口149.52亿元，同比增长0.57%；对拉丁美洲出口118.27亿元，同比增长0.11%；对俄罗斯出口91.91亿元，同比下降11.97%；对非洲出口80.13亿元，同比下降1.85%。由此，欧盟为第一出口市场且保持增长态势，对俄罗斯出口下降迅速。

从进口市场看，非洲、美国、东盟、欧盟、日本为温州进口五大市场，占同期进口总值的67.03%。其中，1~12月，自非洲进口30.28亿元，同

比增长 63.06%；自美国进口 15.97 亿元，同比下降 20.34%；自东盟进口 15.87 亿元，同比下降 20.49%；自欧盟进口 15.85 亿元，同比下降 21.38%；自日本进口 13.9 亿元，同比下降 2.58%。由此，自非洲进口值居第一且增长迅速，自美国、东盟和欧盟的进口下降迅速。

3. 贸易主体

民营企业占全市外贸进出口比重超八成。1～12 月，温州民营企业进出口总值 173.04 亿美元，同比增长 1.85%，占同期温州进出口总值的 83.27%；国有企业进出口值为 16.54 亿美元，同比下降 4.13%，占 8%；外资企业进出口值为 18.24 亿美元，同比下降 4.01%，占 8.77%。

（二）引进外资：结构有所优化

2014 年以来，全市围绕年度外资目标任务，进一步加大招商引资力度，实际利用外资实现小幅增长，外资结构有所优化。1～12 月，温州累计吸引项目数 43 个，同比下降 4.4%；合同外资 52272 万美元，同比下降 12.44%；实际利用外资 53267 万美元，同比增长 6.22%。主要呈以下四方面特点。

一是从投资来源看，香港依然是外资主要来源。香港、英属维尔京群岛和投资性公司实际利用外资总额 50687 万美元，占比 95.16%。其中香港到资 31461 万美元，英属维尔京群岛到资 9934 万美元，投资性公司到资 9292 万美元，分别占比 59.06%、18.65%、17.44%。

二是从投资产业看，第三产业项目实际外资占主导地位。第二产业、第三产业项目实际外资分别为 6522 万美元、46645 万美元，占比分别为 12.24%、87.57%。第三产业项目行业以房地产业、公共设施管理业和专业技术服务业为主，实际到资分别为 19127 万美元、12323 万美元、6932 万美元，占比分别为 35.91%、23.13%、13.01%。

三是从投资规模看，大项目带动作用明显。总投资在 1000 万美元以上的项目 11 个，合同外资 500 万美元以上的项目 9 个。尤其值得一提的是，温州韩国产业园揭牌，成为中韩自贸区完成实质性谈判后我国第一个由地方政府构想规划、与韩国合作建设的产业园区。

四是从投资区域看，实际到资地区分布不太平衡。苍南、平阳、乐清、鹿城实际利用外资占比较大，占比64.19%，超额完成了年度任务；经开区、龙湾区、瓯海区、瑞安市实际利用外资合计8293万美元，占比15.57%；永嘉县、文成县、洞头县（含瓯江口）实际利用外资179万美元，仅占0.34%。泰顺县和温州生态园2014年未实现零的突破。

（三）境外投资：亮点凸显

2014年温州境外投资额呈现快速增长趋势，对外投资规模和质量不断扩大和提升。1~12月，温州实现境外投资1.7亿美元，增长91.7%。从温州境外投资的企业看，强强联合较多，投资总额较大，国际竞争力较强，科技含量较高，产业结构较优，对促进温州经济社会发展起到积极的作用。由青山控股集团、瑞浦科技集团、青拓实业集团与印度尼西亚经贸合作青山园区、景祥国际等企业在印度尼西亚合资成立印度尼西亚青山不锈钢有限公司。该公司位于印度尼西亚南雅加达区，项目总投资8.2247亿美元，注册资本1.5亿美元，是温州迄今为止最大的境外投资项目。境外经贸合作区（工业园）建设成为境外投资的亮点。由温州外贸工业品有限公司主导投资的塞尔维亚贝尔麦克商贸物流园区被浙江省商务厅确定为省级境外经贸合作区（工业园）。至此，温州国家级、省级境外经贸合作区（工业园）分别有2个，是省内唯一的拥有国家级、省级境外经贸合作区（工业园）各2个的城市，均处于国家战略"一带一路"沿线，发展机遇与潜力巨大。

二 温州外经贸发展的影响因素或现存问题

2014年世界经济虽有回暖，但复苏态势不稳，欧盟和欧元区经济复苏乏力，日本和俄罗斯市场前景不容乐观。由于发达经济体鼓励产业回归并且重视扩大出口，东盟等新兴市场和发展中国家利用低成本优势加快发展外向型产业，我国在国际市场面临的贸易保护和竞争压力都不断加大，订单向周

边发展中国家转移的趋势明显，这些困扰温州外经贸发展的不利因素还将持续发挥作用，具体表现在以下三个方面。

（一）要素成本上升制约

我国连续三年以来要素成本上升过快，人工成本、物流费用、房租成本等迅速上升，均使得生产成本大幅上扬，但出口售价提高有限，极大地挤压了企业的利润空间。此外，本币频繁波动及升值对外贸造成冲击。2014年人民币汇率经历了年初较为短暂的贬值后重拾升势，总体表现出在较为频繁的双向波动中逐渐上升的主要态势。温州出口产品仍以劳动密集型产品为主，人民币升值导致传统出口产品失去价格竞争力；同时，我国周边发展中国家与地区的出口竞争力却有快速提升之势，这使国际订单转移，抑制温州外贸出口增长的空间。

（二）吸引外资环境不佳

温州区位条件上有着天然不足，处于珠江三角洲和长江三角洲的交叉边缘地带，离中心城市较远，经济辐射能力有限，这势必要加大企业运营成本；温州生产要素与生活成本一直居高不下，尤其是房价、地价及劳动力成本等方面，难以形成吸引外资的竞争优势；此外，温州有着大量的民间资本，向来是个资本输出地，引进外资一直是"短脚"，因此相关的外资管理机制有待完善，为外资正常运行提供制度保障。

（三）境外投资机制保障不足

温州中小企业境外投资仍然面临资金、人才、信息、管理等一系列问题，亟待建立有效的机制保障，进一步推进企业"走出去"；此外，境外经贸合作区作为温州境外投资的特色与平台，虽具有一定的先发优势，但大多以国内开发区为基本模板，国外政治经济情况复杂，国与国之间差异性大，政府难以主导合作区的公共服务，这些因素决定了合作区建设将面临更大的风险和困难。

三 2015年温州外经贸发展态势预测与政策建议

在全球经济有望回暖态势良好的外部环境下，国务院、浙江省政府支持外贸稳增长政策密集出台等有利因素，将对温州外经贸发展产生积极影响。此外，我国海关总署发布的关于启动长江经济带海关区域通关一体化改革以及跨境电商发展不断深入等也均给温州外经贸发展注入新的活力。然而温州传统出口产品竞争优势弱化，品牌及新产品开发滞后，贸易模式创新不足，局部地区金融危机的余波继续蔓延等问题仍不容忽视。温州坚持将深化改革开放作为2015年政府工作的主旋律，坚持把网络经济作为赶超发展的"一号新产业"来抓，着力构建以电子商务为重点的网络经济产业体系，都将对2015年温州外经贸发展产生直接正面影响。

基于上述分析，我们由此预测：2015年温州对外贸易有望延续小幅恢复性增长，预计在5%左右。随着温州与韩国经贸合作的深化，吸引外资在2014年的略有回落基础上有望回升。在"一带一路"战略背景下，温州如能紧抓境外经贸合作区的先发优势，预计境外投资将继续保持较快增长。

（一）对外贸易

打造电子商务交易平台，创新贸易方式。紧紧抓住温州大力实施发展网络经济"一号新产业"战略和"电商换市"政策契机，积极引导传统制造业、商贸流通业等企业运用电子商务开展生产经营活动，在加快传统企业运用电子商务转型升级步伐的同时发展具有本地特色的电商平台，促进网络产销对接有序；大力发展第三方交易平台企业，建设以专业市场为依托的网商集聚区，培育发展一批具有综合功能的跨境电子商务服务企业；积极发展第三方、第四方物流，加大互联网信息技术服务、电子商务金融服务力度；转换商业经营模式，由传统的"单打独斗"经营模式较为电商园区线上线下融合"抱团发展"。

加强公共服务平台建设，助力企业转型升级。以政府购买服务的形式，

加快以行业龙头企业为中心的公共服务平台建设,实现资源共享。发挥重点骨干企业的优势,加快以龙头企业为主的外贸公共服务平台建设,有效地为企业提供优惠服务和支持,进一步提升出口能力。

深化出口基地建设,加快品牌培育。充分挖掘国际级与省级出口基地产业与政策优势,做实做强出口基地,发挥其出口带动与集聚作用;通过加大对国际技术认证、境外商标注册和高端生产设备、技术和紧缺原材料进口的支持力度,引导企业创建自有出口品牌,并组织企业积极逐级申报出口名牌。

(二)引进外资

推进配套建设,改善投资环境。加快规划和兴建为外商生产生活服务的相关配套基地和设施,加快发展外资商业银行、投行、保险、资产管理等金融机构和审计、会计等中介服务机构,做好外资企业各项审批备案工作,及时了解和协调解决企业遇到的困难,不断改善和优化投资环境。

加快项目信息建设,优化投资结构。建设招商选资信息互通平台,明确各责任单位招商工作分管领导,落实信息员,及时汇总招商信息;积极走访调研各县(区),全面了解招商项目的进度与动态,努力包装项目,建立招商引资动态项目库;着力引进境外优质资本投资现代服务业和全市重点支持的其他产业,进一步发挥境外先进技术、管理模式和高层次人才在全市转型升级中的积极作用;深化加快温州与韩国等区域的经贸合作,促成有益于温州产业转型升级的外资项目尽快落地。

创新招商方式,提升选资效率。强化上门招商,在重点国家和地区开展定点招商;强化定向招商,主动与境外大公司驻华地区总部、与温州产业有合作潜力的企业建立和保持良好联系;强化产业链招商,注重传统产业提升嫁接和"以民引外"工作,促进民营企业与外企合资合作;深入推动海外投资促进联络处发展,积极发挥海外投资促进联络处作用。

(三)对外经济合作

强化服务意识,推进审批便利化。贯彻并落实商务部出台的《境外投资管理办法》，确立以"备案为主、核准为铺"的新型管理模式，进一步推进境外投资的审批便利化。积极开展境外投资意向调查工作，对上报企业进行登记备案，实时跟踪，了解企业境外投资动态。对重点境外投资企业进行实地走访调研，与在办境外项目投资方保持联系，结合企业提供指导性意见，为企业境外投资手续办理给予绿色通道。

强化调研意识，创新海外投资模式。加快推进境外加工基地、境外营销网络、境外研发机构、海外并购等投资方式，坚持政府引导、企业为主的原则，稳步推进俄罗斯康吉、越南龙江、印度尼西亚青山等境外合作经贸区建设。紧抓"一带一路"的战略机遇，加快沿线境外经贸合作区的建设步伐，进一步推动温州企业"集群式"走出去，提高"走出去"企业的综合竞争力，带动企业转型升级。

强化风险意识，建立预警机制。由于全球经济与海外市场的不稳定因素，依然存在突发性区域金融危机，将给海外企业经营带来巨大的外部风险。由此，应该进一步强化风险意识，尤其是对境外投资企业集中的区域进行重点调研并动态跟踪，及时掌握东道国宏观经济环境，建立预警机制。

.13

温州地方财税运行形势
分析与预测（2014～2015）*

余中平**

摘　要：　本文对2014年温州地方财税运行的总体情况作了分析，对
　　　　　2015年国家财税改革和地方财税形势作了展望。为确保实
　　　　　现全市财税平稳运行的总体目标，从培育财源、组织收入、
　　　　　优化支出、深化改革等方面提出了建议。

关键词：　财政　税收预算　温州市

一　2014年温州地方财税运行态势及评价

1～12月，全市财政总收入612.44亿元，同比增长8.3%；其中：一般公共预算收入352.52亿元，同比增长8.8%，完成年初预算的100.7%。全市一般公共预算支出488.58亿元，同比增长11.6%，完成年初预算的105.2%。

地税部门数据显示：2014年全市地税部门共组织各项收入550.6亿元，同比增长16.8%。其中：税收收入291.5亿元，同比增长9.2%；非税收入259.0亿元，同比增长26.8%（其中社会保险基金收入230.6亿元，同比增长29.2%）。

---

* 本文如无特殊说明,数据采集均采用公共财政预算收入口径。

** 余中平,温州市财政（地税）局局长。

（一）从总体看，收入平稳增长，增幅波动较大

全年财税运行总体良好，财政总收入和一般公共预算收入圆满完成年初预算任务，全市财政总收入再攀新高，迈上 600 亿元关口。从收入增幅来看，2014 年受经济增势整体趋缓和 2013 年"国五条"因素影响，增收趋势偏弱且呈波浪形前进，全年中只有四个月份累计增幅在 8% 以上，其余月份都在 7% 左右，说明支撑财政收入持续走高的动力不足（见图 1）。

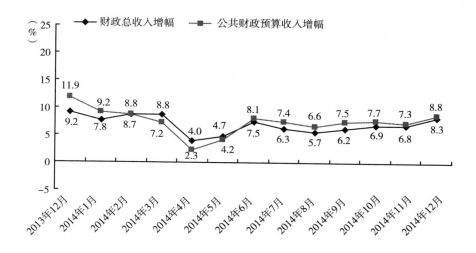

图1 温州市公共财政预算收入分月累计增幅

（二）分部门看，税收占比持续提升，收入结构不断好转

2014 年，地税、国税、财政部门分别实现收入 232.12 亿元、82.2 亿元和 38.2 亿元，分别同比增长 9.5%、11.4% 和 0.1%，完成预算的 100.3%、100.8% 和 103.2%。从收入结构来看，2014 年一般公共预算收入占财政总收入比重为 57.6%，比 2013 年同期提高 0.3 个百分点。其中，税收收入占一般公共预算收入的比重达 92.7%，比 2013 年同期提高 1.5 个百分点，税收收入占比提高为收入持续增长提供了重要保障。

（三）分税种看，主体税种"三升一降"，小税种增收明显

2014 年，企业所得税、增值税、营业税、个人所得税四大主体税种分别增长 15.3%、10.9%、7.6%、-2.6%，合计入库 222.09 亿元，合计同比增长 9.2%，占地方税收收入比重为 63.1%，比上年下降 0.9 个百分点。其他税种中，土地增值税、房产税和城镇土地使用税增长较快，分别增长 55.0%、22.2% 和 12.2%，合计增收占全年一般公共预算收入增收额的 31.5%，主要原因是上年同期基数较低，并得益于温州市信息管税能力的不断提高（见图 2）。

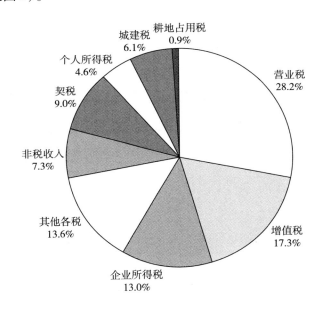

图 2　温州市 2014 年 1~12 月公共财政预算收入中各主要项目累计占比情况

（四）分区域看，区域发展总体平稳，增长有所分化

全年各县（市、区）全部完成预算任务，实现不同程度增长，个别区域增长较快。增幅在 10% 以上的有洞头、瓯海、文成、泰顺，增幅在 8% 以下的是永嘉、鹿城，其余各地增长都在 8.5% 左右。市区收入增幅三年来首

次高于县市，市区和县市分别增长 9.1% 和 8.5%（见图 3）。具体来说，洞头、瓯海、平阳增收主要来源于建筑业和房地产业。瑞安、乐清增收主要为免抵调等一次性因素带动。鹿城区受要素制约和财源结构性调整影响较大，将在相当长的时间内对收入增长形成制约。

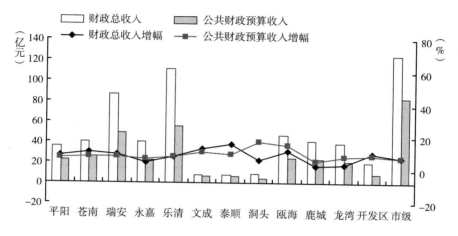

图 3　温州市 2014 年分县（市、区）公共财政预算收入累计增幅

（五）分产业看，第二产业、第三产业齐头并进，建筑业较快增长

全年全市第二产业和第三产业税收收入分别增长 9.7% 和 10.8%，增长相对均衡。第二产业中，在"机器换人"等一系列举措促进下，温州市工业经济平稳增长。制造业增长 7.3%，剔除免抵调后增长 4.1%，行业占比 28.1%。在温州市"大投入大建设"政策持续推进作用下，建筑业增长 18.9%，保持了在 2013 年高基数（增长 19.6%）基础上较快增长。第三产业中，房地产业受限购放开等因素带动，全年增长 12.4%，税收占比 29.4%，比 2013 年同期提高了 0.5 个百分点。金融业出现恢复性增长，增幅 21.9%，占比 12.2%，比 2013 年同期提高了 1.2 个百分点，这主要是受省金融保险业税收下滑这一不可比因素影响。批发和零售业比 2013 年同期相比下降 1.4%，税收占比为 5.4%，比 2013 年同期下降了 0.7 个百分点（见图 4）。

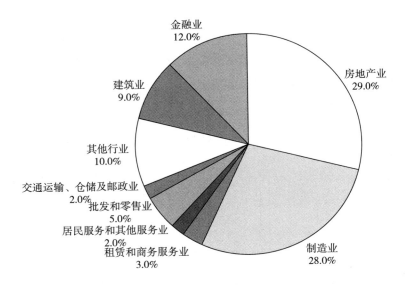

图4 温州市 2014 年地方税收收入中各主要行业占比情况

（六）从支出看，支出总体平稳，重点保障有力

全年全市一般公共预算支出同比增长 11.6%，支出总体保持平稳。从支出结构来看，重点保障有力。教育、一般公共服务、农林水事务、医疗卫生四项支出占总支出的 58%，占比分别为 25.5%、12.4%、10.6% 和 9.5%。公共安全、社会保障和就业、交通运输、城乡社区事务四项支出占总支出的 28.2%，占比分别为 8.5%、7.9%、6.6%、5.2%。以上 8 个科目在 20 多个支出科目中占比为 86.2%。其中，全市民生支出 364.74 亿元，同比增长 10.2%，占一般公共预算支出的 74.7%，继续保持占比在 2/3 以上。

2014 年，全市财政地税运行情况总体保持平稳态势，较好地完成了全年财政收支目标。但是我们也看到全年财政收入增速偏弱且呈波浪形增长，收入较快增长主要依靠固定资产投资和免抵调入库等一次性和不可持续因素带动，收入后续增长面临很大挑战，各领域支出需求依然强烈，收支矛盾仍很突出。

二　2015年温州地方财税运行形势展望

2015 年是全面推进依法治国的开局之年和全面完成"十二五"规划的收官之年，也是经济发展进入"新常态"的重要一年，更是温州市财税改革提升年。展望新的一年，财税顶层设计改革力度较大，财税运行机遇与挑战并存、困难与希望同在。

2015 年全市财政一般公共预算收入增幅拟安排 7% 以上。具体预算数据以 7% 的增速预计如下：2015 年全市一般公共预算收入预期为 377.1 亿元，同比增长 7%；支出拟安排 513.0 亿元，同比增长 5%。市级一般公共预算收入预期为 89.2 亿元，同比增长 7%；支出拟安排 76.1 亿元，同口径增长 5%。完成上述任务，需要各县（市、区）和市各有关部门的共同努力、齐抓共管，切实做好增支节支各项工作。

（一）国家财税政策走向及影响

（1）预算管理改革。2014 年 8 月 31 日，十二届全国人大常委会第十次会议重新颁布修订后的新《预算法》（主席令第十二号）。9 月底，国务院又下发了《关于深化预算管理制度改革的决定》（国发〔2014〕45 号）和《关于加强地方政府性债务管理的意见》（国发〔2014〕43 号）文件，为进一步深化预算管理改革指明了方向。一是完善政府预算体系。新《预算法》首次确立全口径预算体系法律框架，政府的全部收入和支出都应当纳入预算，加大政府性基金预算、国有资本经营预算与一般公共预算的统筹力度。二是建立透明预算制度。除涉密信息外，中央和地方所有使用财政资金的部门，全部都要公开预决算，逐步将部门预决算公开到基本支出和项目支出，按经济分类公开政府预决算和部门预决算，所有财政资金安排的"三公"经费都要公开。三是改进年度预算控制方式。新《预算法》强调，一般公共预算审核的重点由平衡状态、赤字规模向支出预算和政策拓展，各级政府不得向预算收入征收部门和单位下达收入指标，像收入征收部门为完成任务

收"过头税"、为不抬高基数搞"藏富于民"的现象,将从机制上得到有效解决。建立跨年度预算平衡机制,实行中期财政规划管理,研究编制三年滚动财政规划。四是完善转移支付制度。按照"增一般、减专项、提绩效"的思路,调整完善转移支付的方式与结构。上级政府在安排专项转移支付时不得要求下级政府承担配套资金。上级政府应当提前下达转移支付预计数,地方各级政府应当将上级提前下达的预计数编入本级预算。五是规范地方政府债务管理。财政部下发了《地方政府存量债务纳入预算管理清理甄别办法》,明确各地要以 2013 年全国政府性债务审计结果为基础,将截至 2014 年底的存量债务余额在 2015 年 1 月 5 日前上报财政部,对融资平台公司存量项目,大力推广 PPP 模式。今后只能通过省级政府发行地方政府债券方式举借政府债务,地方政府债务分一般债务和专项债务要纳入全口径预算管理。六是全面规范财税优惠政策。未经国务院批准,各地区、各部门不能对企业规定财政优惠政策。建立税收优惠政策备案审查、定期评估和退出机制,加强考核问责、严惩各类违法违规行为。七是优化财政支出结构。清理规范重点支出同财政收支增幅或生产总值挂钩事项。

(2)税制改革。一是推进"营改增"改革。逐步将生活服务业、建筑业、房地产业、金融业等行业纳入试点范围,相应简并增值税税率。二是完善消费税制度。调整消费税征收范围、环节、税率,把高耗能、高污染产品及部分高档消费品纳入征收范围。三是加快资源税改革。组织实施煤炭资源税费改革,逐步将征收范围扩展到占用或开发水流、森林、草原、滩涂等自然生态空间。四是建立环境保护税制度。将现行排污费改为环境保护税,将会进一步影响温州市已举步维艰的传统制造业(如皮革、电镀、不锈钢等行业),行业转型升级面临新冲击。五是加快房地产税立法并适时推进改革。房地产税将逐步成为地方政府持续稳定的财政收入和县(市)级主体税种。六是建立综合与分类相结合的个人所得税制度。七是全面修订税收征管法。新《征管法》最显著的变化是将自然人税收纳入了制度范围,个人所得税以户为单位的综合税收模式跨出重要一步。同时,将部门间涉税信息的交互以法律的形式确立,为温州市《温州市涉税信息交互实施办法》的进一步实施奠定"法律"依据，为税务机关征管范围由流转税向财产税转变和征管方式由发票管税向信息管税转变奠定技术基础。

（3）财政体制改革。建立事权和支出责任相适应的财政体制是财税改革的三大任务之一，据初步了解，中央与地方财政体制可能会有以下变化：一是进一步理顺中央和地方收入划分范围。全面实施"营改增"后，合理确定中央增值税分享比例；除进口环节的消费税属中央收入外，其他环节的消费税改为中央和地方共享收入；除海洋原油天然气资源税外，其他资源税为地方收入并调整为省级收入；调整出口退税增量分担机制，从2015年起，出口退税增量由中央全额负担，对地方不再实行消费税1:0.3返还；中央与地方继续共享个人所得税和企业所得税。上述收入划分调整后，地方形成的财力缺口由中央财政通过税收返还方式解决。中央税由国税部门征收，地方税由地税部门征收；共享税根据税种属性和方便征管的原则确定。二是合理划分各级政府间事权与支出责任。采用中央限制列举、剩余归属地方的方式明确中央和地方的事权范围。此外，根据中央与地方财政体制改革精神，2015年省对市县财政体制也可能会做微调和完善。

（二）2015年财税形势预判

由于国内外经济形势错综复杂，"三期叠加"对经济发展影响逐步显现，温州市金融风险依然偏高，实体经济回升动力不足，2015年温州市财税经济形势预计仍将非常困难，存在许多不确定性。

（1）不利因素。

一是实体经济复苏缓慢。从宏观看，当前全球经济的不确定因素在增多，全国全省经济逐步进入新常态，外部经济增长放缓带来的驱动力、拉动力减弱问题将难以避免。从温州市实体经济情况看，1~12月全市工贸业国地税税收累计增幅（剔除国税调库后）分别为 -2.5%、0.7%、-0.4%、-0.1%、-0.2%、0.1%、-0.3%、-1%、0.03%、0.8%、1.4%、1.3%，仍在底部震荡。同时，本轮金融风险影响仍在持续，"两链三险"仍未有效化解。据有关部门统计，全市存在重大风险企业担保圈20多个，

涉及企业 200 多家，列入重点风险管理的企业 500 多家，贷款余额 420 多亿元。预计 2015 年温州市实体经济发展仍很困难，预计走出困境还需要 3 年或者更长的时间。

二是房地产市场走势不明。全市住房去库存压力较大，政策调整对税收的影响还有待进一步观察。2014 年 9 月 30 日央行公布了首套房认贷不认房新政，但具体如何执行还不明朗，能对房地产市场起到多大推动作用也还有待观察。从土地出让情况来看，2014 年市区经营性土地以招拍挂方式共出让 69 宗，面积 2561 亩，同比下降 26%，成交金额 88.08 亿元，同比下降 58%。土地成交率的大幅回落，将直接影响到 2015 年温州房地产市场的稳定发展和税收增长。由于温州的房地产业和实业关系紧密（据统计，2010 年温州百强制造业企业中，涉及房地产业 72 家），形成"房地产下行—金融风险恶化—实体经济下行"的交叉风险。

三是政策性减税等影响将进一步扩大。根据中央税制改革的部署精神，2015 年房地产业、建筑业、金融保险业、生活性服务业等"营改增"很可能会全面到位。2013 年四大行业营业税入库数约为 67.13 亿元，2014 年入库数约为 73.07 亿元。随着"营改增"的进一步扩面，大部分企业税负将会有所下降，减税效应明显。此外，随着小微企业等结构性减税力度加大，对温州以中小企业为主的税源也将带来一定影响。

四是免抵调和其他一次性增收因素少。据国税部门分析，免抵调在近几年出口低增长的情况下，可用免抵调资源下降较快，对收入的贡献将难以持续。同时，也少有其他一次性增收因素。

五是收支矛盾仍很突出。各领域、各部门支出需求依然强烈，各项民生、刚性支出增长迅速，特别是落实机关事业单位养老保险制度改革和工资调整，涉及面广、利益调整幅度大，将对地方财政带来巨大的支出压力。同时，地方政府债务将被纳入预算管理，政府融资趋紧，将进一步加大收支平衡压力。

（2）有利因素。

一是经济回归实业，发展信心重聚。温州经济在经历金融风波的"阵痛"后，正逐步回归实业。电器产业、时尚产业、汽摩配产业、激光与光电产业、通用航空产业等一系列平台的构建，为实体经济的发展指引了方向。温商回归政策的深入推进为经济发展带来了资本和人才。大投入、大建设、大开发使温州市基础设施逐步升级，投资环境得到了明显改善，投资创业的热情被激发，温州赶超发展的信心正在凝聚。

二是加大简政放权，释放改革红利。改革是最大的红利，简政放权就是激发市场、社会创造活力最直接的举措。温州市全面推行政府权力清单、企业项目投资负面清单、财政专项资金管理清单、非税收入目录（涉企收费清单）以及五级政府服务网的"四张清单一张网"改革，率全省之先打响简政放权组合拳，为温州打造服务优化、效率提高、执行有力的发展软环境。以政府自身改革引领各种力量推动经济发展，给未来一段时期内温州后续财源建设带来利好。

三 确保温州财税平稳运行的工作措施

（一）以落实新《预算法》为重点，深化预算管理改革

完善政府预算体系，精编细编"四大预算"，认真研究地方政府性债务管理新规，按照债务甄别和清理情况，将属于政府的债务纳入预算管理，继续编制权责发生制政府综合财务报告。深化部门预算改革，完善部门预算支出定额标准体系，细化部门"三公"经费预算编制，加强部门财务管理考核，扩大部门预决算公开范围、细化公开内容，加大"三公"经费公开力度。争取2015年市级部门预算执行率达到90%以上，市级政府投资预算执行率争取比上年再提高10%以上。深化国库集中支付改革，完善动态监控机制，试行资金支付CA认证制度，以动态监控促管理转型。认真落实市区财政体制和城市建设及管养体制，确保平稳过渡。完善专项资金管理清单，规范专项资金分配，建立新增支出审核、评估和退出机制，全面清理财税优惠政策。

（二）以落实财政大监督制度为重点，促进财政资金提质增效

继续推进财政大监督制度建设，创新财政检查管理机制，完善综合选案模式，扩大财政监督范围，探索事前、事中和事后相结合的全过程大监督。稳步推进预算绩效管理，扩大预算公开评审和专项资金竞争性分配范围，将绩效目标管理范围覆盖市级所有财政资金，将绩效评价重点由项目支出拓展到部门整体支出和政策、制度、管理等方面。继续探索创新政府采购组织形式，优化采购程序，提高采购效率。进一步推进政府向社会购买服务并加强绩效管理。以加强结算审核为重点，加强财政项目预算审核，尝试开展全过程造价控制。研究出台行政事业单位国有资产管理考核办法和事业单位出资企业国有资产管理办法，加强资产管理。结合地方政务服务网建设，加强"信息管财"工作，切实解决"信息孤岛"问题，真正做到"财政资金流到哪里，监督就跟到哪里"。

（三）以落实新《征管法》为重点，实现税收征管现代化

以打造税收风险控制和后续管理两大平台为重点，全面实施税收风险管理，利用行业风险模型和多项风险指标，实现风险推送内外同步，提升税收遵从。探索"专业化＋属地"的税源管理模式，深化房地产税收专业化管理。认真落实《浙江省税收征管保障办法》和《温州市涉税信息交互实施办法》，建立数据质量管理机制和监控分析平台，深化应用《税友龙版》和电子税务辅助平台，建设"财税云中心"，做好第三方数据增值利用，提升"发现税源"和"将税源转化为税收"的能力。发挥稽查"尖兵"和"宪兵"作用，落实"管查互动"工作机制，建立"管查互动"信息交换平台，探索推进"查中互动"和"查后互动"。建立纳税人需求解决制度，推进纳税"大服务"和分类服务工作机制建设，整合服务资源，做大"纳税服务中心"。全面实施《纳税服务规范》，积极营造为纳税人办实事、为基层税务部门减负担的税收环境。

（四）以落实税制改革为重点，努力夯实收入基础

密切关注"营改增"、消费税、资源税、个税、房地产税等税制改革动态，做好应对预案。全面落实小微企业营业税、企业所得税优惠扩面政策，加强高收入者个人所得税征管，继续推进房地产交易税收"一体化"管理改革。扩展"亩产论英雄"数据库，全面实施差别化城镇土地使用税政策。完善不动产项目数据库，开展房地产税源和契税信息比对，以房产、土地信息反向监控纳税情况，实现对不动产税收的全过程管理。以完善工贸企业重点税源分析和土地出让的税收转化分析为重点，进一步完善税收分析工作机制。密切关注国家社保费征缴改革动态和走向，及时掌握政策调整变化对地税规费收入的影响。完善残疾人就业保障金代征管理办法。

（五）以落实"两美"温州建设部署为重点，完善重点支出投入机制

支持打造时尚之都，科学筹集和安排建设资金，继续落实"六城联创""五水共治"攻坚经费。物色和实施一批PPP项目，拓宽政府投资项目建设融资渠道。围绕"五一〇产业培育提升工程"，支持信息经济、新材料产业和时尚产业发展。支持科技创新驱动发展战略和文化"1＋6"计划实施，支持推进节能降耗和淘汰落后产能。稳步推进机关事业单位养老保险和工资制度改革。继续支持金融、民政、民办教育、社会办医、公立医院和养老服务业六大改革试点，推进基本医疗保险城乡一体化，努力完成"黄标车"治理任务。围绕教育、社保、卫生、住房保障等重点支出领域，及早对接和完善"为民办实事"项目，坚持"保基本、兜底线"。加强涉农资金管理，2015年市级涉农专项资金数在2014年的基础上再压减50%以上，编制支农政策清单，确保资金分配公开、高效。调整出台市级农发资金的激励考核办法。

温州市固定资产投资分析与展望（2014~2015）

李岳海 叶传好 王克静 *

摘 要： 2014年温州市固定资产投资总体延续2013年以来的增长趋势，总量稳步增长，增速稳中缓降，与全省投资增长态势基本趋同。当前存在投资后劲不足、投资结构有待优化，投资效果和要素保障有待加强等问题。建议从完善投资工作机制、强化要素和服务保障、重视重大项目前期谋划等方面推进有效投资工作。

关键词： 固定资产投资 政府投资 项目建设

2014年以来，温州根据全省扩大有效投资工作部署和"赶超发展、再创辉煌"目标要求，启动实施了"温州赶超发展三年超万亿投资计划"，大力推进重大项目建设，固定资产投资总体呈现稳中缓降增长态势，一批重大基础设施和民生项目加快推进。

一 2014年固定资产投资运行特点

（一）投资呈现量增速减特征

2014年温州市固定资产投资总体延续2013年以来的增长趋势，总量稳

---

* 李岳海、叶传好、王克静，温州市发展和改革委员会。

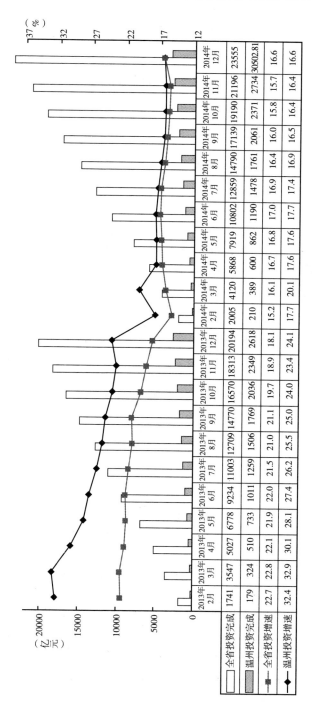

图1 2013年以来温州与全省投资总量、增速比较

	2013年2月	2013年3月	2013年4月	2013年5月	2013年6月	2013年7月	2013年8月	2013年9月	2013年10月	2013年11月	2013年12月	2014年2月	2014年3月	2014年4月	2014年5月	2014年6月	2014年7月	2014年8月	2014年9月	2014年10月	2014年11月	2014年12月
全省投资完成	1741	3547	5027	6778	9234	11003	12709	14770	16570	18313	20194	2005	4120	5868	7919	10802	12859	14790	17139	19190	21196	23555
温州投资完成	179	324	510	733	1011	1259	1506	1769	2036	2349	2618	210	389	600	862	1190	1478	1761	2061	2371	2734	30502.81
全省投资增速	22.7	22.8	22.1	21.9	22.0	21.5	21.0	21.1	19.7	18.9	18.1	15.2	16.1	16.7	16.8	17.0	16.9	16.4	16.0	15.8	15.7	16.6
温州投资增速	32.4	32.9	30.1	28.1	27.4	26.2	25.5	25.0	24.0	23.4	24.1	17.7	20.1	17.6	17.6	17.7	17.4	16.9	16.5	16.4	16.4	16.6

步增长，增速稳中缓降，与全省投资增长态势基本趋同。1～12月，全市完成固定资产投资 3050.81 亿元，投资总量在杭州市（4952.7 亿元）、宁波市（3989.5 亿元）之后，居全省第三位；同比增长 16.6%，与全省平均水平持平，与宁波市、衢州市、丽水市并列居全省第四位；增速比上半年和 2013 年同期分别回落 1.1 个和 7.5 个百分点（见图 1、图 2、图 3）。

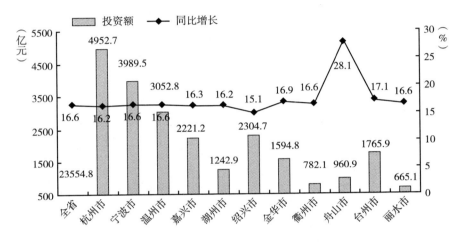

图2　2014 年 1～12 月全省各地投资完成对比

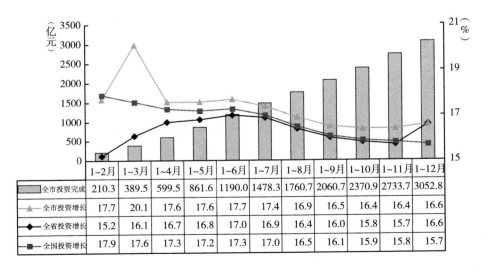

	1~2月	1~3月	1~4月	1~5月	1~6月	1~7月	1~8月	1~9月	1~10月	1~11月	1~12月
全市投资完成	210.3	389.5	599.5	861.6	1190.0	1478.3	1760.7	2060.7	2370.9	2733.7	3052.8
全市投资增长	17.7	20.1	17.6	17.6	17.7	17.4	16.9	16.5	16.4	16.4	16.6
全省投资增长	15.2	16.1	16.7	16.8	17.0	16.9	16.4	16.0	15.8	15.7	16.6
全国投资增长	17.9	17.6	17.3	17.2	17.3	17.0	16.5	16.1	15.9	15.8	15.7

图3　温州市 2014 年 1～12 月投资增速变化

（二）投资结构稳中趋优

工业投资先抑后扬。年初以来工业投资增速逐月回落，5月末出现两年以来首次负增长，6月以来，工业投资增速和工业投资占比均稳步增长、逐月回升。1~12月，全市工业投资完成750.88亿元，增长24%，增速居全省第一位，高于全省平均水平11.8个百分点，工业投资占全部投资的比重为24.6%，比上年同期提高1.5个百分点；其中，工业技改投资增长较快，1~12月，工业技改投资完成541.84亿元，增长56.1%，占工业投资的比重为72.2%，比去年同期提高15.2个百分点（见图4）。

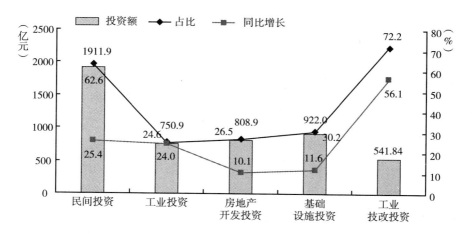

图4 2014年1~12月投资结构情况

房地产开发投资稳中有进。1~12月，房地产开发投资完成808.88亿元，增长10.1%，比上年同期提高3.3个百分点，房地产开发投资占全部投资比重为26.5%，比上年同期低1.5个百分点，占第三产业投资比重为36.3%，比上年同期低1.3个百分点；其中住宅投资551.53亿元，增长5.6%，土地购置费260.53亿元，下降15.1%，土地购置费占房地产开发投资的32.2%，比上年同期回落9.6个百分点。

基础设施投资增速回落。基础设施投资完成922.01亿元，增长11.6%，比上年同期回落20.1个百分点。其中水利、电力、交通等项目投

资分别完成 377.98 亿元、129.23 亿元、280.66 亿元，同比分别增长
16.7% 、 - 12.3% 、20% 。

（三）各地执行进度不均衡

从投资增速看，高于温州全市平均水平（16.6%）的有：龙湾区
（21.4%）、瑞安市（17%）、永嘉县（16.9%）、苍南县（18.1%）、泰顺
县（18.1%）和经开区（26.1）；从投资任务完成情况看，任务完成率普遍
偏低，完成率超 100% 的仅瓯海区，为 102.7% ，瓯洞区和文成县投资任务
完成率均低于 90% ，分别为 78.1% 和 85.6% （见图 5）。

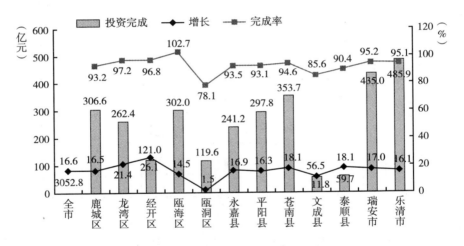

图 5　温州市 2014 年 1~12 月各地投资完成情况

二　2014 年温州市抓投资的主要举措

（一）抓责任落实

2014 年 5 月出台了《"温州赶超发展三年超万亿投资计划" 2014 年实
施方案》，分解投资任务、明确推进责任。根据各县（市、区）、市级功能
区、各国资集团实际分类下达投资考核任务，总量按增长 25% 左右下达；

将工业投资、省"411"项目投资、省重点项目、央企合作、项目谋划等投资任务进行细化分解并以签订责任书形式予以明确；对列入各类投资计划的重大项目，规范和统一年度推进目标，分解落实责任单位，明确责任领导。

（二）抓要素保障

用地保障方面，落实重大项目优先保障机制，年初下达的用地计划中提取20%的用地指标用于市级以上重点建设项目，确保重点项目优先得到安排；同时，积极争取上级土地指标支持，全年共争取到省预留重点项目用地指标1.3万亩，省重点建设项目单项戴帽指标1.2万亩，分别占全省的22%和35%，23个新增省重点建设项目拟争取农转用地指标0.88万亩；资金保障方面，开展多渠道融资，梳理农水、交通等共6类208个项目，融资需求1216亿元，推进各银行、证券机构与重大项目融资对接；推进企业债券发行，鹿城债、高新债、乐清债、永嘉债4只债券顺利发行，总金额48亿元；试点创新融资，"幸福股份""蓝海股份"试点进展顺利，"幸福股份"第三期10亿元、"蓝海股份（瓯飞股）"一期首批8亿元顺利募集。

（三）抓投资攻坚

7月，出台了《加快推进有效投资工作方案》，重点针对未开工重点项目，明确开工责任，多种举措协调推进；对市级政府投资项目建设实行政府分管领导周协调、市主要领导月协调机制；对投资及项目建设进展缓慢的各县（市、区）、市级功能区、国资公司主要负责人进行约谈；对各县（市、区）、市级功能区、国资公司投资任务、重点工程投资任务、重点工程开工项目、省"411"项目投资任务、央企合作项目投资任务、工业投资任务和民间投资占比等完成情况进行每月通报。

（四）抓督查考核

对投资及重大项目建设进行定期和专项督查，紧盯未开工的重点建设项目、重大工业项目和小微企业创业园项目，由市四套班子领导牵头督查，落

实主体责任，督促重点项目开工；完善有效投资考核办法，根据省市考绩考核要求，兼顾总量，突出投资结构优化、重大项目推进、项目前期谋划导向，对县（市、区）、市级功能区、市级国资公司、其他市直单位进行分类考核，并提高投资考核权重，发挥投资考核指挥棒作用。

三 2014年投资运行存在的问题

（一）投资增长后劲不足

主要表现为投资增速回落和投资完成率偏低。2014 年以来，温州固定资产投资增速持续在17%附近徘徊，1～12 月投资增速为 16.6%，增幅比上半年和 2013 年同期分别回落 1.1 个和 7.5 个百分点，完成省下达目标任务的 98.5%，完成率居全省第七位，完成市投资任务的 93.6%；全市各地投资任务完成率超 100%的仅有瓯海区，其他县（市、区）均未能完成；经过近几年投资持续高速增长，各地不同程度地出现重大项目缺乏、要素保障困难，持续高速增长难以为继现象。

（二）开工项目进展不理想

受项目审批、政策处理、要素保障以及经济环境等多种因素影响，2014 年计划开工项目进展不理想，全市 94 个市重点建设开工项目全年共开工 68 个，开工率为 72.3%，开工项目完成投资 71.8 亿元，占年度计划的 55%，其中省"411"重大项目计划开工 19 个，全年开工 15 个，开工率为 78.9%，主要是因为产业类项目因经济环境及企业自身等原因，暂缓或无法开工；23 个新增省重点建设项目全年开工 20 个，开工率为 87%。

（三）投资结构有待优化

2014 年温州着力优化投资结构，提出工业投资占比达 26%以上、民间投资占比 62%。1～12 月，工业投资占比为 24.6%，民间投资占比为

62.6%。工业投资占比较上年同期提高了 1.5 个百分点，但仍低于全省平均水平 8.8 个百分点，与年初目标仍有差距，主要原因是缺乏大的工业项目支撑以及部分工业项目未按计划推进。同时，工业投资中技改投资占比高、基本建设项目投资占比偏低，将影响工业投资持续性；受制于要素保障和政策处理等因素，基础设施投资增幅比上年同期回落 20.1 个百分点。投资结构中，综合项目较多、农房集聚等项目过多，重大产业类项目，特别是超 20 亿元的装备制造业项目缺乏。

（四）投资效果有待加强

近年来投资效果有所减弱，比较 2003～2014 年 GDP 与投资增速，限额以上固定资产投资年均增速为 21.4%，而 GDP 年均增速为 10.7%；从投资效果系数看，比较 2003～2014 年投资效果系数，特别是 2011 年以来，与省平均水平和杭州、宁波相比，投资效果系数明显较小（见图 6、表 1）。

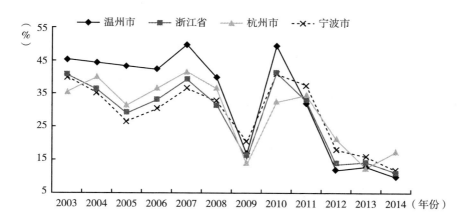

图 6　2003 年以来固定资产投资效果系数比较

表 1　各地累计固定资产投资效果系数比较

累计	全省	杭州	宁波	温州
2003～2014 年	23.8	25.6	25.5	23.4
2011～2014 年	16.6	20.3	19.2	14.8

从重大项目建设效果看，尽管投资总量居全省第3，但重大项目建设效果仍有待加强，特别是需整体协同推进的重大项目，如市区两级、县县之间关系密切的项目，要合理安排建设时序，发挥项目的整体效果。

四　2015年固定资产投资展望

2015年是"十二五"时期收官之年，也是全面深化改革的关键一年，在新的形势下，统筹安排2015年固定资产投资计划，更加有效地实施"温州赶超发展三年超万亿投资计划"，推进重大项目建设，对促进经济社会平稳健康发展意义重大。

当前，全球经济复苏还在继续，但潜在风险依然较大。国内经济发展"三期叠加"，经济增速换挡回落，经济发展正在步入新常态，外部需求增长乏力，国内房地产市场调整带来需求增长放缓，对经济构成下行压力，但中长期向好基本面没有改变。从温州看，经济运行的突出矛盾和重点问题仍然存在，"两链三险"未有效化解，市场需求和企业投资信心不足，经济潜在下行风险；但实施"五化战略"、深化"十大举措"，全面深化改革加快推进，将激发市场主体活力，"两美"温州建设深入推进，经济运行将平稳增长。

（一）投资增长制约因素

（1）项目支撑不足。从温州市部分中介机构业务受理量看，项目相关合同数量和金额有所减少，反映新项目储备和谋划不足；从2015年计划编制过程中，各地上报的3000万元以上政府投资项目看，总额以及新开工项目占比偏低，重大项目缺乏、新开工项目不足，对后续投资增长带来压力；从各地调研情况看，部分地方项目支撑与计划安排不匹配，具体项目安排难以支撑投资计划完成。

（2）项目要素保障压力增大。经过近几年投资持续高速增长，各地各单位不同程度地出现土地、资金等要素保障困难。用地方面，新增建设用地减少、农转用指标缺口大和"占优补优""占水田补水田"等用地政策影响，项目建设受用地指标、用地审批、占补平衡指标等方面制约日益突出。初步梳理 2015 年计划实施的 294 个重点项目中，需解决农转用地数达 29558 亩。土地出让同比减少，部分地方重点区块可用土地不足，发展空间有限。资金方面，受收入来源、债务率等条件限制，政府项目融资压力增大，政府性项目融资需求和政府财力匹配矛盾突出。国务院下发的《关于加强地方政府性债务管理的意见》，规范地方政府举债融资，剥离融资平台公司政府融资职能，各地将面临处置存量债务和融资需求的多重压力，将在较大程度上影响 2015 年投资计划执行。

（3）投资信心不足。近几年强调投资总量和增速，投资持续高速增长，狠抓投资工作造成疲态，进一步促使投资压力增大；同时，项目支撑不足、要素保障困难、政策处理难度加大、依法行政和责任追究机制倒逼等因素，各地普遍出现投资信心不足。经济处于换挡期，"两链三险"未有效化解，市场需求不足，房地产价格下行，市场前景不明朗等使得企业投资信心明显下降。2012~2013 年温州市列入省重大产业项目未按时开工或进展缓慢也反映企业投资信心不足。

（二）投资增长有利因素

（1）完善基础设施建设需求。相对于杭甬青厦及省内兄弟城市，温州的基础设施建设相对滞后，仍有较多历史欠账。特别是在水利、交通、社会事业、城市基础设施等领域发展空间和投资需求依然巨大，仍需加快推进，改善发展环境，提升和完善城市功能。

（2）改革激发市场活力。当前经济体制改革着力简政放权、发展混合所有制，激发民间投资活力。财政部《关于推广运用政府和社会资本合作模式有关问题的通知》、国务院《关于创新重点领域投融资机制鼓励社会投资的指导意见》以及后续出台的操作指南、实施细则，将规范社会资本进入、运作和退出重点领域建设，保障合作各方利益，有助于激发市场活力，吸引社会资本进入重点领域，扩大民间投资。

（3）城乡统筹推进需求。2014 年温州市出台了围绕"两美"目标推进大都市区建设实施意见，城乡一体化基础设施建设全面铺开；2015 年将实施"五化战略"，围绕强化区域城乡联动，推进组团城市开发建设、都市基础设施网络建设、"3＋1"亮点区块建设和美丽乡村建设；围绕生态环境整治，推进水环境综合整治；"五化战略"和"两美"温州建设的深入实施，相关领域的重点项目建设将加快推进。

（4）产业转型升级深入推进。深化产学研合作、推进两大产业集聚区和相关产业平台建设，将为产业转型发展提供科技创新和产业建设平台支撑；实施"五一〇产业培育提升工程"，加快推进工业强市建设，培育时尚产业，促进工业转型升级，将推进重点领域重大产业项目建设；同时，围绕振兴实体经济的创新举措，将有助于企业风险、金融风险、房地产风险和企业资金链、担保链风险化解，提振企业投资信心，增强企业投资意愿。

（三）2015年投资计划安排

2015 年固定资产投资计划安排总体上要突出投资可持续性，注重稳步增长，突出投资有效性，注重项目建设。在计划安排总体思路上，一是要考虑"温州赶超发展三年超万亿投资计划"顺利实施，保持适当增速和总量；二是与经济发展进入新常态相衔接，防止投资过快下滑，保持投资平缓持续增长；三是与优化投资结构相衔接，提高民间投资和工业投资占比，同时，注重重大项目建设，发挥投资有效性。在投资总量上，投资计划以 2014 年实际完成数为基数，按增长 12% 以上，绝对额 3400 亿元；优化投资结构，民间投资占比按 62%、工业投资占比按 26% 安排，同时，注重投资有效性，梳理农水、交通、能源、社会事业、市政基础设施以及工业和服务业等重点领域的重大项目，完善工作机制，推进重大项目建设。

（四）重点投资领域

突出"五水共治"。以治污水为重点，加大"五水共治"投入，谋划和实施一批区域综合整治重大项目，进一步改善和优化生产生活环境。

突出重大基础设施投资。以综合交通、能源保障和海涂围垦为重点，加大战略性基础设施投入，推进市域铁路、高速公路、液化天然气等一批带动性强、投资体量大的重大基础设施项目建设，加快推进能源、海涂围垦等重大项目建设。

突出产业转型升级投资。围绕工业强市建设，结合"五一〇产业培育提升工程"，推进装备制造业、战略性新兴产业、时尚产业投入，加大"四换三名"工作力度，加快推进产业集聚区、服务业集聚区、开发区提升发展和小微园建设。

突出新型城镇化投资。加快推进"3+1"亮点区块建设，加大统筹城乡投入，推进保障性住房、美丽乡村和新农村建设，加快推进城乡一体化基本公共服务体系建设。

（五）扩大有效投资对策建议

强化有效投资目标和责任落实工作。明确全市重点领域投资目标，按照重点领域市级主管部门下达任务，落实部门分解责任；明确县（市、区）和市级功能区投资目标，按照全市投资力争增长15%的目标分解下达，落实各县（市、区）和市级功能区的主体责任；明确市级政府投资目标。按照市政府领导分工、市直单位分解下达，落实市领导分管责任和市直单位实施责任。

强化有效投资推进工作机制。协调机制：继续实施项目建设重大问题分级协调机制，市政府分管领导每周协调，市委、市政府主要领导每月协调；通报机制：按月定期将各县（市、区）、市级功能区和市级国资公司投资任务完成情况在市主要媒体上发布，并向市四套班子领导、市相关部门通报；约谈机制：市委、市政府主要领导负责对投资及项目建设推进缓慢的县（市、区）、市级功能区、市级国资公司主要负责人和分管市政府领导进行约谈；督查机制：重点对投资进展缓慢的县（市、区）、市级功能区、市级国资公司和应开工未开工重大项目进行督查。

强化要素和服务保障。加大用地保障力度。把小微园与城镇化建设结合

起来，用好城镇低效用地再开发试点，争取盘活低效土地9000亩；把用地保障与重点项目推进结合起来，积极争取省级重大产业项目用地支持；把"转而未供、供而未用"土地清理与项目安排结合起来，进一步提高供地率。创新投融资体制改革。研究制定温州市进一步鼓励民间资本进入基础设施、社会事业等公共领域的实施方案，建立民间投资示范项目库，积极开展政府和社会资本合作（PPP）项目试点。抓住温州金融综合改革试点契机，积极探索通过建立产业引导基金、沿线土地捆绑开发等方式，引导更多社会资本参与重大基础设施建设。深化审批制度改革。积极探索企业投资项目负面清单管理模式，推进市、县两级同权扁平化审批制度改革，推动投资项目网上并联核准、纵横联动监管，大力促进投资便利化。

强化重大项目前期谋划。围绕产业转型升级、基础设施建设、生态环境建设、民生事业发展等领域，加强前期研究和项目储备，建立和完善重大建设项目储备库，谋划生成一批重大项目，特别是投资规模超20亿元乃至超50亿元的大项目。完善招商引资项目服务协调机制，落实重大招商引资项目领导挂钩联系制度，建立健全温商回归重点项目服务制度，确保招商项目早落地、早开工、早建成、早投产。

2014～2015年温州金融形势
分析及展望

陈斌杰 *

摘　要：　2014年，温州市金融运行仍然处于金融风波后续影响的低
谷状态之中。金融业融资总量不减，融资结构趋向合理，并
实现不良贷款额和不良贷款率双降目标。但信贷收缩和不良
居高问题短期内依然存在。2015年，全市银行类金融机构
要高度重视并切实增加信贷投入，推进改革，化解风险，促
进经济金融健康发展。

关键词：　金融　金融危机　信贷投入

一　2014年温州金融运行基本态势

2014年，温州金融运行仍然处于金融风波后续影响的低谷状态之中。
金融业融资规模总体增长，其中债券融资增加较多，但银行信贷投放逐年收
缩，存款增长相应回落，新发生不良贷款仍在增加。

（一）金融业融资规模增长较快

2014年，温州市金融业融资规模490亿元，比上年增加73亿元。如果

---

* 陈斌杰，中国人民银行温州市中心支行。

把当年处置的不良贷款加回去，融资规模则达到886亿元，比上年同口径增加179亿元。金融业融资规模在结构上有以下特点：一是银行贷款业务融资增速放缓。全年该项融资规模273亿元，比上年减少133亿元，其中一般贷款与委托贷款明显收缩。二是企业债券融资增长较快。全年该项融资169亿元，比上年增加94亿元，融资主体主要是政府项目与大型民营企业。三是银行表外票据融资继续下降。由于表外业务监管加强，表外融资转移至表内融资，余额比上年减少62亿元。

（二）银行信贷投放继续收缩

12月末，全市本外币各项贷款余额7347亿元，比年初增加83亿元，增幅仅1.1%。自2011年金融风波发生以来，温州市银行贷款增量已连续三年递减，2012~2014年三年信贷总增量只是2009~2011年三年的30%。而且信贷投放逐年减少，其中2012年增加618亿元，2013年增加216亿元，2014年增加83亿元。即使考虑了大量不良资产处置因素，全市银行贷款增量仍是逐年下降（2012~2014年实际贷款增量分别为748亿元、505亿元和479亿元）。贷款增幅与全国、全省相比明显偏慢。2012年、2013年和2014年，全国贷款增幅分别为15.6%、13.9%和13.0%，浙江省分别为11.8%、9.8%和9.2%，而温州分别为9.7%、3.6%和1.2%。温州新增贷款在全省占比分别9.9%、3.8%和1.4%，逐年回落，2014年增量已排至全省末位。

从贷款投向结构看，2014年信贷投放更显得不利于中小民营企业。全市国有单位贷款增加189亿元，主要用于围垦、水利建设等公共基础设施项目建设。个人贷款增加150亿元，其中个人住房贷款比年初增加103亿元。民营企业全年减少255亿元，比上年多减36亿元。

专栏1　政府类贷款及负债情况

调查显示，2014年末银行机构政府类一般贷款512亿元，比上年末增加192亿元。其中，国有控股企业314亿元，融资平台公司129亿元，事业单位及部门46亿元,其他23亿元。政府类委托贷款61亿元,比上年末增加15亿元。非金融国有企业债券融资92亿元,比上年多64亿元。三项增量合计299亿元,占全市金融业融资规模的61%。

根据国务院及财政部对地方政府债务管理与清理甄别要求,甄别后纳入政府债务的贷款,逐步由财政存款还贷或发债置换,不再继续向银行贷款;不纳入政府债务的贷款,逐步通过PPP模式转化为企业债务,可继续向银行融资。我们估计,融资平台公司将被剥离政府融资职能,不纳入政府债务;一部分国有控股企业和事业单位及部门负债将被纳入政府债务。

地方政府债务清理政策对政府类贷款影响较大:①目前对已授信的政府项目暂停发放贷款,可能影响工程进度。②未来会有相当一部分政府类贷款纳入预算管理,逐步退出信贷支持领域。③将未纳入预算的债务实行市场化运营,由借款主体自身现金流偿还债务,政府不再承担偿还或担保责任,将影响授信评估和资产质量。鉴于当前债务管理政策细则和甄别清单尚未公布,对政府贷款投放的影响有待进一步观察。

投放主体方面,地方银行成为投放主力,全国性银行贷款余额净减少。2014年12月末,四大国有银行本外币贷款余额3106亿元,同比下降3.8%,比年初减少122亿元,同比多减53亿元。全国性股份制银行贷款余额2226亿元,同比下降2.2%,比年初减少51亿元,同比少增81亿元。地方法人机构贷款余额1644亿元,同比增长12.4%,比年初增加182亿元,同比少增20亿元。城商行在温分支行贷款余额204亿元,同比增长38.8%,比年初增加57亿元,同比多增22亿元。

专栏2 地方法人机构的信贷投放及制约因素

地方法人机构是2014年信贷投放的主力,贷款增量为全市贷款增量的两倍多。但与上年相比,贷款增势也有所回落。地方法人机构发放贷款既受市场因素影响,又受监管政策指标约束。前者如存款增长乏力、信贷需求不足、区域风险较大等,与非法人机构面临基本相同的市场环境。后者则是非

法人机构没有直接面临的，主要约束指标包括存贷比例、资本充足率、合意贷款规模、法定准备金等，其他监管要求如"两个不低于"、拨备覆盖率、银行存款偏离度等也对信贷投放和经营产生影响。

2014年实际制约地方法人机构信贷投放的主要监管指标是存贷比例。12月末，全市法人机构平均存贷比为74.74%，其中4家农信机构超过75%。存款增长乏力，农村市场信贷需求较旺，导致地方法人机构存贷比指标走高。下阶段法人机构存款增长仍会比较困难，存贷比指标仍会是法人机构特别是农信机构贷款投放的主要制约因素。2014年11月，国务院常务会议已明确要求增加存贷比指标弹性，目前各法人机构都已执行弹性存贷比指标，农信机构年中最高可达到83%，但年末仍需下降到75%。

创造条件支持地方法人机构加大贷款投放力度，是2015年货币信贷工作的一项重点。法人机构自身要积极拓展资金来源。中国人民银行将通过再贷款、再贴现、支持发行小微企业和"三农"专项金融债、争取发行大额存单等措施给予支持。同时建议突出地方法人机构存贷主业，抓紧完善存贷比监管政策，提高存贷比监管指标。

区域分布方面，市区信贷投放继续下降，且降幅扩大；各县（市）除瑞安外都有不同幅度增长。12月末，市区贷款余额3700亿元，同比下降2.4%，比年初减少92亿元，同比多减46亿元；瑞安市贷款余额946亿元，同比下降2.0%，比年初减少19亿元，同比少增53亿元。

（三）存款增长回落波动幅度收窄

12月末，全市本外币各项存款余额8309亿元，比年初增加214亿元，同比增长2.6%，分别比全国、全省平均水平低7.0个和3.7个百分点。自2011年金融风波发生以来，银行存款增量与贷款增长同步回落，近三年增量只是2009～2011年三年增量的23.3%，其中2012年增加199亿元，2013年350亿元，2014年214亿元。同时，2014年9月，监管部门出台商业银行存款偏离度管理政策，有效约束了商业银行存款"冲时点"行为，月末买存款现象退潮，导致第四季度全市存款增长波动收窄，趋势明显平滑得多。

2014年单位和个人存款都有不同程度的回落。12月末，全市企业存款余额2059亿元，比年初减少190亿元，比上年多减26亿元。个人存款余额4386亿元，比年初增加131亿元，比上年少增170亿元。财政性存款余额179亿元，比年初增加32亿元，比上年多增29亿元。财政性存款在9月末一度增加达121亿元，我们在第三季度有过专题分析，认为主要是财政支出下滑造成的。12月，财政支出大幅增加，年中"大肚子"的财政存款已基本消化完成。

全市存款增速放缓的原因，一是随着利率市场化的推进，货币市场基金、银行理财、私募基金和P2P业务等快速发展，以差异化且高于存款利率的预期收益吸引储户或投资者闲置资金，分流存款效应日益显著。以银行理财为例，2012~2014年，全市银行理财产品余额分别为613亿元、1073亿元和1489亿元，呈快速增长态势。二是贷款投放持续萎缩导致派生存款下降，且经济增速放缓背景下，企业货款回款放慢，企业存款减少。三是在下半年股市加速上扬和财富效应的带动下，证券交易净流入资金和开户数快速攀升，全年股市资金净流入163亿元，比上年增加20亿元，分流部分银行存款。

专栏3　金融机构存款口径调整影响

2015年1月13日，人民银行决定调整金融机构存贷款统计口径，把证券及交易结算类存放、银行业非存款类存放、SPV存放、其他金融机构存放及境外金融机构存放等纳入各项存款口径。据统计，2014年12月此类存款余额为322亿元，其中境内特殊目的载体存放（主要是商业银行表外理财、资金信托计划、证券公司资产管理计划、保险公司资产管理计划、证券投资基金等）为276亿元，占86%；证券业金融机构存放（主要为证券及期货）为45亿元；银行业非存款类金融机构（主要是信托公司存放）为1亿元。分机构看，主要是民生银行180亿元、温州银行117亿元、平安银行12亿

元、浙商银行 9 亿元等。

存款口径调整后，全市增加的存款占年末存款余额的 3.87%。而且这部分存款目前不缴存款准备金，可增加银行流动性。地方法人银行机构中，农信系统仅有此类存款 8800 万元，影响不大。温州银行全法人有 117 亿元，统计口径调整后，估计年末存贷比可从 71% 下降到 62%，降低 9 个百分点，按扩大后存贷比 70% 测算，理论上可释放信贷额度约 74 亿元。

（四）银行经营效益持续下滑

2014 年，银行业金融机构税前利润亏损 25 亿元，净利润亏损 39 亿元，全市年度亏损是首次发生的。分机构来看，不同类型银行机构的赢利状况分化明显。不良贷款率较高的全国性股份制商业银行利润大幅下滑，2014 年全市全国性股份制银行亏损 138.1 亿元（2013 年亏损 52.1 亿元）。城商行分支行亏损 0.8 亿元（2013 年亏损 0.4 亿元）。四大国有银行利润增长较快，实现净利润 64.4 亿元，比上年增长 26.9%。地方法人银行机构利润快速增长，实现净利润 31.8 亿元，比上年增长 59.8%。

银行经营亏损的原因，首先，信贷资产质量明显下滑，计提风险损失准备大幅增长，严重侵蚀利润。2012～2014 年，银行业资产减值损失快速上升，分别为 107 亿元、169 亿元和 223 亿元。同时，拨备覆盖率也逐年提高，三个年份年末的银行业拨备覆盖率分别为 89.5%、100.8% 和 124.2%，但仍低于银监会规定的 150% 的审慎要求。其次，存贷款利差收窄也是利润下滑的原因之一。一方面，在利率市场化逐步推进的背景下，互联网金融与银行理财产品快速发展，对存款的替代作用逐步增强，银行资金成本上升；另一方面，信贷有效需求疲软，银行贷款利率平均水平逐步下移，12 月全市金融机构贷款加权平均利率为 7.26%，比年初降低 0.55 个百分点，导致存贷款利差收窄。2014 年全市银行业利息收支差额为 292 亿元，比上年下降 4.6%。此外，银行贷款增速放缓、业务拓展压力加大等也制约利润增长。

为缓解银行经营效益下降压力，部分金融机构加大对中间业务和股权投资等方面的投入，中间业务收入增长平稳，投资收益快速增长。2014 年，全市银行业中间业务收入为 45 亿元，比上年增长 7.0%；中间业务收入占比为 15.8%，比上年提高 1.3 个百分点，近三年来逐年上升。2014 年，全市银行投资收益 20 亿元，比上年增长 199.7%。

二　2014年温州市货币政策执行情况

2014 年，认真贯彻实施稳健货币政策，增强政策指导的灵活性、主动性，结合金融改革、风险处置和普惠金融服务，落实各项"微刺激"政策，发挥货币政策工具的定向支持作用，引导金融机构特别是地方法人银行机构加大对经济转型升级的信贷支持，改善金融服务。

（一）加强法人机构合意贷款管理

采取加强政策解释、日常监测、双向沟通，及时根据合意贷款政策变化，加强督促、强化落实，确保合意贷款政策执行到位。全年全市法人机构贷款比年初新增 197.1 亿元，占上级行下达合意贷款的 98.6%。

（二）落实定向降准及准备金优惠政策

2014 年共对 7 家机构实行定向降准优惠政策，对 4 家改制的农商行实施延期缴纳存款准备金的支持政策。对新增存款用于当地比例考核达标的 10 家法人金融机构执行优惠 1 个百分点的准备金率。

（三）开展合格审慎评估，推动利率市场化

全市共有 6 家农商行通过 2014 年度合格审慎评估，获得同业存单发行资格，占全省的 1/4，2014 年 6 家农商行成功发行 21.3 亿元。及时落实上级行利率调整政策，开展银行机构利率定价评估，着力缓解企业融资成本过高问题。

（四）争取再贷款额度，加大再贷款支持

2014 年末再贷款余额 25.6 亿元，同比增加 5.6 亿元，创历史新高。积极推广再贴现业务，2014 年末再贴现余额 2.5 亿元，全年累计为 11 家银行办理再贴现 3.1 亿元。

（五）强化房地产信贷管理

认真做好房地产新政贯彻落实工作，召开政策通报会、座谈会。通过行长联席会议、约谈等方式加强窗口指导，强力推动首套房政策落实，要求各金融机构从维护区域金融稳定的大局出发，切实贯彻落实 2014 年 9 月底出台的住房信贷政策，特别是建议地方法人银行机构积极履行社会责任，对居民首套房实行 9 折优惠利率或基准利率。

（六）发展直接债务融资

推动辖内企业直接债务融资工具发行增量扩面。2014 年共注册 177.1 亿元，发行 120.5 亿元。全国首单地市级 36 亿元保障房私募债成功发行。鹿城农商银行发行 10 亿元小微企业专项金融债，龙湾农商银行 4.5 亿元资产证券化项目已获中国人民银行总行批复。

专栏 4　社会融资成本变化情况

2014 年，社会融资成本总体趋降。银行贷款、票据贴现和民间借贷利率等都趋于下降，但企业直接债务融资成本略有上升。中小企业"融资贵"问题有所缓解，统计局公布的规模以上工业企业财务费用下降 1%。

12 月，全市银行贷款加权平均利率为 7.26%，比 1 月下降 0.56 个百分点，比 2012 年阶段性高点 8.88% 下降 1.62 个百分点。近三年的总体走势是逐步降低。但横向比较看，12 月仍比全省平均水平高 0.25 个百分点。客户结构上，个人贷款平均利率 8.45%，企业贷款平均利率 6.80%。从贷款机构比较看，国有银行、股份制银行、城商行和地方法人银行机构平均贷款利率依次递增，分别为6.36%、6.89%、8.24%和9.39%。

票据市场贴现利率下降幅度较大。12月银行票据贴现利率为5.57%，比1月下降1.78个百分点，比2012年阶段性高点9.38%下降3.81个百分点。票据贴现利率受金融市场流动性和票据融资规模等因素影响较大，2013~2014年表外票据融资规模下降209亿元，导致贴现需求明显下降。

民间借贷市场利率略为走低。据地方金融管理部门统计，12月民间借贷市场综合利率为19.68%，同比下降0.23个百分点，近三年来也是逐步走低，但幅度不大。民间借贷服务中心登记的平均利率为20.14%，社会直接借贷监测到的平均利率为17.10%。

企业直接债务融资成本有所上升。2014年企业发债加权平均利率为7.05%，比2013年高0.77个百分点，这主要是因为发债主体信用评级不够高，要让市场接受需要一定的溢价。其中，短期融资债利率6.07%，中期票据融资利率6.81%，非公开定向债利率7.72%。发债规模较大的国有企业的发债融资利率低于民营企业，两者加权平均利率分别为6.94%和7.24%。

三 2014年温州市金融市场运行情况

2014年，金融市场运行总体平稳。证券市场交易比较活跃，保险市场业务稳步增长，国际收支和结售汇回落，民间借贷市场利率下降。

（一）股票市场交易活跃

2014年，沪深股市指数和成交量双双走高，年末上证指数报收3234点，全年涨幅高达52.9%，创2010年以来最大年涨幅。在股市财富效应的驱动下，股民投资热情高涨，市场交易活跃。股票交易主要呈现以下特点：一是持有股票市值增加。12月末，股民持有股票市值为1015亿元，同比增长56.5%。二是成交量放大。2014年累计证券交易14660亿元，增长72.5%。三是资金净流入量大幅增加。全年资金净流入量163亿元，增长

244.3%，其中资金流入和流出分别为 2045 亿元和 1882 亿元。四是开户数上升。全年股市新增开户数为 6.89 万户，比上年增长 119.2%。此外，城镇储户问卷调查显示，下半年股票投资占比为 7.6%，比上半年回升 1.7 个百分点。

目前共有境内外上市公司 14 家，其中上交所上市公司 4 家，深交所中小板 5 家，创业板 4 家，美国纳斯达克 1 家。2014 年新增电光科技和迦南科技 2 家上市公司，共融资 4.83 亿元。全部 14 家上市公司融资总额 187.18 亿元，其中首发融资 129.08 亿元，再融资 30.1 亿元，公司债 28 亿元。

（二）保险业务增长平稳

2014 年全市保险业原保险保费收入 145 亿元，比上年增长 10.4%，规模居全省第三位。其中财产险保费收入 63 亿元，增长 15.7%；寿险保费收入 82 亿元，增长 6.6%。2014 年末，温州保险总资产 329 亿元，比年初增加 44 亿元。保险服务实体经济作用更加突出，小额贷款保证保险实现保费收入 281 万元，提供风险保险贷款 2.3 亿元；保险资金投资商业不动产 25.1 亿元；保单质押贷款余额 23.1 亿元；五年以上协议存款金额 71.9 亿元。此外，保险服务"三农"的水平稳步提升。全市政策性农业保险保费收入 6596 万元，提供风险保障 109.7 亿元；政策性农房保险保费收入 2254 万元，提供风险保障 340.4 亿元。

（三）外汇市场总量回落

受世界经济总体复苏乏力和欧元汇率走低影响，2014 年外汇收支和结售汇双双回落。全年涉外收支总额 412 亿美元，比上年下降 3.6%。其中外汇收入 306 亿美元，下降 3.0%；外汇支出 105 亿美元，下降 1.3%；收支顺差 201 亿美元，下降 3.9%。全市结售汇总额 260 亿美元，比上年下降 10.3%。其中，结汇 222 亿美元，下降 8.0%；售汇 38 亿元美元，下降 21.8%；结售汇顺差 184 亿美元，下降 4.5%。

跨境人民币业务增长较快。2014 年全市跨境人民币实际收付总量 521

亿元，比上年增长 45.0%。跨境人民币资本项目取得新进展，实际引入外资 11.3 亿元，其中资本金 3.5 亿元，外债 7.8 亿元。探索开展个人跨境人民币结算业务，2014 年累计办理个人跨境人民币结算总额 12504 万元。

（四）民间借贷有所规范

《温州市民间融资管理条例》于 2014 年 3 月开始实施，该条例在促使民间借贷规范化、阳光化方面起到了一定作用。据市金融办统计，至 2014 年末全市民间借贷备案总额超 93 亿元。14 家企业发起募集企业定向债券融资、定向集合资金 7.82 亿元。条例引导民间资本进入实体经济，有利于借贷利率向合理水平回归。12 月末，温州地区民间融资综合利率为 19.68%，近三年来总体呈稳步回落态势。

专栏5　新型金融组织及类组织在金融危机中的表现

温州金融危机发生后，社会信用遭到破坏，传统民间金融陷入低谷，新型金融组织和类组织发展也遇到挫折。在金融危机中，这些组织机构未能充分发挥对小微经济金融服务的拾漏补遗作用。村镇银行、小额贷款公司、融资性担保公司的情况如下。

（1）村镇银行业务发展遭遇瓶颈。作为新型农村金融机构，村镇银行服务功能定位是为"三农"、小微经济服务。温州目前共有 7 家村镇银行，2014 年末全市村镇银行存款余额 56.18 亿元，比年初减少 5.74 亿元；贷款余额 73.36 亿元，比年初仅增加 0.18 亿元。贷款少增，主要是面临的市场风险加大，少数机构不良贷款率已经上升。村镇银行从控制风险角度出发，收缩业务，只做抵押贷款，减少信贷增长。

（2）小额贷款公司压贷、减资。全市目前 45 家小额贷款公司，2014 年末贷款余额为 130 亿元，比年初减少 12 亿元。由于经营压力增加，小额贷款公司从以发放贷款为主转为清收不良贷款为主。而且由于资金回报率下降，目前股东减资意愿明显。全市有 14 家小额贷款公司近期有减资计划，且 2014 年底已有 2 家小额贷款公司减资。只有 2 家成立不久的小额贷款公

司希望向银行融资。

（3）融资性担保公司机构和业务双降。目前全市持有融资担保许可证的担保公司 32 家，比上年减少 6 家，比 2011 年减少 20 家。此外原有 120 多家非融资性担保公司绝大部分倒闭。年末全部担保余额 51 亿元，比上年减少 7 亿元，比 2011 年高峰时减少 50 多亿元，而且担保余额中多是难以退保的滞留贷款。担保公司在风波中损失惨重，账面利润仅 55 万元，比上年下降 92%。

四 2015 年形势预判和政策导向

（一）国内外形势与经济金融发展趋势

科学认识当前形势，准确判断未来走势，是做好各项工作的基础。2013 年底召开的中央经济工作会议和 2014 年初召开的人民银行工作会议，对今后一个时期的宏观形势都做了科学分析和准确判断。温州作为市场经济先发地区，较早遇到转型的阵痛，2015 年将继续面临挑战，也存在新的机遇。

从国际环境看，世界经济在缓慢复苏过程中日益分化，不确定因素增多。归纳起来，世界经济呈现以下主要特点：一是复苏态势总体仍显疲弱。根据 IMF2014 年 1 月预测，全球经济 2014 年与 2015 年两年的经济增速分别为 3.5% 和 3.7%，均较上年 10 月预测下降了 0.3 个百分点。二是主要经济体央行货币政策立场趋于分化。美联储和英格兰银行的货币政策逐步回归常态，但日本央行和欧洲央行则采取非常规措施来刺激经济。各主要央行不再遵循一致的利率周期，全球宏观经济政策协调更加困难。三是不确定因素仍然较多。国际金融市场波动加剧，大宗商品特别是油价持续下跌，乌克兰等地缘政治事件可能进一步演化。上述因素都将对我国经济金融运行产生复杂影响。

从国内环境看，新常态下经济发展的机遇与挑战并存，但机遇大于挑战。2014 年，我国人均 GDP 突破了 7000 美元，已进入跨越中等收入陷阱和改革攻坚的关键阶段。2015 年的困难和挑战主要是"三期叠加"影响还在延续，经济下行压力依然较大，对稳增长具有关键作用的投资增速回落，房地产市场调整影响仍将持续，产能过剩矛盾仍较突出，大量经济转轨中的体制机制改革有待深化，区域性金融风险上升，既要稳增长，又要调结构，难度很大。另外，经济新常态更多的是蕴含着新机遇、孕育着新动力，我国经济仍然具有巨大的韧性、潜力和回旋余地。2014 年经济增速 7.4% 虽然略低于预期，但在世界主要经济体中仍是最高的，就业和物价水平也基本平稳，结构调整出现积极变化，增长动力更为多元化。应该说，这都为 2015 年经济保持平稳健康发展打下了更坚实的基础。

结构调整和转型升级压力不小，经济金融发展环境面临深刻转变。温州比全国更早进入调整期，2015 年温州经济运行仍将在低位徘徊，增长新引擎暂难确立，发展仍有压力。基础设施建设欠账、产业转型升级滞后、新生发展动力不足等问题仍将困扰温州。一方面是经济增长内生动力不足。传统行业产能过剩问题突出，支柱产业发展乏力；而网络经济、时尚产业等新兴产业培育尚待时日，短期内难以替代传统产业。另一方面是提振需求难度较大。外需不确定性将影响出口市场，特别是第一大外贸出口市场的欧元区经济陷入持续低增长与低通胀状态，会有不利影响。投资需求的拉动力也在逐年下降，而且政策刺激效应可能减弱。房地产市场调控政策已基本全面退出，通过放松调控政策正面刺激房地产市场已无空间。政府高投资也会因为地方政府债务管理加强而难以继续。

2015 年金融运行仍难摆脱增长低迷、风险高发局面。一是金融风险处置压力仍然不小。目前积压的关注类贷款会部分转为不良贷款，继续带来金融风险压力，2015 年不良率不会明显好转，而且新发生的不良贷款可能向小微企业扩散。二是信贷市场有效需求可能继续维持低位。在经济增速放缓的背景下，企业经营与投资规模收缩，抵押资产缩水、担保关系难以维持，信贷有效需求将持续疲软。三是上级行授信限权影响信贷拓展能力，风险损失追责制度的落实等，使基层信贷人员产生"恐贷""慎贷"心理，强化了信贷紧缩趋势。因此，2015 年温州金融运行仍将处于信贷增长低谷、不良

资产居高难下的境况，如果没有强有力的政策支持，贷款增加很难超过200亿元。

（二）2015年稳健货币政策的主要内涵

从2011年开始，我国已经连续5年实施稳健的货币政策，但随着我国经济发展进入新常态，同样是稳健的货币政策，内涵却不尽相同，调控方式方法也在不断创新。根据中央经济工作会议、人民银行工作会议精神，2015年要保持宏观政策的连续性和稳定性，继续实施稳健的货币政策。我们认为，2015年稳健货币政策的主要内涵，可以概括为"一个保持，四个更加注重"。"一个保持"就是继续保持稳健的货币政策取向，引导货币信贷总量平稳适度增长，不宜有大的波动。2015年M2预期增长12％左右，这是稳健货币政策的预期目标，也是一个与预期经济增速和物价调控目标基本匹配的水平，有利于继续保持中性适度的货币环境。"四个更加注重"，一是更加注重松紧适度，适时适度预调微调；二是更加注重定向调控，加大支持经济结构调整的力度；三是更加注重改革创新，提高金融资源配置的效率和宏观调控的有效性；四是更加注重风险防范，切实守住不发生区域性、系统性金融风险底线。这些稳健货币政策的内涵给我们提出了更高的工作要求。

五 认真做好2015年货币信贷工作

2015年是全面深化改革的关键之年，是全面推进依法治国的开局之年，是"十二五"规划收官之年，也是温州扭转金融风波后续影响的关键之年。全市金融机构要牢牢把握新常态下金融工作的新要求，凝聚温州金融业发展新动力，打造新优势，推动温州经济在新常态中迈上提质增效新台阶。

（一）全力保持金融总量平稳适度增长

贷款少增和不良高企是当前金融运行主要矛盾。各全国性银行分支行要高度重视并研究解决温州贷款少增甚至负增长问题，积极实施逆周期的金融服务和信贷支持措施。各法人银行机构要根据核定的合意贷款规模和本行资金状况，加快信贷投放进度；要及时落实有关货币政策调整的要求，并及时反馈情况。中心支行将积极争取增加合意贷款规模和再贷款额度，支持地方法人银行机构增加贷款投放，推动发行小微企业金融债、"三农"金融债，推进信贷资产证券化。继续提高辖内金融机构和企业对发行债务融资工具的认知度，为政府项目、国资公司和民营企业发债做好服务协调，进一步拓宽融资渠道。

（二）积极转变信贷投向结构

各金融机构要围绕"五化战略""五水共治""五一○产业培育""三改一拆""十大举措"等重点领域，突出转方式调结构要求，优化信贷结构，更有针对性地助推经济结构调整和转型升级。要积极支持扩大有效投资和重点项目建设，扎实做好创新驱动发展战略的金融服务工作，进一步推进普惠金融服务创新，更大幅度地缓解融资难、融资贵问题。要区别对待、有保有压，做好化解产能过剩矛盾的金融服务工作，对属于淘汰落后产能的企业，实行信贷有序退出，严禁对产能严重过剩行业违规建设项目提供任何形式的新增授信和直接融资。中心支行将改进信贷政策实施方式和评估机制，创新信贷政策调控工具，支持经济结构调整和转型升级。

（三）切实降低社会融资成本

各银行机构要认真执行利率政策及有关管理规定，提高利率定价管理水平，切实缓解融资贵问题。要贯彻《国务院办公厅关于多措并举着力缓解企业融资成本高问题的指导意见》，提高利率定价的规范性和透明度，合理确定存贷款利率，逐步降低社会融资成本。地方法人银行机构要根据政策要求，合理确定运用再贷款资金发放的涉农、小微企业贷款的利率。要按照合格审慎评估要求，进一步加强定价机制、内部资金转移定价系统和定价信息系统建设，提高定价能力。已成为市场利率定价自律机制成员的机构，要积极参与同业存单发行交易，做好大额存单发行的相关准备工作。

（四）不断深化金融综合改革

正确处理好金融发展、化解风险与金融改革的关系，把金融风险防控、处置方面的创新纳入金融改革，同步推进金融风险处置和改革创新。各银行机构要配合地方政府构建政府增信机制，积极探索不良资产证券化。地方法人机构要切实加强流动性监测与管理，重点关注存款保险制度实施、财政体制改革特别是财政性存款招投标政策对本行流动性的影响，确保不发生流动性问题。中心支行将争取率先试点面向企业和个人的大额存单业务，继续探索发挥征信中心温州分中心功能，培育主要从事网络支付业务的第三方支付机构，加快个人本外币兑换特许机构业务试点等。

（五）加快推进贸易投资便利化

各金融机构抓住人民币国际化步伐加快的有利时机，进一步推进人民币跨境使用，便利对外贸易投资。积极开展外商人民币直接投资业务和跨境人民币贸易融资，支持符合条件的企业到境外发行人民币债券，降低企业融资成本，促进境外人民币回流。鼓励个人通过特殊目的公司开展境外投资。深化外商投资企业资本金意愿结汇试点、跨国公司本外币资金集中运营试点等。争取试点外债按资本金比例管理政策，支持企业有序引入境外低成本资金。坚持业务开展和风险防范并重，加强对转口贸易、贸易融资等业务的真实性审核和 NRA 账户管理，加强涉外金融的监测、监管和反洗钱监控。

（六）切实支持房地产市场平稳发展

温州房地产走势与金融风险密切相关，稳定房价对维护地区金融稳定至关重要。各银行机构要切实落实 2014 年 9 月底出台的住房信贷政策，特别是要执行好首套房贷款的首付比例、利率等优惠政策。对于在 2015 年第一季度仍未落实相关房地产信贷政策要求的银行，中心支行将切实采取相应的督促、惩戒措施。同时，将建议市政府控制好土地供应总量和节奏，进一步完善房地产收储和财税政策，确保温州房地产市场基本稳定。

2014年温州市区住房市场运行形势分析及展望

金 瓯*

摘　要：　2014年温州市区商品住宅用地、新建商品住房、二手住房的交易量以及价格同比均有所下降，但随着调控政策的调整，下半年的市场出现了亮点：商品住房成交量环比增加，新建商品住房库存量环比下降，住房存量的去化时间缩短。2015年温州市区商品住房市场的去库存压力仍然较大，但是在去行政化和渐宽松的政策环境下，2014年下半年以来高成交量的态势仍将持续，需求的释放会促使商品房价格下行的空间收窄并趋向稳定。

关键词：　温州　房地产　住房市场

　　2014年温州市区住房市场运行与我们年初报告预测的结论一致：市场去库存的压力较大，以消费为特征的市场未能及时消化这些供应量，商品房价格出现一定幅度的下降。2014年是五年来政府的房地产调控政策发生方向性变化的第一年，下半年的市场随之出现了一些亮点：商品住房成交量环比增加，新建商品住房库存量环比下降，住房存量的去化时间缩短。2015年，温州市区商品住房市场的去库存压力仍然较大，商品房价格戏剧性反弹的可能性几乎不

---

* 金瓯，中共温州市委党校副教授。

存在；在去行政化和日渐宽松的政策环境下，2014 年下半年高成交量的态势仍将持续至 2015 年，需求的释放会促使商品房价格下行的空间收窄并趋向稳定。

一　温州市房地产市场运行概况：房地产开发投资回升，商品房销售量以及房地产各贷款指标同比增加

2014 年温州市房地产开发投资 808.88 元，同比增长 10.1%，增幅同比增加 4.3 个百分点。① 但是保障性住房开发投资相对减少，总额为 92.21 亿元，除去城中村改造开发投资的 64 亿元，保障性住房占房地产开发投资的比例为 3.49%，比上年下降 3.1 个百分点。② 房地产投资占固定资产投资比重为 26.5%，比值同比回落 1.6 个百分点。

2014 年温州市房屋施工面积为 4672.84 万平方米，同比增长 10.2%；房屋竣工面积为 539.99 万平方米，同比增长 47.1%；商品房销售面积 420.17 万平方米，同比增长 20.1%。③

2014 年 12 月末，温州市金融机构房地产本外币贷款余额 1034.7 亿元，同比增长 16.25%，其中，房地产开发贷款 186.3 亿元，同比增长 28.48%；购房贷款 848.4 亿元，同比增长 13.88%。④ 2014 年 12 月末，全市住房公积金贷款余额达 218.45 亿元，同比增长 24.83%。

二　温州市区住房市场运行基本情况

1. 住宅用地成交面积同比减少56.44%

2014 年温州市区出让土地 42 宗（商服及商品住房用地），成功出让土

---

① 数据来自《温州市统计月报》。
② 文中市区房屋交易的相关数据均来自温州市住房建设委员会。
③ 数据来自《温州市统计月报》。
④ 文中全市金融机构住房贷款相关数据均来自中国人民银行温州市中心支行。

地30宗，合计1376.44亩，同比减少56.44%，其中商品住宅用地14宗，合计741.5亩，同比减少51.54%。住宅用地在鹿城区、瓯海区、龙湾区及经济技术开发区的分布比例分别为50.1%、19.4%、27.4%和3.1%。商品住宅用地总体成交价格较前两年有所降低，2012~2014年平均起拍价格为1051万元/亩、1032万元/亩和735万元/亩，2012~2014年平均成交价格为1091万元/亩、1090万元/亩和768万元/亩。

2. 商品房供应量及成交量同比减少，环比增加，年末存量创新高

2014年市区住房供应量及成交量同比减少，年末存量创新高。2014年温州市区预售商品房188.71万平方米，同比增长22.48%，其中新建商品住宅136万平方米，同比减少3.92%，住宅的比重达到72.34%，较2013年下降19个百分点。2014年温州市区新建商品住房成交面积及金额为104.76万平方米和204.37亿元，同比分别减少10.64%和23.02%。鹿城区、龙湾区、瓯海区及经济技术开发区，其预售商品住宅面积占市区预售量的比重分别为25.95%、22.6%、43.93%和7.35%，其成交面积占市区成交量的比重分别为28.69%、24.88%、36.91%和9.56%，因此，瓯海区新建商品住房的去化率相对低一些。截至2014年12月31日温州市区可供销售的新建商品房共有251万平方米，同比增长36.68%，其中住宅为148.91万平方米，同比增长35.93%，存量创历史新高。

虽然2014年市区住房成交总量同比下降，但是各月成交量环比增加，特别是下半年成交量较上半年有较大幅度回升，主要源于各项相关政策的调整带动了住房交易。从新建商品住房的成交情况看，四个季度的月均成交量分别为565套、456套、784套和1206套，第三季度和第四季度的环比涨幅分别达到71.93%和53.83%。虽然2014年末市区新建商品住房存量同比依然处于历史高位，但是第四季度末较第三季度末环比下降（见图1）。住房交易的回升也反映在住房贷款的发放上，个人住房商业贷款上半年同比下降30%，下半年同比持平，个人住房公积金贷款上半年同比下降21%，下半年同比增长11%。

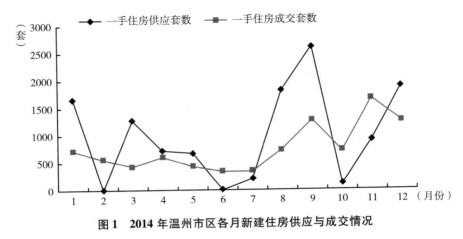

图1　2014 年温州市区各月新建住房供应与成交情况

3. 二手住房成交量同比下降、环比增加，住房交易集中于鹿城区

2014 年温州市区二手住房成交量同比下降、环比增加。成交面积及金额分别为 148.62 万平方米和 152.37 亿元，同比分别下降 6.96% 和 20.6%。四个季度的成交量分别为 955 套、1135 套、1232 套和 1415 套，环比分别增加 0、18.85%、8.55% 和 14.85%，主要源于各项相关政策的调整带动了住房交易（见图2）。

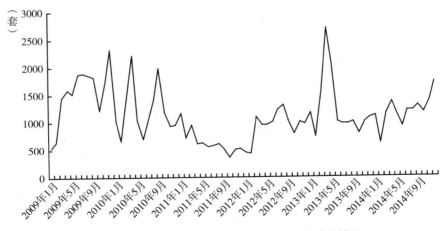

图2　2009～2014 年温州市区各月二手住房成交情况

市区二手住房成交量在各个区域的分布非均衡。2014 年温州市区二手住房成交面积在鹿城区、龙湾区、瓯海区及经济技术开发区的分布分别为73.75%、10.38%、14.83%和1.05%，主要源于公共资源在各个区域配置的非均衡。鹿城区的二手住房成交面积是市区新建商品住房成交面积的1.04 倍，市区二手住房成交量也就较大幅度地超过新建商品住房成交量，两者比值为1.42。公共资源配置的非均衡较大程度地导致了相对高比例的二手住房交易以及二手住房交易在各个区域分布的非均衡。

4. 市场以消费需求为主，成交的住房以中小套型为主

市场需求包括消费需求和投资需求，投资需求将房屋视为投资品，用于增值获利；消费需求将房屋视为消费品，用于自住。消费需求主要包括以下三类：一是不断增加的各类城镇人口产生的需求；二是子女入学、结婚等客观情况产生的需求；三是以改善生活为目的的需求，比如：旧房换新房，小套换大套等。

市场以消费需求为主。2014 年温州市个人住房贷款的发放额中，不高于基准利率的贷款发放额[①]占比 92.05%，与 2013 年相当，较 2011 年、2012 年同期分别提高31 个与9 个百分点。[②] 一方面，这个数据反映了绝大多数贷款用于首套房的消费；另一方面，在经历了实体经济与民间借贷的危机后，不借助贷款而试图利用自有资金买房以达投资获利目的的可能性已经微乎其微。因此，个人住房贷款利率的情况在一定程度上反映了以消费需求

---

① 目前，个人购买首套房的贷款利率不高于基准利率，购买第二套房的按揭贷款利率不低于基准利率的1.1 倍。

② 二套房贷款利率明确为"不低于基准利率的1.1 倍"，始于2007 年9 月的央行和银监会共同发布的文件，但2008 年12 月国务院办公厅《关于促进房地产市场健康发展的若干意见》提出"申请贷款购买第二套用于改善居住条件的普通自住房的居民，可比照执行首次贷款购买普通自住房的优惠政策。对其他贷款购买第二套及以上住房的，贷款利率等由商业银行在基准利率基础上按风险合理确定。对符合条件的第二套普通自住房购买者，比照执行首次贷款购买普通自住房的优惠政策"，2009 年多地放开了二套房政策，规定二套房购买利率比照首套房执行。直到2010 年4 月国务院"国十条"又提出"对贷款购买第二套住房的家庭……贷款利率不得低于基准利率的1.1 倍"，该项政策延续至今。因此，2011 ~ 2014 年房贷利率政策有可比性。

为主的市场特征。

成交的住房以中小套型为主。2014 年成交的住房中①，144 平方米以下户型占总成交套数的 83.48%，较 2013 年降低 1.5 个百分点，主要是限购限贷等政策的调整一定程度上释放了对大套型住房的需求。成交的新建商品住房中，100 平方米以下户型、100～144 平方米以及 144 平方米以上户型占成交套数的比重分别为 50.91%、33.82% 以及 15.27%，其中 144 平方米以下户型的比重较 2013 年降低 4 个百分点，144 平方米以上户型的比重较 2013 年提高 4 个百分点。成交的二手住房中，100 平方米以下户型、100～144 平方米以及 144 平方米以上户型占成交套数的比重分别为 56.48%、26.64% 以及 16.89%，与 2013 年同期基本一致。

5. 新建商品住房年均价同比下降13.78%，二手住房年末价格总体上较年初下降约15%

根据温州市房管局的统计资料，2014 年温州市区商品住宅平均价格为 19508 元/平方米，较 2013 年下降 13.78%。2009 年至今，市区商品住宅平均价格走势呈现倒"U"字形，价格最高点是 2011 年，之后回落，目前的价格已经低于 2009 年的 22042 元/平方米。根据对市区房产中介机构的不完全统计，2014 年末温州市区二手住房价格总体上较年初下降约 15%。2014 年市区法院拍卖的商品住宅约 790 套②，同比增长 13.8%，与成交二手住房的比例为 5.56∶100，较 2013 年③有所提高。拍卖住房的成交价较评估价降低约 20%，降幅较 2013 年的 40% 有所减少，主要源于司法拍卖知名度的提升带来了竞拍人数的增多，需求增加促使价格相对提高。

6. 村中村改造

始于 2012 年的温州市城中村改造④在考核指标的压力下快速推进，取得了相当的成绩，2012～2014 年市区改造项目的竣工面积达 110 万方。但

---

① 包括新建商品住房与二手住房。
② 数据来源：温州市法院系统；数据仅包括经市区法院拍卖的温州市辖区范围的商品住房。
③ 拼套的按一套来计算。2013 市区司法拍卖商品住房与成交二手住房的比例为 4.7∶100。
④ 文中的城中村改造仅指由政府主导的城中村改造。

是城中村改造也出现了很多问题,一方面大量竣工的安置房会冲击商品房市场;另一方面建设过程中出现了种种困境,比如人力、物力以及财力相对不足等,因此2014年温州市政府调整了对城中村改造的考核办法,缩小了城中村改造的考核范围,试图从整体上放缓城中村改造的步伐。2014年温州市区实际完成城中村改造4075户①,较上年降低84.13%。

三 温州市区房地产市场展望

在房地产领域,随着行政调控手段的逐渐退出,市场调控机制将不断完善,而增加住房的持有成本和交易成本将是完善市场调控手段的重要目标之一。

2015年,新建商品住房去库存的压力仍然较大。2014年末温州市区新建商品住房存量已近150万平方米。2006~2013年温州市区新建商品住宅年均销售量近70万平方米,近三年市区新建商品住宅年均销售量为110万平方米,按照这两个数据来去化目前的住宅存量,分别需要25个和16个月。

存量土地可供的220万方商品住宅中至少会有100万方形成2015年的实际供应量。截至2014年末,温州市区已出让土地未来可供商品住宅有220多万方,包括:2013年前出让的土地可供住宅约45万方、2013年出让的土地可供住宅近80万方、2014年出让的土地可供住宅约95万方。可供商品住宅将有一部分形成2014年的实际供应量。2013年以前出让的土地,项目在投资开发周期内经历了政策环境骤然的、反向的变化②,面临着比如产品结构难以短期内调整、楼面价过高缺乏市场竞争力等问题而不得不放缓上市节奏,特别是2010年及以前出让的土地。2013年前出让土地可供的住宅约45万方中,近30%是尾盘项目,将有较大可能于2015年上市,其余在短期内上市的困难较大。2013年和2014年的项目投资开发过程均已处于

---

① 按城中村考核办法折算后的农户数。

② 2009年的房地产调控旨在鼓励住宅消费,但是2010年的房地产调控旨在限制住宅消费,出台了包括限贷在内的一系列政策,政策形成实际影响大约是2010年第四季度,2011年出台了限购政策。

相对稳定的政策环境中，市场预期明确，缩短开发周期是降低成本和加速资金周转的最有效手段。比如：全年新开盘的项目中从土地竞拍到项目开盘不超过 12 个月的项目占比，2011 为 8.25%，2012 年为 34.65%，2013 年为 63.08%，2014 年为 60.3%①，因此 2013 年和 2014 年出让的项目仍会延续这一节奏。2013 年出让土地可供的住宅 229 万方，其中的 25% 和 40% 已于 2013 年和 2014 年上市，其余 35% 将有较大可能于 2015 年上市；2014 年出让土地可供的住宅 118 万方，其中的 20% 已于 2014 年完成上市，将于 2015 年上市的规模不会小于 2014 年，那么两者合计至少 100 万方。因此，存量土地可供的 220 万方商品住宅，至少将有 100 万方形成 2015 年的实际供应量。

除了存量土地，2015 年新增住宅用地也将于当年形成住宅的实际供应量。2015 年第一季度商品住宅用地出让计划为 269 亩，去行政化和渐宽松的政策环境下，土地市场可能逐渐回暖，大部分土地可能成功出让。根据 2014 年住宅用地的平均容积率 2.4 来计算，将形成约 40 万方的住宅，这些项目也将延续"加速开发"的节奏，大部分可能将于 2015 年上市。因此，库存压力可能进一步增加，以消费为特征的市场未必能及时消化这些供应量，新建商品住房"以价换量"的模式仍然可能持续。

大量竣工的安置房项目将加大去库存的压力。2011 年以来，政府主导的各类安置房项目大量推进，虽然 2014 年温州市政府放缓了新增项目的推进速度，但是存量项目仍将迎来竣工的高峰期。温州市区范围内竣工的安置房数量：2014 年 1 ~ 10 月约 7000 套、2015 年约 28000 套、2016 年约 32000 套。这些安置房在解决安置户自住需求包括农民的城镇化的住房需求后必然有一部分进入市场，不可避免地会产生"未来住房供应量充裕"的预期，加大商品房市场去库存的压力。

在去行政化和渐宽松的政策环境下，部分被抑制的市场需求会逐渐释放。中央及地方性政策的调整还是给房地产市场带来利好的发展空间，政府

---

① 按面积来计算。

对房地产市场的政策走向是去行政化和渐宽松：2014 年 7 月，温州市调整了住房限购政策；2014 年 9 月，央行调整了限贷政策，执行"认贷不认房"政策，并强调了首套房贷款利率 7 折优惠；2014 年 11 月，央行下调人民币存贷款基准利率；2015 年 2 月，央行再次下调金融机构人民币存贷款基准利率。2014 年温州市房贷发放额中，基准利率85%~100%的发放额占比呈现增长的态势，由上半年的 20% 提高至下半年的 40%。政策的调整对重塑市场信心有正面的作用，一定程度上释放了需求。年末商品住房存量的去化时间（分别按当年销量来去化）呈现缩短的态势，2012~2014 年分别为 85 个月、15 个月以及 14 个月；成交量呈现增加的态势，2014 年下半年住房成交量较上半年有了较明显的回升，2015 年 1 月延续了 2014 年末高成交量的态势，环比持平，同比增幅 57.86%①。部分被抑制的市场需求将逐渐释放，短期内高成交量的态势仍将持续。

因此，短期内市场去库存的压力较大，商品房价格反弹的可能性几乎不存在，同时，在去行政化和渐宽松的政策环境下，高成交量的态势仍将持续，部分需求的释放会促使商品房价格下行的空间收窄并趋向稳定。

---

① 2015 年 1 月，新建商品住房和二手住房的面积合计为 32.25 万方；2014 年 1 月，新建商品住房和二手住房的面积合计为 20.43 万方。

社会与文化篇

Social & Cultural Development

B.17

2014年温州社会治安形势分析

黄建春*

摘　要： 2009年以来，温州刑事案件发案数连续五年递减，公共治安环境继续得到改善。近一年来社会治安形势呈现新的变化，因房屋价格下降导致的纠纷数量呈上升态势，打击食药环境类违法行为成为当前公共治安管控的新领域，特定领域的潜在社会不安定因素对公共治安形成较大压力。因此，温州需要在深挖社会联运防控潜力、发挥情报分析预警功能、强化对房地产领域的治安管控等方面下功夫。

关键词： 公共治安　社会治安　温州市

---

* 黄建春，温州市委党校法学教研部副教授。

一 2014年温州社会治安状况

近年来，温州通过深入开展平安建设，社会治安各项指标不断改善，2013年成功实现了平安大市"五连创"。近五年，温州刑事案件发案数下降，民众对社会治安的满意度有所上升，如严重威胁群众安全感的命案一项，就从2010年的160起下降到2013年的77起。2013年共侦破刑事案件2.81万件，侦破命案75起，破案率达97.4%；刑事破案数、刑拘数、抓获逃犯数均居全省第一；打黑除恶、打假、打击食药品犯罪、打四黑除四害、"肃毒害、创平安"等专项行动成效名列全省第一。

（一）社会治安常态

（1）刑事发案数继续下降。2009年以来，温州社会治安环境不断改善，刑事发案数持续下降（见图1）。2013年全市命案和侵财案件发案数均历史性地退居全省第四。温州民众对公共治安的满意度也不断提升。温州市统计局已连续数年开展"温州市民最关注的社会经济热点问题的调查"，调查内容是根据被访居民切身感受，从物价、住房、医疗、教育、养老、社会保障、食品安全、生态环境、社会治安、反腐倡廉等19个方面选出他们感受最强烈的、最关心的问题。调查结果显示，2008年，社会治安被市民选为最关注问题，而2011年、2012年社会治安的关注排名已有所下降，到了2013年、2014年社会治安已跌出市民关注问题的前十名。这一调查数据的变化反映出温州市民对公共治安的安全感和满意度有了一定的提升。

①两抢类案件。2014年温州共受理两抢案件1284起，同比下降48.35%。两抢案件在治安刑事案件中地位比较特殊，它对于民众而言是感受社会治安好坏的一个关键性因素。当前两抢案件从类型上看，主要是拦路抢劫与徒步或飞车抢夺。根据温州市2014年4月的统计数据，拦路抢劫案件30起，占两抢发案数的22.9%；徒步抢夺30起，占两抢发案数的22.9%；飞车抢夺17起，占两抢发案数的12.98%。根据龙湾区2014年5

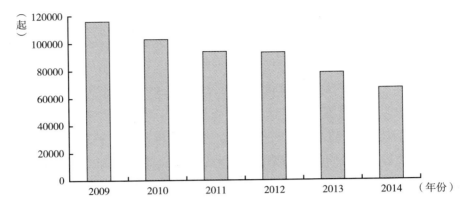

图1　2009～2014年温州刑事案件发案数

月至8月的统计，三个月内全区共发生拦路抢劫案15起，占两抢发案数的29.41%；徒步抢夺案14起，占两抢发案数的27.45%，两者占比之和过半。从发案时间看，两抢案件由于作案工具暴露性较强，往往白天发案较少，主要以夜间为主，高发时段比较集中在晚上19点到0点。龙湾区2014年5月至8月发生于21点到0点时间段的案件有26起，占50.98%。乐清市2014年上半年统计数据显示，两抢案件全天发案高峰值出现在19点到23点，共发案24起，占全天发案量的34.78%。从案发区域看，两抢案件发案的重点区域并不是山间郊外，而是城镇的广场街道。乐清市2014年上半年发生在广场街道的两抢案件共40起，占比为57.97%。苍南县2014年6月、7月的数据显示，广场街道发案13起，占比为54%。

②盗窃类案件。2014年温州盗窃类案件共受理54163起，主要呈现以下特点：一是入户盗窃仍是主要盗窃形式。二是盗窃汽车内财物案件数呈多发态势。随着温州汽车保有量不断增大，特别是在老城区，由于车辆大都停在街边路面过夜，使得作案成本较低，成为外来尤其是刚到温州工作没着落、经济没来源人员的主要选择目标。

③诈骗类案件。2014年温州诈骗类案件虽总量上有所下降，但仍呈高发态势，主要呈现以下特点：一是通信类诈骗和丢件物品诈骗是常见的诈骗形态。根据乐清市2014年上半年数据，通信类诈骗发案462起，占比高达

56.47%。通信类诈骗中有冒充公检法诈骗的、有网络购物诈骗的、有依托收视率高的娱乐类栏目中奖诈骗的。二是受骗者年轻化。根据龙湾区2013年12月至2014年6月的统计，250起通信类诈骗中，网络购物诈骗97起，QQ诈骗65起，支付宝诈骗23起，这些诈骗都是依托网络实现的，此类案件受骗的主要群体是年轻人，这也意味着受骗群体由原先电话诈骗的中老年人群体为主体逐渐向年轻人群体转变。2014年温州市公安部门某一周的诈骗立案数显示，受骗人年龄在21～35岁的共80人，占受骗人总数的56.34%。三是破案率较低。当前诈骗犯罪作案手段日益创新，分工精细化程度高，导致公安部门破案率比较低，更多地只能依托各地强化宣传，特别是针对高危受害群体开展针对性的宣传，提高民众的诈骗防范意识。

（2）温州社会治安整体态势好转与公安部门近几年深挖社会治安联动防控潜力不无关系。2013年温州公安推行了"警灯工程"，即以整合社会防范资源为手段，以屯警街面为抓点，推进和深化社会治安防控网建设，提高治安防控水平。2014年初又创新推行城市治安物联网，实现以卡管人、以卡管车、以卡管房三大目标，从而破解人难管、车难控、案难破的问题。与此同时，社会治安的好转也与社会流动人口减少存在一定关联。据市公安局统计，2013年温州市登记在册的流动人口有338.38万人，比上年末减少55.8万人，下降了14.16%；其中居住半年以上的199.98万人，比2012年末减少12.69万人，下降了3.61%，这在一定程度上也减轻了社会治安管理压力。

（二）社会治安新态势

1. 因房屋价格下降导致的房屋维权纠纷呈增加态势

近年来，在温州整体经济滑坡的大形势下，房价持续下降，一部分购房者出现心理失衡，他们通过寻找房地产开发公司交易宣传存在的诸多问题要求房地产开发公司退钱或降低价格，房闹事件给社会公共治安所带来的压力也日益增大。2014年以来，温州多地已售、在建楼盘出现房闹现象，主要呈现以下特点：一是范围广。温州各县市区大都出现楼盘业主因为不满房价

下降以及开发商未兑现相关承诺而聚集维权。二是维权手段多样化。业主在维权过程中出现拉横幅、发传单、放广播等维权方式，甚至一些地方出现捣砸财物等极端维权行为。三是组织性加强。多地业主通过 QQ 群或微信群聚集成维权团队，统一着装，围堵售楼处进行维权。这些购房者的主要诉求有：一是降价补偿。一些业主认为一期房价高于二期，以各种理由要求补偿。二是宣传不实。房地产开发企业宣传的事项落空，业主们认为房地产开发广告宣传"学区房"与实际不符，要求解决学区问题。三是规划变化。业主反映楼盘实际状况与购买当时规划承诺不符，还有车位产权、部分赠送面积产权不明，没有保障等，要求补偿。四是经营不善。个别房地产开发公司因经营不善，发生债权问题，部分债权人到市政府门口聚集"维权"。从目前的经济情况分析，房地产开发公司与准业主们的矛盾在近期一段时间内将无法得到妥善解决。

从频发的房屋纠纷中可以看出民事行为当事人在商业行为中真正的契约精神还是有所缺失。另外也反映出当前在房价下跌的背景下，个别房地产开发商为了达到销售效果，在广告中夸大其词，甚至出现虚假广告，也为房屋纠纷的发生提供了条件。

2. 打击食药环境类违法行为成为当前社会治安管控的新领域

近年来，温州在不断推进社会经济发展的同时，食品药品安全以及生态环境问题也日益突出。温州市民将食品药品安全列为 2013 年和 2015 年最关注的社会经济热点问题。因民众有要求职能部门改善食药和生态环境安全的强烈意愿，近两年来职能部门也投入了一定的力量去改善这些领域存在的问题。就公安部门而言，为了响应民众对食品药品和生态环境安全的需求，2014 年 2 月温州市公安局专门挂牌成立专业打击食品药品和环境领域各类犯罪的食品药品与环境犯罪侦查支队。另外，2014 年结合温州"五水共治"工程的开展与推进，它们还推出了"河道警长"，即给温州市的每条河都配备一位警长，其中包括市级"河道警长"22 名，县级"河道警长"257 名，乡镇（街道）"河道警长"700 多名。这些举措的实施也取得了一定的成效，国家环保部统计的数据显示，温州成为 2014 年上半年全国"缉污"的明星城市。统计显示，2014年上半年，温州市打击环境违法案件916件，刑事拘留326人。其中，"污染涉刑"案件占全省的36.4%，达全国的20.67%，相当于平均1.02天就查处了一宗"污染涉刑"案。

（三）社会治安潜在的不安定因素

1. 薪资、债务纠纷引发的涉企不稳定因素仍在持续

2011年以来，由民间借贷危机引发的金融风波对温州企业的影响仍未真正结束。2014年1月，公安部门排摸发现涉企不稳定案件就有43起，其中涉及讨薪35起、讨债2起、纠纷4起；劳资纠纷引发的不安定案件直到2014年6月底，存量还有29起，比2013年同期增加4起。这些涉企不稳定案件的特点有：一是出险企业的企业主或出险个人失联状态占比高。2004年1月排摸出出险企业有40家，涉及企业主42人，其中失去联系9人；8月排查出险企业20家，涉及企业主23人，其中失去联系15人。二是容易引发极端事件。2014年1月，鹿城区和瑞安市就曾发生因债务纠纷和介绍费纠纷引发的故意伤害致死案件。在薪资纠纷方面，有出现劳动者欲跳江、跳楼讨薪，也有游行讨薪以及拦路讨薪的，严重影响了社会生活的正常秩序。

2. 出租车车主维权引发治安压力

2013年底，温州市制定了《关于进一步加强出租汽车行业管理的意见》，通过7个方案对市区出租车行业进行系统管理，提升其服务质量。其中最受出租车车主和承包人关注的是关于出租车经营机制的改革，经营模式即将由个体经营模式主导逐步转变为由公司主导。改革方案还没有列出具体的实施细则，各相关利益方已对其进行仔细计算，部分车主和承包人认为此次改革中自己的利益有所减少，所以在该意见出台没多久，即2014年初，温州市区部分出租车车主和承包人连续三天到市政府门口聚集上访，要求会见温州市领导，反映新出台的出租车管理新政策损害了其权益。虽然此次聚集并没有转化成严重的治安事件，但由于温州出租车行业在发展的过程中积累了一些深层次的矛盾和问题，问题由来已久，各种矛盾错综复杂，政府只

要出台涉及这一行业的相关政策，总会涉及乘客、驾驶员、企业和社会等多个利益主体，如何平衡这些群体之间的利益、如何在市场导向和政府监管之间找到中间点，都是考验智慧的难题。事实上从十八大以来，中国改革向纵深推进，改革必然涉及利益格局的调整，也必然会影响特定利益团体的既得利益，因此阻力与困难是难免的，甚至也可能会出现局部性、暂时性的社会动荡。从这个角度讲，出租车行业也是治安预警需要关注的领域之一。

3. "三改一拆"专项工作进程中产生的不稳定因素持续发酵

温州各地的"三改一拆"工作尤其是宗教场所违法建筑拆除工作，仍然面临巨大压力。2014年4月底，温州在对永嘉三江教堂违法建筑进行拆除时遭到抵制，引起当地信众聚集抗议、省内外宗教势力煽动声援和境内外媒体炒作。虽然该宗教场所违法建筑现已拆除，但相关不稳定因素发酵的可能性仍然存在。随着温州各地宗教场所的拆违工作陆续开展，此领域的不稳定因素给社会带来的压力不容小视。另外，温州一些地方在进行坟墓生态化改造，推行生态墓区建设过程中，不少地方都出现少数群众阻挠坟墓拆迁的现象。这主要表现为工作人员在对违法坟地进行拆除时，村民恐吓并不断阻挠其强制行为。另外在其他拆违领域，尽管温州市民间违法建筑大规模拆除工作启动已将近三年，但群众抵触情绪仍然存在，抗拒执法现象频频发生。当前"三改一拆"正进入深水区和攻坚期，要破解的难题更多，要啃的"骨头"更硬，要处理的利益关系更为复杂，这一过程中的抵制与反弹都给公共治安工作带来了很大的压力。

4. 涉及学生案件的不稳定因素引发社会关注

2014年9月以来，温州各地陆续发生有关学生伤亡、出走等的事件。其中，某中学一学生自杀身亡，其家属认为学校可能存在乱收费、学生管理不到位等问题，多次到学校讨说法，一定程度上影响了学校秩序；另有三名女学生离家出走，并经由各大媒体报道转载，引发舆论广泛关注；有某小学生被其父亲掐死扔至家对面厕所，只因该女学生家境困难无法继续抚养且近期其行为叛逆难以管教。上述事件反映出：一是学生心理脆弱，缺乏自我管理意识，自我保护能力差；二是部分社会民众应有的保护未成年人意识缺失；三是当前中小学生安全保护工作亟待加强。学生属于敏感群体，社会关注度高，一旦立案便容易引发舆论关注或导致家属聚集闹事，这给公共治安带来较大压力。实际上，许多事件发生后，可以通过法律关系调整以及法律程序弥补相关人员的权益，但现实却是当前的司法并没有充分发挥化解矛盾纠纷的功能。

二　对温州社会治安环境改善的对策建议

温州公共治安形势出现的新变化，在不能改变现有警力不足等的客观条件下，应重点做好以下工作。

（一）深挖社会联运防控潜力，构建立体治安防控体系

目前，温州公共治安防控的整体协调联动的机制尚未完全实现，在对治安违法的防控工作中存在着过于依靠公安部门的现象，未能真正调动起其他部门的工作能动性。同时，部门与部门之间缺乏协调合作，其他部门没有有效参与，甚至在特定环境下还相互掣肘，影响了公共治安工作的实效性。其实，包括300多万新温州人在内的900多万温州常住人口的社会治安管理任务，并不能仅靠公安一家来承担，事实上也承担不了，必须动员全社会力量，通过广泛的社会参与才能形成公共治安有效的防控协调机制。只有这样，才能真正在刑事发案数逐年减少的同时把案件基数降下来。构建立体化公共治安防控体系，在当前其他部门参与公共治安防控力量不足的情况下，应该把目光更多地投向社会，调动社会的力量参与防控。

当前温州新一轮的城镇化发展布局，总体上减少了乡镇，增加了街道。2011年，温州又通过"转、并、联"的方式将全市5405个行政村、1188个居委会和351个社区组建成789个城乡社区。此项改革举措强化了基层组织在社会服务与社会管理中的作用。构建立体化防控体系可以依托基层组织——社区，通过社区这一平台完善利益诉求多渠道表达、社会风险预警、

矛盾多元化解决等机制，发掘社会中最基层组织的力量，构建好科学合理、切实可行的立体防控体系。

（二）发挥情报分析预警功能，提高治安防控效能

在经济下行压力仍然客观存在的当前，因薪资、债务纠纷引发的涉企不稳定因素在一定时间内仍将会持续存在。因此，做好这一领域的情报研判预警对于治安风险防范有一定的作用。

一是要强化情报动态收集。社会治安是一个地域各种因素相互作用后呈现出来的一种社会秩序，这些因素包括经济、政治以及文化等各方面的诸多因素。因此作为社会治安防控的主要主体，应及时准确收集在特定时期内容易发生较大变化的因素，除本区域内的流动人口数、经济发展指标数等数据以外，还应该特别关注和收集诸如民间借贷利率的变化、房价的波动、企业关闭数等具有地域特色的数据，并及时对这些数据进行动态调整。

二是要强化情报信息的研判。当前信息的收集对于职能部门而言并不困难，但对信息的整合、梳理，并在此基础上做出判断来指导后面的防控工作则存在一定难度。要在刻板的数据中寻找行为的趋向，需要先进的技术装备，有前期准确的数据采集，更需要有研判者的专业知识储备和对违法犯罪行为规律的把控。

三是要强化情报信息的共享。当前社会不安定因素不仅多而且复杂，社会突发的群体性事件不能单靠公安部门一个部门来防控与处置，需要政府乃至各个社会主体协同处置并加以预防。这一运作模式，决定了公安部门收集到的信息，研判好的情报要打破部门壁垒，实现情报信息的资源共享，从而提高公共治安事件预防与处置的能力。

（三）加强房地产领域管控，减少影响社会治安的隐患点

首先，要树立契约精神，维护合同的法律约束性。如果购房双方是基于平等自由的基础签订合同，那么，不管房价如何走向都应该全面履行；而如

果在合同中有约定赠送面积或学区房等内容，但在交房时公然违反合同条款的，房地产开发公司应承担相应的违约责任；如果只是将一些噱头作为自己宣传的内容或本身就是虚假宣传的，虽然最终并没有写进合同，但由于存在欺骗消费者的情形，市场管理部门应履行相应职能，对弄虚作假的房地产开发公司予以严厉惩处，维护购房者的正当权益。

其次，善用法律手段解决纠纷。一旦购房者与房地产开发公司发生购房纠纷，双方应进行协商，在协商无果的情况下要尽快通过法律渠道解决纠纷，而不是以人员的组织、聚集、围攻等方式通过给房地产开发公司形成压力而迫使其让步，特别是要防止个别人由于房价下降而试图通过"闹"达到退房或弥补损失的目的。

B.18

2014年温州城乡居民收入与消费状况分析报告

程宗迪　陈斌峰*

摘　要： 2014年温州城乡居民收入增长平稳。城镇居民收入增长8.7%，农村居民收入增长10.5%，城乡居民收入增速与全省差距缩小的趋势较为明显，收入增长整体呈现全省减速温州平稳向好的态势。由于增收面临区域经济、产业环境、金融体制、社保体系等制约因素，建议在抓住工资性收入增长的基础上，采用多种方式扩大城乡居民增收渠道，实施收入倍增计划，合理调整城乡收入分配格局。

关键词： 居民收入　收入分配　消费

2014年是温州适应新常态、克服重重困难、布局赶超发展的攻坚之年。温州市委、市政府围绕经济新常态下的发展目标，深入实施"十大举措"，扎实做好改革发展各项工作，全面推进城乡统筹，加大民生保障投入，促进了全市城乡居民收入持续稳步增长，城乡收入增速在全省排位均实现前移，与全省增速的同比差距也明显缩小。

一　2014年温州城乡居民增收特点

2014年，温州城镇常住居民人均可支配收入（以下简称"城镇居民收

---

* 程宗迪、陈斌峰，国家统计局温州调查队。

入")40510元，增长8.7%。其中工资性收入20865元，增长10.4%；经营净收入7457元，增长6.7%；财产净收入7682元，增长4.9%；转移净收入4505元，增长11.3%。农村常住居民人均可支配收入（以下简称"农村居民收入"）19394元，增长10.5%。其中工资性收入11483元，增长11.7%；经营净收入5005元，增长8.3%；财产净收入1035元，增长6.5%；转移净收入1871元，增长12.0%。2014年温州城乡居民增收总体呈现以下几个特点。

（一）城乡居民收入增长平稳

1. 城乡居民收入增速差距缩小，全省排名位次前移

2014年温州城镇居民收入增长8.7%，从2013年比全省增速低0.9个百分点缩小到低0.2个百分点；农村居民收入增长10.5%，从2013年比全省增速低0.7个百分点缩小到低0.2个百分点。城乡居民收入增速与全省差距缩小的趋势较为明显，收入增长整体呈现全省减速、温州平稳向好的态势（具体见图1）。

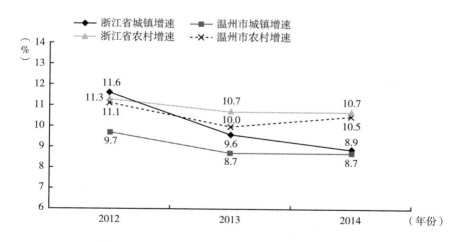

图1 2012～2014年温州与全省城乡收入增速对比

从增速的具体排名来看，2014年温州市城镇居民收入增速排名为全省第10，同比提升1位；农村居民收入增速与绍兴、台州并列全省第8，同比提升3位（见表1）。

温州蓝皮书

表1   2014年浙江省各设区市城乡居民收入及增速情况

单位：元，%

省（区、市）	城镇常住居民人均可支配收入				农村常住居民人均可支配收入			
	2014年	2013年	增幅	增速排名	2014年	2013年	增幅	增速排名
浙江省	40393	37080	8.9		19373	17494	10.7	
杭州市	44632	40925	9.1	5	23555	21208	11.1	4
宁波市	44155	40426	9.2	4	24283	21879	11.0	6
温州市	40510	37266	8.7	10	19394	17549	10.5	8
嘉兴市	42143	38671	9.0	7	24676	22396	10.2	11
湖州市	38959	35750	9.0	7	22404	20257	10.6	7
绍兴市	43167	39567	9.1	5	23539	21307	10.5	8
金华市	39807	36386	9.4	2	18544	16661	11.3	2
衢州市	30583	27981	9.3	3	15354	13811	11.2	3
舟山市	41466	37799	9.7	1	23783	21401	11.1	4
台州市	39763	36480	9.0	7	19362	17523	10.5	8
丽水市	30413	28005	8.6	11	13635	12171	12.0	1

2. 城镇居民收入首次突破4万元大关

2014年，温州全市城镇居民收入40510元，收入总量排名全省第六位，高于全省水平117元，城镇居民收入首次突破4万元，与排名第五的舟山市差距为956元；农村居民收入19394元，收入总量排名全省第七位，仅高于全省水平21元，比排名第八的台州市只高出32元（具体见图2）。

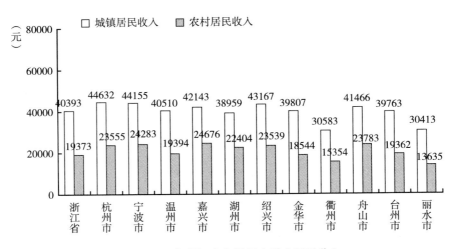

图2   2014年浙江省各设区市城乡居民收入

204

3. "三区两市" 收入总量继续领跑

从分县情况来看，"三区两市" 由于地区经济发展的优势，城乡居民收入均超过全市平均水平，其中城镇居民收入均超过 4 万元，最高的鹿城区达到了 45698 元；农村居民收入均超过 2 万元，最高的龙湾区达到 24525 元。

随着温州城乡一体化进程的不断推进，各县在基础设施、居民增收等民生保障方面的投入不断加大，城乡居民生活水平得到普遍提升，县域间收入差距不断缩小。2014 年，各县（市、区）城乡居民收入实现平稳较快增长，其中城镇居民收入增速排名前三的分别是洞头、泰顺、瓯海和文成（并列第三），农村居民收入增速排名前三的分别是文成、泰顺、洞头（见图 3）。

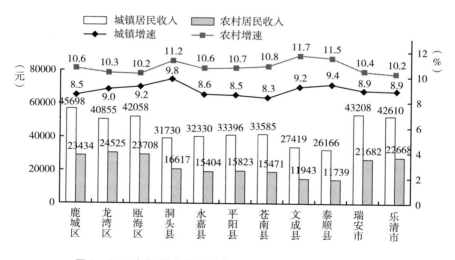

图 3　2014 年温州市分县（市、区）城乡居民收入及增速

（二）农村居民收入增长快于城镇居民

1. 城乡居民收入增速农村快于城镇

2014 年，温州农村居民收入增速高于城镇居民 1.8 个百分点，2013 年和 2012 年也分别高 1.3 个和 1.4 个百分点，连续三年全市农村居民收入增速高于城镇居民 1 个百分点以上。

温州蓝皮书

2. 城乡居民收入比呈逐年缩小趋势

从城乡居民收入的比率看，呈逐年下降趋势，显示出温州市城乡收入差距在逐步缩小。2012 年全市城乡收入比为 2.15∶1，2014 年已经下降到 2.09∶1，和全省平均水平相近。

3. 城乡居民收入绝对值差距进一步扩大

从城乡居民收入的绝对额来看，2012 年城乡居民收入分别为 34281 元和 15951 元，相差 18330 元；2013 年分别为 37266 元和 17549 元，差距为 19717 元，比 2012 年扩大了 1386 元；2014 年城乡居民收入差距突破 20000 元，达到 21116 元，呈现出收入绝对值差距逐年扩大的趋势（见表 2）。

表 2   2012～2014 年温州市城乡居民收入对比

单位：元，%

年份	城镇常住居民		农村常住居民		城乡居民收入比较	
	人均可支配收入	收入增长率	人均可支配收入	收入增长率	收入差距	城乡收入比
2014	40510	8.7	19394	10.5	21116	2.09
2013	37266	8.7	17549	10.0	19717	2.12
2012	34281	9.7	15951	11.1	18330	2.15

（三）城乡居民收入增长的结构情况

1. 城乡居民收入构成差异情况

从收入结构看，2014 年城镇居民财产性收入比重显著高于农村居民，转移性收入比重相差不大，而工资性收入和经营净收入比重低于农村居民（见图 4）。

2. 工资性收入对城乡居民增收效果显著

2014 年，温州市城镇居民人均工资性收入为 20865 元，增长 10.4%，增幅比上年提高 0.1 个百分点，拉动可支配收入增长 5.3 个百分点，对居民收入增长的贡献率为 60.5%；农村居民工资性收入为 11483 元，增长 11.7%，增幅比上年下降 1 个百分点，拉动可支配收入增长 6.8 个百分点，

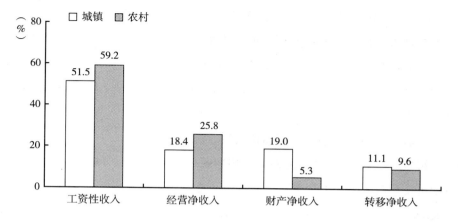

图4　2014年温州城乡居民收入结构

对居民收入增长的贡献率为65.0%。城乡居民工资性收入对居民增收贡献率均超过六成，是城乡居民增收的主要动力。城乡居民收入较快增长主要得益于：一是2014年以来温州市在结构性用工紧缺等倒逼机制的作用下，不少企业迫于招工难，在上年的基础上再次提高工资水平；二是2014年以来，部分县（市、区）机关事业单位绩效奖金增加10%左右，以及前两年一次性绩效考核奖的补发到位，也有效地推动了工资性收入的增长；三是近年来温州市着力统筹城乡就业政策，千方百计拓宽就业渠道，不断提高农村劳动力转移就业技能，促使城乡居民工资性收入持续平稳增长。

从工资性收入拉动城乡居民收入增长的百分比可以看出，工资增长依然是温州市城乡居民收入增长的最主要因素。从绝对额上看，工资性收入城乡差距也是温州市四大块收入里差距最大的，这也是温州城乡居民收入较大差距长期存在的主要原因之一。

3. 城乡经营净收入增速放缓

近年来，温州市委市政府出台扶工兴贸"双十条"举措、助企强工"十条新政"，全面改善温州企业发展环境。农村方面鼓励发展第三产业，农家乐、休闲游等农村气息的产业蓬勃发展，城乡产业复苏明显，但整体经济的严峻形势和挑战依然存在，从而影响了城乡居民经营净收入的较快增

长。2014年温州城镇居民人均经营净收入7457元，同比增长6.7%，拉动可支配收入增长1.3个百分点，占可支配收入的比重为18.4%，占比比上年同期下降0.4个百分点。农村居民人均经营净收入5005元，同比增长8.3%，拉动可支配收入增长2.2个百分点，占可支配收入的比重为25.8%，占比比上年同期下降0.5个百分点。

4. 城乡居民转移净收入均增长最快

2014年，温州城镇居民人均转移净收入为4505元，同比增长11.3%，拉动可支配收入增长1.2个百分点，占可支配收入的比重为11.1%；农村居民人均转移性收入1871元，同比增长12.0%，拉动可支配收入增长1.1个百分点，占可支配收入的比重为9.6%。近年来，各地持续提高基本养老金水平，不断提高的养老金标准确保了离退休人员收入的稳步增长，拉动了转移净收入的快速增长。同时，随着城乡一体化进程的加快，政府加大了对农村居民的财政转移支付力度，新型农村养老保险的及时发放以及外出从业人员寄回或带回收入的持续增长都成为农村居民转移净收入增长的持续动力。从2014年转移净收入增速上看，农村居民快于城镇居民0.7个百分点（见表3）。

表3　2014年温州市城乡居民人均收入结构

单位：元，%

收入类型	城镇常住居民			农村常住居民		
	收入	增长	比重	收入	增长	比重
可支配收入	40510	8.7	—	19394	10.5	—
工资性收入	20865	10.4	51.5	11483	11.7	59.2
经营净收入	7457	6.7	18.4	5005	8.3	25.8
财产净收入	7682	4.9	19.0	1035	6.5	5.3
转移净收入	4505	11.3	11.1	1871	12.0	9.6

二　2014年温州城乡居民消费特点

2014年，温州城镇居民人均生活消费支出27186元，同比增长7.2%，八大类消费支出呈现"七升一降"的态势，其中交通通信支出增长最快；农村居民人均生活消费支出 14218 元，同比增长 12.7%，八大类消费支出全面增长，其中教育文化娱乐支出增长最快（见表4）。城乡居民消费主要呈现以下几个特点。

表4　2014年温州市城乡居民人均消费支出结构

单位：元，%

	城镇常住居民			农村常住居民		
	支出	增长	比重	支出	增长	比重
生活消费支出	27186	7.2	—	14218	12.7	—
食品烟酒	8432	11.1	31.0	5358	14.5	37.7
衣着	2041	5.5	7.5	985	5.9	6.9
居住	8042	1.9	29.6	3664	10.2	25.8
生活用品及服务	1139	-6.8	4.2	610	8.4	4.3
交通通信	3497	15.0	12.9	1583	15.8	11.1
教育文化娱乐	2542	12.0	9.3	1153	18.0	8.1
医疗保健	882	4.8	3.2	635	12.7	4.5
其他用品和服务	611	5.7	2.2	230	8.4	1.6

（一）城乡居民消费水平不断提高

2014 年，温州城镇居民人均生活消费支出达到 27186 元，增速比 2013 年同期高 0.3 个百分点。农村居民人均生活消费支出达到 14218 元，增速比 2013 年同期高 4.4 个百分点。随着经济的发展，温州城乡居民收入的增长，总体消费水平也随之获得较快的增长，消费总量不断提高。

从城乡增速差距来看，农村居民生活消费支出增速高于城镇居民 5.5 个百分点，但受收入水平的影响，农村居民年平均消费水平仅为城镇居民的 52.3%，比上年同期提高 2.6 个百分点，城乡居民生活消费差距仍比较明显，但差距程度有所减小。

（二）城乡居民消费转型趋势较为明显

从恩格尔系数看，温州居民生活总体已进入相对富裕阶段。2014年温州城镇居民恩格尔系数为31.0%；农村居民恩格尔系数为37.7%。一方面，食品、衣着、居住类生存型消费比重不断下降，而交通通信、文化教育娱乐服务等享受型、发展型消费逐渐增长，占生活消费比重不断上升。2014年，温州城镇居民生存型消费占比为68.1%，比上年降低0.6个百分点；享受型、发展型消费占比为22.2%，比上年提高1.3个百分点。农村居民生存型消费占比为70.4%，比上年降低0.4个百分点；享受型、发展型消费占比为19.2%，比上年提高0.6个百分点。另一方面，由于农村居民收入及消费水平的迅速提高，城乡居民恩格尔系数差距逐年缩小。2013年温州市城乡居民恩格尔系数差距为7.2个百分点，2014年则缩小为6.7个百分点。

（三）农村居民消费率相对较高

随着温州农村居民购买能力不断增强，居民消费支出意愿强烈。2014年，农村居民人均消费支出为14218元，消费率（消费支出占可支配收入的比重）为73.3%，比上年同期提高1.4个百分点；城镇居民人均消费支出为27186元，消费率为67.1%，比上年同期提高1个百分点。2014年农村居民人均消费增速为12.7%，比城镇居民高5.5个百分点。从城乡居民消费率对比来看，农村居民则高于城镇6.2个百分点。

（四）城乡居民消费热点有所显现

1. 汽车消费引领交通通信支出并继续高涨，网络消费成时尚

2014年，温州城镇居民人均交通通信支出3497元，同比增长15.0%，增幅居八大项支出之首，占消费支出的比重为12.9%；农村居民人均交通通信支出1583元，同比增长15.8%，增幅居八大项支出第二位，占消费支出的比重为11.1%。快速增长的主要原因是随着经济发展和人们生活节奏的加快，城乡居民对交通工具需求旺盛，追求更加方便快捷的出行方式，家

用汽车渐渐成为代步工具的首选。受家用汽车拥有量提高、自驾车出行和节假日出游增多等因素的综合影响，相关的车辆用燃料及零配件支出随之增加。

另外，随着家庭信息化水平不断提高，网络成为现代生活的新方式。同时，网络的普及与不断提速，带动城乡常住居民生活方式发生了明显变化，居民家庭通过互联网购买商品和服务的支出呈快速增长的态势。温州市网络消费专项调查显示，被访者近两年网购支出金额增加的占 67.4%，基本不变的占 28.8%，有所减少的仅占 3.8%。

2. 教育文化娱乐支出快速增长，城乡差距有所缩小

随着休闲娱乐活动迅速融入百姓家庭的日常生活，温州城乡居民参加旅游、摄影、观光等娱乐活动的明显增多。同时政府积极推动旅游、文化等产业发展的政策也对培育新的文化娱乐热点发挥了积极的引导作用，休闲旅游等娱乐方式在居民增收后成为新的消费热点。同时，虽然义务教育学杂费等教育费用的减免为温州城乡居民的教育减负不少，但各类培训班、家教费用的增加则成为教育支出新的增长点。调查结果显示，2014 年，城镇居民人均教育文化娱乐支出 2542 元，同比增长 12.0%，占消费支出的比重为9.3%；农村居民人均教育文化娱乐支出 1153 元，同比增长 18.0%，占消费支出的比重为 8.1%，增速高于城镇居民 6.0 个百分点，比重低于城镇居民 1.2 个百分点。教育文化娱乐等非刚性的支出，与居民收入水平密切相关，城乡居民收入差距的缩小也带动该项支出差距有所缩小。2014 年，城镇居民用于教育文化娱乐服务的支出是农村居民的 2.20 倍，比上年同期的2.32 倍略有下降。

3. 医疗保健支出增长"冷热不均"，农村居民医疗负担偏重

2014 年，温州市城镇居民人均医疗保健支出 882 元，同比增长 4.8%，占生活消费支出的比重为 3.2%；农村居民人均医疗保健支出 635 元，增长12.7%，占消费支出的比重为 4.5%。近年来，随着城乡居民健康意识的不断增强以及医疗保障制度的不断完善，城乡居民医疗保健支出均保持一定的增长，农村增速高于城镇增速 7.9 个百分点，两者绝对额的差距也在明显缩小。但农村居民医疗保健支出（剔除报销医疗费）占生活消费支出的比重

高于城镇居民1.3个百分点，从另一方面说明农村居民医疗负担依然高于城镇居民。

三 制约当前温州城乡居民增收的因素

2014年，温州城乡居民可支配收入平稳较快增长，但增速均比全省平均水平低0.2%，在全省11个设区市中分别排名第十位和第八位。增速相对较缓的原因主要有以下几方面。

（一）经济增速放缓制约城乡居民的收入增长

温州城乡居民收入中的近七成来自工资性收入和经营净收入，这两块收入增长的快慢受经济发展速度的影响较大。2014年，温州整体经济呈现筑底企稳的态势，但GDP增速仍然排名全省第10，部分企业特别是中小型企业发展仍然比较困难，在一定程度上制约了城乡居民收入的增长。2014年温州全体居民人均可支配收入同比增长9.4%，增速排名全省末位。分城乡来看，2014年城、乡居民收入分别增长8.7%和10.5%，与第一季度、上半年、前三季度相比均有所下降或持平，全年收入形势呈现出高开低走，逐季微降的态势，收入持续增长动力有所不足（见图5）。

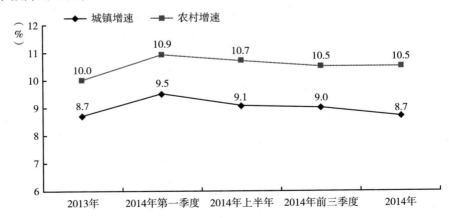

图5 2013年、2014年城乡收入增速对比

（二）产业环境制约温州市城乡居民经营收入的增长

2014 年温州市城乡居民人均经营净收入分别增长 6.7% 和 8.3%，分别比城乡人均可支配收入增速低 2.0% 和 2.2%。经营净收入增长相对较慢主要是受资源和环境的约束，城乡第二、三产业发展面临较大挑战，当前经济已进入体制转轨和增长方式转变的新阶段，结构性过剩的买方市场已经形成，电子商务等新兴产业的迅猛发展，也对传统第二、三产业造成了巨大冲击，温州中小企业遍地开花的传统经济模式已难以适应竞争加剧的市场经济发展要求。同时随着"三改一拆""五水共治"等活动不断推进以及用工成本上升导致的经营门槛和经营成本日益提高，对环境污染影响较大的第二、三产业发展空间将不断缩小。另外，政府和金融部门给予城乡居民自主创业提供的服务和贷款等相应的宽松政策力度也有所不足，自主创业增收难度较大。

（三）金融体制和理财观念制约财产净收入的增长

温州民间资本雄厚，但民间资本投资渠道比较狭窄，很多时候只能进行自发的、短期的投机行为。2014 年，温州市城乡居民人均财产净收入分别为 7682 元和 1035 元，同比分别增长 4.9% 和 6.5%。增长较慢的主要原因，一是金融体制尚不完善，城乡居民尤其是农村居民投资理财渠道少；二是部分城乡居民的投资理财观念还相对较为保守，有钱就存银行的习惯依然盛行；三是农民拥有的土地、房屋、集体资产股权等资产资源尚未得到有效激活体现，农村资产确权、赋权、活权改革推进程度还需加强，土地承包经营权、农户宅基地使用权和农户对集体资产产权拥有的股权还不能有效产生财产性收入；四是前几年信贷危机一定程度上制约了财产净收入的增长。

（四）社保体系制约城乡居民转移净收入的均衡增长

受城乡二元结构影响，温州市城乡社保体系还有较大差别，目前农村社会保障体系还有待完善，导致城乡居民转移净收入差距较大。2014 年，温州市农村居民人均转移净收入 1871 元，仅为城镇居民人均转移净收入的

41.5%。逐步提高政府对农村居民的转移支付比重，既是缩小城乡居民收入差距的关键，又是农村居民增收的重点之一。当前温州市城乡养老金或离退休金占转移净收入的比重存在较大的差距在一定程度上影响了农村居民转移净收入的快速增长。

四　统筹温州城乡居民增收的几点建议

居民收入要增加，经济发展是基础。当前温州经济进入"新常态"赶超发展的大环境，在确保经济稳步发展的基础上，完善居民收入分配制度，做到居民收入增长和经济发展同步提升，城乡居民收入统筹发展，需要多方关注和努力。

（一）多渠道入手，稳步提升居民收入

城乡居民收入的增长，来自工资性收入、经营净收入、财产净收入和转移净收入这四部分的影响，其中工资性收入是影响温州市城乡居民收入增长的最主要因素。因此，在紧紧抓住工资性收入增长的基础上，多方式扩大城乡居民增收渠道，是收入增长的主要方向。

（1）完善就业政策，确保城乡居民收入稳步增长。就业是民生之本，工资性收入是城乡居民收入最重要的组成部分，因此要保持较快经济增长速度，为居民提供更多的就业机会，用更完善的就业政策引导城乡居民就业既是温州经济发展的关键目标，也是民生创建的重要基础。一是要加强就业培训，提高城乡居民综合素质，从自身出发拓宽就业渠道。二是要转变城乡居民尤其是农民工就业观念，引导下岗失业人员通过临时性、季节性、弹性工作等灵活多样的形式实现就业。三是健全城乡统一、服务优良的劳动力市场和就业服务网络，确保对就业市场的掌握和了解。四是发挥区域优势，促进居民创业增收。坚持政府推动、社会支持、市场引导、自主创业的原则，优化城乡居民创业环境，以创业促进就业，建立金融支持、税收优惠、创业培训等扶持政策，为个体经营者和中小企业创造良好的经营环境，推动"个

转企""小升规",切实增加城乡居民经营净收入。

（2）拓宽增收渠道，增加城乡居民财产净收入。财产净收入是居民收入的重要组成部分之一，而且日益成为居民收入新的增长点，尤其是在经济平稳增长中，缩小城乡居民财产性收入，对缩小城乡居民收入差距，实现城乡一体化发展具有重大意义。一是要进一步加强金融体系建设。依托温州金融改革试点的机遇，实质性地推进金融市场的改革发展，规范和引导民间借贷健康发展，降低企业融资成本。二是要深化农村土地制度改革。加快推进农村土地确权、赋权、活权改革工作，依法明确农民的土地处置权、发展权、收益权，坐实农民土地财产权益。加快形成城乡统一联动的土地市场和公平合理的土地增值收益分配机制以及被征地农民的多元保障机制，确保农民公平合理分享土地增值收益。三是要加强宣传，培养城乡居民理财意识。通过开展面向城乡居民的金融投资知识宣传，创新各类服务渠道，大力推广电脑和手机网上银行类服务业务，引导居民科学理财。加快理财产品创新，降低投资理财产品的门槛，设计提供更多的面向城乡居民、适合中低收入群体的，兼顾安全性、流动性和营利性的金融产品。

（3）完善社会保障体系，统筹提高城乡居民转移净收入。完善社会保障体系建设，是促进城乡居民转移净收入稳步增长的保障性措施。一是要加快建设城乡统一的社会保障体系，稳步上调农村养老金标准，加快推进城乡基本公共服务均等化。通过加大政府转移支付力度，逐步建立和完善城乡统一的医疗制度和养老保险制度，逐步实行城乡社会保障一体化，提高城乡居民尤其是农村居民的转移净收入。二是要继续加大对城乡低收入群体的帮扶力度。通过落实各项惠民政策，提高低保补助标准，扩大享受低保补助的范围，落实残疾人补贴、物价补贴等政策措施，进一步加强贫困群体的直接救济与援助力度，努力提高低收入家庭收入水平。

（二）实施收入倍增计划，合理调整城乡收入分配格局

收入增长是最基本的民生工作，要做到改革红利惠及群众，就要始终把提高居民收入作为经济工作的重点之一，结合十八大报告提出的"居民收

入倍增计划"，制订和实施温州版收入倍增计划，深化收入分配改革，科学分析经济发展和居民收入提高的现实基础和发展前景，提高劳动者报酬占初次分配的比重，使经济发展与居民增收保持同步增长。

（1）放大经济增长对居民增收的效应，提高居民收入占国民收入的比重。劳动者的报酬与经济发展的质量和水平呈现正相关性关系。要加快形成经济转型发展的倒逼机制，运用高新技术改造温州现有的传统产业，努力提高产业的附加值和技术含量，为居民增收提供良好的经济基础，形成经济增长与收入增长的良性循环。努力减轻中小企业的税负，逐步改变国民收入初次分配在政府、企业和居民三大收入主体结构中，城乡居民收入所占的比重。

（2）打破城乡二元结构，建立保障和改善民生的减负机制。推进城乡统筹发展，推动城乡户籍制度改革，从根本上破除制约人口转移的体制障碍，促进劳动力要素在城乡之间的自由流动，加快农村剩余劳动力向非农产业和城镇转移。积极推进城镇化，减少农民，增加市民，让更多的农民享受城市文明成果。继续加大社会保障力度，保障广大社会成员享受平等的义务教育、基本医疗保险、社会养老保险，减少或降低居民在住房、教育、医疗和养老等方面的支出，增强居民对未来生活的稳定期望。

（3）统筹城乡发展，完善"提低、扩中、调高"的分配机制。加大统筹城乡发展力度，加快完善城乡发展一体化体制机制，着力在城乡规划、基础设施、公共服务等方面推进一体化，促进城乡要素平等交换和公共资源均衡配置；通过三分三改，打通农民工进城落户通道，保护农民应有的权利。着力推进收入分配制度改革，初次、二次分配都要兼顾效率和公平，加快健全以税收、社会保障、转移支付为主要手段的再分配调节机制，确保发展成果更多惠及广大人民群众。

B.19

2014年温州文化发展报告

徐顺聪　陈浩杰*

摘　要：　2014年温州文化发展工作紧紧围绕全市发展大局，以社会主义核心价值观为指引主动创新，积极有为，在加强基层文化阵地建设、规范舆论引导管理、加大文艺精品创作力度、深化文化体制改革、加快推进文化产业发展、丰富基层群众文化生活方面取得了新进展，为温州"赶超发展，再创辉煌"提供了强有力的思想保证、精神动力、舆论支持和文化条件。2015年温州要继续深入开展公民思想道德教育，夯实全国文明城市建设基础，改进新闻舆论监督方式，推进文化产业跨越发展，打造城市文化品牌，推动网络空间法治化，加强文化人才队伍建设，为温州文化发展提供强劲动力。

关键词：　阵地建设　体制改革　文化产业　舆论管理

2014年，温州深入贯彻党的十八大、十八届四中全会精神，大力推进文化强市建设，全面深化文化体制改革，充分发挥文化引领作用，主动创新，积极有为，为温州"赶超发展、再创辉煌"提供了强有力的思想保证、精神动力、舆论支持和文化条件。2014年温州在文化阵地建设、文化产业发展、新闻舆论管理、文艺精品创作等方面出台了一系列扎实有效的举措，各项文化发展事业取得了新的进展。

---

*　徐顺聪，中共温州市委宣传部常务副部长；陈浩杰，中共温州市委宣传部。

一 2014年温州文化发展总体情况

2014年，温州以社会主义核心价值观为指引，文化的发展潜力得到不断激发，各项事业都取得了显著成效。特别是通过深化文化体制改革，温州文化大发展、大繁荣的势头更加强劲，公共文化服务能力、社会舆论引导能力、文化产业发展水平和文艺精品创作水平等都有了较为明显的提升。主要表现在：道德建设成效显著，入选"中国好人榜"7人、"浙江好人榜"27人，中央文明办在温举办全国道德模范与身边好人现场交流活动；文化设施建设大力推进，每万人拥有群众文化设施建筑面积从全省倒数第一跃居全省第二；群众文化活动丰富多彩，举办或承办了多场国字号文化活动；文艺精品创作硕果累累，多个作品获得国家、省级奖项；文化产业发展快速增长，在全省的位次大幅前移。

（一）基层文化阵地建设走在全省前列

2014年，全市基层文化阵地建设全面推进，人均文化设施建筑面积大幅提升，从处于全省末位前移至全省第二位。通过开展基层文化设施社会化管理试点工作，大力推进基层文化中心建设，基本达到全市乡镇和社区文化中心全覆盖。深入实施农村文化礼堂建设提质扩面工程，将农村文化礼堂建设作为基层文化设施建设的重要抓手来推进，全年共建成文化礼堂290家，完成市"十大民生实事"项目计划数的193.3%，累计建成599家，居全省第一。同时，在全市设置党报电子阅报栏（屏）130座，积极打造便民利民的智慧型"城市公共信息发布平台"。

（二）举办一系列品质高、影响广的群众文化活动

举办第二届温州市民文化节。以"相约四季·文化共聚"为主题，分视觉艺术季、音乐艺术季、舞蹈艺术季、戏曲艺术季四个"活动季"，历时8个月，陆续推出200多项500多场文化展演、赛事、展览等活动，参

与演员达 5 万多人次，观众达 30 多万人次。举办"我和我的祖国"——2014 温州市群众合唱大赛，6 支合唱队伍参加了省群众合唱大赛复赛、决赛，摘得一个特别奖和两金一银，温州市男声合唱团、鹿城女教师合唱团参加了全省纪念新中国成立 65 周年群众合唱汇演。承办了第三届中国越剧艺术节，来自浙江、上海、福建、南京等地的 24 台大戏在温州轮番登场，温州市越剧演艺中心大戏《大唐骊歌》获优秀剧目奖，同期还举办了 20 台民间职业剧团展演展示活动、40 场民间戏曲票友专场演出、6 场票友戏迷争霸赛及越剧演出市场洽谈会等。举办了第二届"林斤澜短篇小说奖"评选、中国·温州国际山地户外运动挑战赛、2014 中华龙舟大赛暨温州龙舟文化节等在全国具有较高知名度的文化活动，进一步提高温州城市美誉度。

（三）文艺精品创作硕果累累

2014 年，温州市的一批文艺精品在全省乃至全国获得重要奖项并产生重大影响。电视剧《温州一家人》、电影《一个温州的女人》、电视动画片《快乐梦多多》、永昆《金印记》、广播剧《航标》、歌曲《家风》《粗茶淡饭》七部作品获省第十二届精神文明建设"五个一工程"入选作品奖，其中电视剧《温州一家人》获中宣部"五个一工程"入选作品奖。瓯剧《秀芬》、电影《约定》及温州市作家哲贵的长篇小说《空心人》入选省文化精品扶持工程第九批扶持项目。开机拍摄《温州一家人》姐妹篇——《温州两家人》，受到社会广泛关注。完善文艺精品创作签约制，签约扶持电视剧《女儿的独立时代》、电影《约定》、系列电影《四大名瓯》、瓯剧《秀芬》、木偶剧《西湖传奇》、动漫《汉字智立方》、长篇小说《一段心灵史》、长篇小说《空心人》、歌曲《中国再出发》等 10 部文艺作品，发放扶持奖励资金 198 万元。越剧《大唐骊歌》在国家大剧院连演 2 场，并在绍兴、诸暨等地开展巡演。鼓词名家陈忠达荣获中国曲艺界最高奖第八届中国曲艺牡丹奖表演奖，温州莲花《阿婆洗脚》获牡丹奖节目提名奖，温州鼓词《利剑难断骨肉情》获得表演提名奖。

（四）以项目建设为抓手推进文化产业快速增长

温州市文化产业增加值、增速及占 GDP 比重快速增长，处于全省前列。2014 年温州推行"一个项目、一名领导、一套班子、一抓到底"的工作机制，重点推进 43 个投资 5000 万元以上文化产业重点项目建设。温州成功获批建设国家广告产业试点园区，获得中央财政 1000 万元补助，命名市级重点文化产业园区 6 家，命名首批市级重点文化企业 35 家。加大文化产业扶持力度，48 个项目获得 751.43 万元文化产业专项资金扶持。成功举办 2014 温州时尚文化创意产业博览会，以"无围墙"的办展形式在全市主要产业园区设立十大展区，参观人数达 35.8 万人次，实现交易额近亿元，得到省委宣传部的充分肯定。组织文化企业参展第九届义乌文博会和第十届中国（深圳）文博会，参展作品获得"中国工艺美术创意奖"等奖项 7 个。

（五）因地制宜深化文化体制改革

根据中央、省委关于全面深化体制改革的总体部署要求，温州从文化发展实际出发，明确并分解了各单位 2014 年文化体制改革任务。完善市直部门舆论引导考核、新闻媒体报道评价、市外媒体来温采访干预、外媒正面报道激励等机制，提请建立完善网络舆情应对处置机制，进一步构建温州"大宣传"工作格局。推动市图书馆率全省之先面向社会公开招募事业单位理事会成员 10 名，被文化部列入 10 家国家公共文化机构法人治理结构试点单位名单。推动成立温州市首家文化企业专营金融机构——温州银行文化支行，促进文化与金融深度融合。成立温州文化创意学院，市财政安排 450 万元资金用于学院建设，加强本土文化创意产业人才培养。

（六）舆论监督管理形成温州特色

深入实施新闻品牌栏目打造工程，成功推出《电视问政》《新政聚焦》等品牌栏目。其中，《电视问政》被评为 2014 年度全省市级台电视问政节目评比一等奖；《新政聚焦》栏目受到市委书记陈一新多次批示肯定。温州日报报业集团获中国新闻奖二等奖 1 个，浙江新闻奖 37 个，其中一等奖 7 个。温州广电传媒集团获浙江省广播电视政府奖和浙江新闻奖 51 个，其中一等奖 16 个；获中国广播影视大奖 1 个、提名奖 2 个。网络管理能力明显提高，探索形成温州互联网管理新模式，发布温州版清朗网络空间"军规" 15 条，全国首创网络记分考核、网络编辑从业人员持证上岗等制度。上线 "温州发布"政务微博（微信）平台，全市 132 家市直单位、县（市、区）和本地主流媒体官方微博入驻，发布微博 700 多条、微信 120 多条，粉丝量超过 18 万人。创新打造全国首个覆盖网上网下两种资源、职责分工明确的专业辟谣举报平台，为打击网络谣言提供机制保障。

（七）文化队伍整体素质有新提高

建立宣传文化"四个一批"人才领导联系制度和培养方案，落实"四个一批"人才和民间优秀人才扶持经费，开展第九批"四个一批"人才评选和第二批市级文化教育创新团队遴选工作。先后有 2 支队伍入选省级重点文化创新团队，1 人当选省级劳模，2 人当选市"十大杰出青年"。在全市宣传系统选派 20 名干部开展全方位、立体式挂职锻炼，首次实现市级新闻媒体单位与县（市、区）委宣传部、新闻中心互派人员开展"体验式互挂"，有效增强系统各单位交流合作力度。继续推进市民监督团、市民艺术团、市民宣讲团、市民义工团、市民网络观察团等"市民系列"队伍建设，辅助充实全市文化人才队伍。

二　2014年温州文化发展中存在的突出问题

（一）基层文化阵地使用效率有待提高

当前，温州市基层文化设施虽然在硬件建设上取得了一定的成效，但一些文化阵地受设施维护、人员配备、资金保障等因素影响，仍存在开放度不高、设备老旧、环境卫生差等问题，如 2014 年万名中小学生暑期免

费体育技能培训报名人员"爆棚"、文化礼堂开展文化活动的场次不多等。这些现象反映出基层群众对文化生活的需求量与基层文化阵地的使用效率还不够匹配。

（二）民间自发性文化活动引导有待加强

在政府提供有限的文化惠民活动之余，温州民间力量是一个重要组成部分，需要高度重视这支力量在发动群众文化活动中的作用。比如在协会、团体、民营企业等机构策划举办区域性文化活动方面，需要党委、政府部门给予政策支持，并给予一定的经费扶持。对于积极健康向上的民俗活动，需要党委、政府主动介入，加以正确引导，形成具有温州特色的文化活动，并加以市场化运作，形成文化产业。

（三）文艺精品创作周期与扶持模式有待完善

虽然 2014 年温州市获奖文艺作品较多，但从创作时间上来看，周期都比较长。比如《温州两家人》在距离《温州一家人》播出两年多之后，仍未完成拍摄，侧面反映出温州文艺作品的创作周期过长。温州市文化精品扶持模式也有待改进。因掌握信息量不够、创作单位申报积极性不够等，在温州立项的文艺作品数量相对较少，最终能够得到扶持的作品和相应金额都过少。

（四）文化产业集聚与协同创新程度有待提升

虽然温州文化产业项目和园区建设呈现出全面铺开的局面，但各文化产业园区仍存在产业集聚低、相互协同程度不高、同质化发展等问题。文化产业的区域特色、个体特色不明显，文化产业与轻工业、传统工艺等其他产业融合度还不高，文化产品创新不足，产业原创能力和关键技术研发能力还需要进一步提升。

（五）文化创意人才有待增加

2014 年，温州文化创意学院成立并正式招生，这对温州本土文化创意人才培养带来了契机。人才培养相对滞后，与巨大的市场需求不对称，仍然成为温州市文化发展的制约因素之一。近年来，温州本土高校培养出来的文化专业毕业生大量离温外出谋业，但外地文化创意人才受到房价、环境等因素影响不愿到温谋业，与杭州、宁波等地横向比较，文化创意人才数量仍相对较少。

三　2015年温州文化发展的建议

（一）深化文化惠民活动，提高文化阵地使用效率

全面开放公共文化设施，通过实施公共文化购买服务，送文化活动到基层，提高基层文化阵地使用效率。通过举办第三届市民文化节暨第五届温州市艺术节，将活动重点向基层文化阵地倾斜，举办民间文艺团队"展我风采"才艺展演，利用全市已建成的107个广场露天舞台，广泛举办各类民间文艺展演展示活动，丰富基层文化生活，满足人民群众的文化需求，打造"没有围墙的剧场，不落幕的舞台"。整合各类文艺资源，壮大市民艺术团，开展点单式对接服务，组织开展文化"市民文艺讲坛"、文化礼堂文艺巡回演出、"我的舞台我的梦"文化礼堂才艺大赛及交流展演等活动，丰富各地文化礼堂活动内容。

（二）深入挖掘文化资源，积极打造城市文化品牌

充分挖掘温州城市的历史渊源、文化底蕴、人文风情等特色资源，组织开展精品曲艺展演、书画百人百图展、百工之乡精品展、非遗"守望行动"等活动，推进温州"戏曲故里、歌舞之乡、书画名城和百工之乡"文化品牌建设。深入实施历史文化名人宣传工程，通过建立历史文化名人专家资料库、拍摄《温州历史文化名人》电视专题片、开展历史名人题材文艺精品创作、制作历史文化名人宣传册等加强历史名人文化资源的保护和开发，打造优秀传统文化宣传展示平台。做大民俗节庆文化影响，举办春节、元宵、清明、端午、重阳等四时八节民俗节庆活动，深入开展端午龙

舟文化节等活动，提升民俗节庆文化内涵，丰富群众节日文化生活，形成温州区域文化品牌。

（三）加强引导扶持，着力创作一批文艺精品

健全完善文艺精品创作签约制度，支持温州元素系列影视作品的创作生产，精心打造电视剧《温州两家人》、电影《约定》、系列电影《四大名瓯》等一批重点文艺作品。推进以"中国梦与温州实践"为主题的文艺创作，集中精力抓好反映温州改革开放的重大历史题材和现实题材文艺精品创作，打造一批在国内外具有较大影响力的文艺精品，并适时举办选拔比赛和展演展示活动，推动引导温州文艺界积极创作文艺精品。加强文艺评论工作，实施文艺作品群众评价机制，落实文艺精品扶持奖励办法，保障文艺精品创作的数量和质量。开展第六届温州市精神文明建设"五个一工程"奖评选活动，推动产生一批既具有影响力，又具有一定市场覆盖面的文艺精品。

（四）深化文化体制改革，推进文化产业协同发展

理顺国有文化资产监督管理机制，激发大型国有文化企业发展活力，使之在全市文化产业发展中起到引领示范作用。全力推动新兴媒体和传统媒体融合发展，实现在内容、渠道、平台、经营和管理等方面深度融合，助力温州日报报业集团和温州广电传媒集团转型升级。加大对文化产业的金融扶持力度，通过政府推动和社会参与等多种形式组建文化产业基金，拓展文化企业投融资渠道。集中精力举办温州国际时尚文化创意产业博览会，进一步促进温州文化产业交易，打响温州文化产业展会品牌。规范优化重点文化产业园区管理，推进文化产业园区差异化发展，高度重视小微文化企业的发展，搭建发展平台，研究制定帮扶小微文化企业发展的政策。组织文化企业和文化产品参加全国各地知名文化产业展会，推介温州文化企业品牌。落实文化产业扶持政策，推广宣传中央、省、市各项优惠政策，推进文化产业跨越发展。举办中国微电影节等全国性活动，扩大温州文化产业的影响力和知名度。重视文化内容产业发展，组建网络文学产业联盟，推动发展文学产业。

（五）加强舆论引导和监督，推进网络空间法治化建设

继续发挥"市民监督团"的作用，通过强化选题，创新方式，把握尺度，联合各大监督类栏目，进一步推进社会监督和媒体监督相融合，确保监督有力。筹建报网互动的问政栏目"政情民声"，形成电视、报纸、网络联动监督的格局，不断扩大监督的影响力。集中资源和力量打造"温州发布"政务微博（微信）平台、温州新闻客户端、"时尚温州"客户端、"最美温州"客户端、温州手机报以及各媒体官方微博（微信），形成全媒体联动的传播格局，切实用好官方主流传播平台。全面推行网络实名制，强化网络行为的自我约束。建立微博账号、微信公众号管理制度，切实管好自媒体。建立网络违规违法行为通报制度，在全社会形成"文明上网、文明用网"的良好价值导向。

（六）强化人才队伍建设，形成文化人才集聚效应

大力落实《温州市加强文化人才培养引进的实施办法》，推进"四个一批"人才工程建设。探索形成关心、关爱文化创意人才的机制，营造文化创意人才在温工作生活的良好氛围，通过党委政府主导举办文化创意人才交流活动，吸引更多文化创意人才来温集聚。加强文化领域领军人物和各类高层次专门人才的引进和培养，实施文化名家培养计划，重点培育和扶持一批在全省乃至全国有较高知名度和影响力的杰出专家人才。加强文化经营管理人才队伍建设，培养造就一支精通文化产业工作的队伍。加强优秀民间文艺人才队伍和民间文艺团队建设，组建民间文艺团队演出联盟，引导其在弘扬主旋律、传播正能量中有所作为。加大干部交流和实践锻炼力度，继续推行上挂锻炼、下基层锻炼、"体验式互挂"等培养方式，进一步增强文化人才交流合作工作力度。

Ⓑ.20
温州市文化礼堂建设的实践与思考

胡瑞怀 叶剑锋 黄 凰*

摘　要： 文化礼堂是集思想道德建设、传统文化弘扬、文体娱乐活动、知识技能普及于一体的综合性文化服务中心。温州在建设方式上坚持整合资源、鼓励民间力量参与，在管理方式上形成了"文化礼堂总干事驻堂制""月月主题制"等一系列机制，在功效发挥上强调文化礼堂的精神引领和以文化人作用。但是文化礼堂建设也存在经费保障不足、人才缺乏、机制不够完善、群众参与度不够等问题。为此，要进一步建立多元化的投入格局，加强人才队伍建设，完善制度机制，丰富活动内容，以保障文化礼堂的常态化运作，增强文化礼堂内容的吸引力，真正发挥其功效。

关键词： 文化礼堂　基层公共文化服务　温州市

近年来，浙江省大力实施文化惠民工程，加快建设村级文化设施，不断丰富农民的精神文化生活。但是，与农民日益增长的精神文化需求相比，与建设物质富裕精神富有的现代化浙江的要求相比，农村文化建设还存在较大差距，基层公共文化服务体系还不够健全，农村基本文化场所和文化载体还十分缺乏，在传承优秀文化、弘扬文明乡风、培育农民素养等方面还需进一步加强。因此，为进一步丰富农村精神文化生活，打造农民精神家园，加快

---

* 胡瑞怀、叶剑锋、黄凰，中共温州市委宣传部。

建设文化强省,巩固基层思想文化阵地,省委、省政府提出利用 5 年时间,在全省行政村建成一大批集学教、礼仪、娱乐于一体的农村文化礼堂,将其建设成一个集思想道德建设、传统文化弘扬、文体娱乐活动、知识技能普及于一体的综合性文化服务中心。2013 年为试点建设年,2014 年为扩面提质之年。农村文化礼堂建设还被列入了 2013 年和 2014 年省委、省政府的十件民生实事。

一 温州市文化礼堂建设的经验做法与初步成效

文化礼堂是一个新生事物,温州市深入贯彻省委关于加强文化礼堂建设工作精神,以"文化礼堂、精神家园"为主题,以有场所、有展示、有活动、有队伍、有机制等为标准,计划用 5 年左右时间,实现全市城乡社区文化礼堂建设覆盖面达 100%。坚持政府主导与多方参与相结合,做到"建设、管理、使用"相同步,科学规划、合理布局,以点带面、形成特色,使全市文化礼堂建设工作走在全省前列。

(一)在文化礼堂建设方式上探索形成温州特色

截至 2014 年底,温州已建成文化礼堂 599 家,其中 2013 年建成 309 家,2014 年建成 290 家,数量居全省首位(见表 1)。同时,在文化礼堂的建设方式上形成了自己的特色。

表1　2013 年以来温州市文化礼堂建成数量

单位:个

县(市、区)	2013 年	2014 年	合计
鹿城区	35	20	55
龙湾区	28	25	53
瓯海区	25	29	54
乐清市	42	42	84
瑞安市	38	39	77

县（市、区）	2013 年	2014 年	合计
永嘉县	33	23	56
洞头县	16	6	22
文成县	22	19	41
平阳县	23	23	46
泰顺县	21	26	47
苍南县	18	33	51
经济技术开发区	8	5	13
全　市	309	290	599

一是做到节约资源、整合利用。整合现有的各类文化设施资源，分步分类推进文化礼堂建设，其中利用宗祠等民间信仰场所改建文化礼堂的做法得到省委宣传部的肯定。如瑞安市后林文化礼堂（白旗宫）清除封建迷信用品，换上文化礼堂"一厅（曲艺厅）两馆（图书馆、民俗馆）三堂（文化礼堂、孝德讲堂、老年学堂）五廊（村史廊、民俗廊、励志廊、成就廊、文化廊）六室（电子阅览室、琴室、棋室、书画室、茶室、春泥计划室）"的内容。平阳县鸣山村文化礼堂由东岳殿改建，洞头县小朴村文化礼堂依托白马庙改建，文成县养根文化礼堂则由村内太阴宫改建。599 个建成的文化礼堂之中，祠堂改建的 161 家，面积约达 250000 平方米；民间信仰场所（如殿、庙、宫）等改建的 76 家，面积约达 93000 平方米；原有公共设施或文化活动中心修建的 308 个，面积约达 260000 平方米。利用已有资源建设的 545 个，占 91%。

二是鼓励民间力量参与文化礼堂建设，调动广大群众的积极性。据各县（市、区）和经济开发区的数据统计，全市文化礼堂建设群众自筹经费投入已达 18775.68 万元，龙湾区、瓯海区、乐清市、永嘉县、文成县、平阳县、经济开发区自筹经费均超过 1000 万元，其中乐清达到 4680 万元。同时，省、市、县、村四级财政经费投入 18983.35 万元。许多个人除资助资金外，还积极参与到文化礼堂的规划设计、工程建设、礼堂管理和活动开展各个环节。如有退休村书记为礼堂主题内容出谋划策；有退休老师主动请缨走家串户搜集资料丰富礼堂内容；有村民捐出自己家里收藏的高跷、戏服、器具，民间艺人制作泥塑作品、木雕作品供礼堂展览；还有群众自发组建文艺团队，参与礼堂活动，引导群众在活动中自我表现、自我教育。

三是在覆盖面和文化礼堂布局上进行了拓展。一方面，省里仅强调建设农村文化礼堂，温州还兼顾了城市社区，并且向学校和企业拓展。全市文化礼堂中，农村476家、社区44家、企业74家、学校5家。另一方面，温州将散落在农村、社区的各种文化场所如爱国主义教育基地、民间博物馆、纪念馆、主题文化公园、市民广场等场所作为区域内文化礼堂的配套场所有效地串联起来，使之真正产生文化综合体的效果。如龙湾区南洋河滨文化礼堂结合道德主题公园建设，新蒲江文化礼堂将蒲州河两岸的郑成功纪念馆、小公园、凉亭和长廊、老人活动中心串联起来建设。永嘉县溪口文化礼堂结合历史古村落建设，大源下文化礼堂结合大若岩景区建设。温州市还专门出台民间博物馆建设配套奖励政策，鼓励各地在建设文化礼堂的同时，结合本地特点，建设各类展陈馆，如鹿城驿头"中加友谊馆"、平阳梅里"和剧展陈馆"、文成下洋"浙南农耕博物馆"、泰顺"廊桥博物馆"。

四是形成了标识醒目、场所固定、展示丰富的建设标准。温州市制定了文化礼堂建设基本标准，规定全市文化礼堂可以建成综合一体式或者分散组合式；统一标识，设置于醒目位置，实行晚上亮灯，成为当地醒目的"文化地标"。在展示展览场所方面形成了具有温州特色的"六廊"：村史村情廊、乡风民俗廊、崇德尚贤廊、成就展示廊、特色文化廊、温商风采廊。

表2 温州市文化礼堂设施建设标准

文化礼堂	礼堂	建筑面积不少于200平方米
		在显著位置设置国旗以及社会主义核心价值观24字和当代浙江人共同价值观4个核心词
		配有舞台、配备灯光、音响设施
	讲堂	配备必要的桌椅、电教设备
	展示展览场所	建有展览墙、室、馆、廊等展陈形式
		设有村史村情、乡风民俗、崇德尚贤、美好家园等板块
	文体活动场所	建有文体活动室、广播室、农家书屋、"春泥计划"活动室、电影放映场地、文化信息资源共享工程基层网点等

（二）在文化礼堂管理使用方面实现规范化、常态化

制定出台了《关于推进全市文化礼堂建设工作实施意见》《温州市文化礼堂建设奖补办法》《温州市文化礼堂建设五年规划》《关于推进"红色细胞·精神引领"工程加强农村精神家园建设的实施意见》《温州市文化礼堂建设标准（试行)》等一系列的政策文件。

在已建成的文化礼堂推行"月月主题制"、传统文化"礼事日"制、"总干事驻堂制"、"文化大使联系制度"、"文化礼堂亮灯制"等进一步建立健全文化礼堂"转起来"的制度机制，把文化礼堂管理使用纳入正常化、规范化轨道。"月月主题制"要求以"每月一主题"的形式，把文化礼堂每月的活动主题化、项目化，并形成制度固化下来。传统文化"礼事日"制，是指根据各地实际情况，选择有特别意义的一天作为本地的"礼事日"，每逢"礼事日"开展各种传统礼仪活动。"总干事驻堂制"要求每个建成的文化礼堂都建设一个"干事团"，在干事团中推选出政治素质强、德高望重、懂文化、会管理的人担任"总干事"，实行"总干事"驻堂，负责文化礼堂日常运转，确保文化礼堂正常运行。还在每个建成的文化礼堂配设了"八大员"，即"时政宣讲员、文体辅导员、文明督导员、科普指导员、文史保管员、法制协理员、舆情信息员、网络宣传员"作为重要干事。目前，全市已有总干事599名，八大员4792名。

成立全市农村社区文化礼堂建设工作领导小组，由市委常委、宣传部长任组长，分管副市长为副组长，市级有关部门负责人为成员，在市委宣传部设立办公室。组建"温州市农村文化建设工作专家指导团"，由农办、文广新局、社科联、文联、涉农学会、高校等单位的文化专业人士特别是民俗文化研究专家构成，全市现已有文化礼堂指导团专家219人。把文化礼堂建设工作纳入县（市、区）委书记履行基层党建工作责任制考评，作为考核各级领导班子、领导干部特别是乡镇干部的重要依据，纳入基层文明创建评价体系，纳入全市社会主义新农村建设和美丽乡村建设的重要内容。

（三）充分发挥文化礼堂价值引领和以文化人的功效

温州市在文化礼堂的内容建设和功能发挥方面，主要做法是以开展礼仪礼节活动、乡风民俗活动、志愿者服务活动、文化培训、文艺演出等各类别的活动为载体，将社会主义核心价值观细化为贴近群众生活的各类载体，依托文化礼堂活动营造浓郁的传统文化氛围，弘扬优秀传统美德，使文化礼堂真正成为基层的"文化地标、精神家园"。

弘扬优秀传统文化，基层土壤非常关键。现在，有了文化礼堂作为依托，在重要节庆和结婚、入学、成人等特定时节，组织开展富有地域特色的礼仪礼节活动，对于传承传统文明，弘扬"礼义仁智信"传统美德，营造浓厚的节日氛围具有积极的意义。温州还挖掘形成了"7 + 8"礼仪体系，"7"即春节祈福、清明祭祖、儿童开蒙、十八成人、结婚嫁娶、重阳敬老、尊师拜师7个礼仪活动；"8"即道德讲坛的"做反省""唱歌曲""诵经典""学模范""发善心""鞠躬礼""做善事""送吉祥"8个环节。编制了温州市文化礼堂礼仪活动指南，指导各地开展传统礼仪活动。同时，鼓励各地挖掘具有地方特色的礼仪活动，如乐清市的"耕读礼"、永嘉县的"永昆拜师礼"、洞头县的"开捕壮行礼"。在全市开展文化礼堂礼仪才艺大展演活动，推选有特色的优秀节目在全市已投用的文化礼堂进行展演和"文化走亲"。

"一方水土养一方人"，文化礼堂开展各类"乡风民俗"活动，勾起人们对"乡情难忘，故土是根"的认同，倡导文明乡风。如永嘉县小溪文化礼堂和小巨文化礼堂有乱弹表演；洞头县小朴村文化礼堂有独特的马灯表演，曾被中央电视台新闻联播关注和报道；苍南县溪心村文化礼堂有端午包粽子大赛、国家级"非遗"布袋戏和省级"非遗"渔鼓演出，张家堡村文化礼堂有木兰扇表演、社戏演出。另外，部分文化礼堂建设了特色鲜明的民俗文化记忆场馆，使文化礼堂成为村里的文化博物馆。如瓯海区泽雅镇天源文化礼堂的手工粉干制作展馆、石桥文化礼堂的古法造纸体验区等，充分展示了地域"非遗"项目的技艺和风采；瓯海区茶山街道梅泉文化礼堂开设

了百鸟灯制作班，瓯海区仙岩街道穗丰文化礼堂组建钩花社团，传承与推广民间手工技艺；瓯海区宋岙底文化礼堂的农耕展示馆、将军文化礼堂的城市记忆展示厅等，通过展陈实物留存村庄的传统和历史。据各县（市、区）数据统计，全市各类特色主题场馆已达 297 个。

文化礼堂开展各类文化文艺活动，提振农村精气神，促进村庄间的文化交流。如组织开展了百场公益电影基层行活动，为每个行政村有条件的文化礼堂，每月放映一场免费电影。组织市民艺术团等赴文化礼堂举办美术、摄影基础、书法技法讲座 300 多场，开展曲艺、音乐、魔术等表演达 500 多场。开展农村"送文化"活动，邀请专家对农村文艺骨干和文化爱好者开展器乐、戏曲、舞蹈等辅导 100 多次。在农村文化礼堂开展"唱村歌、办村晚"等系列活动，即鼓励每个文化礼堂有一首"村歌"，举办一台"村晚"，如鹿城区驿头社区文化礼堂组织创作了村歌《千年驿头在心头》、永嘉县岭下村文化礼堂选择了当地广为流传的《楠溪船歌》老歌为"村歌"；2014 年开始于春节前举办"村晚"活动 355 场，均由文化礼堂所在地的村民自编自演，自娱自乐。

二 温州市文化礼堂建设工作中遇到的困难与问题

温州市文化礼堂建设给农村带来了不小的变化，如此之多的正能量活动使老百姓的精神文化生活更加丰富，将赌博、"三俗"演出、喝闲酒排挤出人们的日常生活，乡风更加文明了，邻里关系更加和谐融洽了。但是文化礼堂建设还是存在一些现实的难题需要进一步思考解决和完善。

（一）文化礼堂建设运行的经费保障问题

文化礼堂建设需要大量的经费投入，其中以原有的学校、祠堂等改建为主的文化礼堂资金投入相对少一些，而新建扩建则需要更多的经费投入。据各县（市、区）统计，2013 年和 2014 年全市文化礼堂设施建设投入资金约4 亿元，平均到每个文化礼堂约需 70 万元；全市各县（市、区）给予文化

礼堂"总干事"补助 359 万元，平均到每人每月仅为几百元；开展活动补助 1227 万元，平均到每场活动也仅为几百元。基层普遍反映，投入建设经费不足，导致文化礼堂日常运行、活动开展和管理人员工资及硬件维护等日常开支较为困难。但是真正要发挥文化礼堂的功效，必须靠常态化的开放和活动开展。上级部门有限的"以奖代补"经费补助模式，根本弥补不了建设的资金缺口，2013 年和 2014 年文化礼堂的经费投入中，各级财政"以奖代补"投入仅占 21%。

（二）文化礼堂管理和活动组织的人才保障问题

一是缺乏管理和组织人才。虽然当前多数礼堂已配备"驻堂总干事"和"八大员"，但是真正能胜任岗位工作的，既有责任心、服务意识，又有一定的号召力并且懂得管理的人才十分匮乏。就目前的文化礼堂总干事而言，年龄结构偏大，文化程度普遍偏低。在现有的文化礼堂总干事当中，年龄 29 周岁及以下的占 11.2%，30～39 周岁的占 17.5%，40～49 周岁的占 34.8%，50～59 周岁的占到 21.6%，年龄在 60 周岁以上的占 14.9%（见图 1）。而总干事的文化程度以初高中为主，占到了 43%（见图 2）。二是缺乏文化文艺人才。礼堂建设完成后，文化设施条件发生了根本变化，群众文化活动的热情迅速高涨，文化活动类型不断丰富，文化活动层次逐步提高，而村庄内部的文化人才却远远不能满足各类文艺活动开展的需要。另外，传统文化、书法绘画、技能培训各种教育教化类培训活动很受群众欢迎，但是这方面的人才却很缺乏。而仅仅依靠外部力量，如政府宣传文化部门、群团组织、高校等的活动配送，则很难保证活动开展的持续性。

（三）基层群众的参与度还不够高

从目前部分已投入运行的文化礼堂来看，其精神文化活动虽然迅速升温，但如何更好地吸引群众参与进来还需作进一步的努力。如文化礼堂文艺演出、电影、讲座进礼堂等文化活动数量上还相对不足，有的文化项目只在

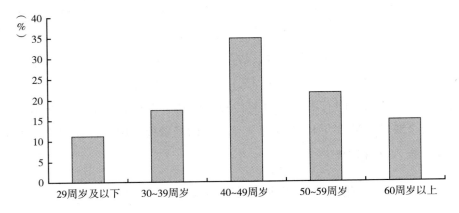

图1 温州市文化礼堂总干事年龄结构

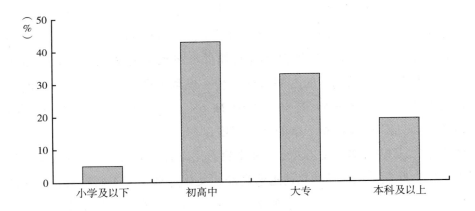

图2 温州市文化礼堂总干事文化程度分布情况

资料来源：根据温州12个县（市、区）及功能区报送数据统计。

节假日或特定时间才能开展，还不能很好地满足群众的需求。活动内容也还不够丰富，大多以唱歌、跳舞等传统方式为主，缺乏特色，缺少吸引力，许多富有时代气息、为农民喜闻乐见的文化活动形式还没有被充分利用和挖掘，部分文化活动还不够"接地气"。在活动覆盖上也存在地区不均衡现象，经济发达、交通便利、文化设施齐全的中心村，受各类"文化下乡"活动青睐，而偏远村落则很少受到光顾。

（四）文化礼堂的管理机制也有待进一步健全

目前文化礼堂的管理主要由总干事负责，但是总干事多为兼职，专职人员仅占总数的27%。有的礼堂没有专人管理，导致设施开放和活动组织非常不规范；有的礼堂徒有其表，以应付上级考核为主，平时基本上都是"铁将军把门"。

三 关于温州市文化礼堂建设的对策和建议

温州市文化礼堂建设工作正在如火如荼地进行，要充分认识到阵地建起来了，接下来如何进一步加强投入、建设队伍、完善服务、丰富内容、创新机制、打造特色，坚持"建、管、用"一体化，真正发挥阵地的辐射力和影响力才是重中之重。

（一）形成多元化的投入格局保障资金到位

随着经济的发展及和谐社会建设的深入，增加文化建设资金投入势在必行。因此，要在目前文化礼堂建设以奖代补专项经费的基础上，增强农村、社区、企业在文化礼堂建设中的责任主体地位，各级政府财政要加大投入，以县、乡两级财政和集体经济投入为主，鼓励企业和社会热心人士参与文化礼堂建设，最终需形成科学合理的多元化投入格局。另外，针对农村的资金、项目、政策很多，比较分散，因此需要将这些资金资源作进一步整合，集中力量解决文化礼堂建设和运转的经费问题。

探索事业与产业并进发展，也是解决资金困难的思路之一。积极探索将文化礼堂社会资源转化为文化产业产品，把文化发展和经济发展融合起来。如将文化礼堂丰富多彩的文艺文化、礼仪民俗、传统知识普及活动，以及特色的展览展示场馆等文化资源与民宿、亲子游、乡村旅游、乡村美食和农产品销售相结合，不但能够带动农家乐发展、特色农产品销售，拓宽群众增收途径，使文化礼堂的建设、管理和使用在"政府主导力、村民主体力、市场助推力"三力合一中步入良性发展轨道，而且也可以有效提升文化礼堂

的知名度和美誉度，从而进一步聚集人气，拓展文化礼堂内涵，让更多的群众共享文化礼堂建设成果，让文化礼堂的生命力不断衍生。

（二）加强选训考核积极建设人才队伍

一方面，要整合市、县、乡、村四级文化人才资源，利用好正在建设的四支队伍，即文化礼堂"干事团"、"八大员"队伍、"文化大使"队伍、志愿者队伍。真正推选出热爱宣传文化工作、有威信、负责任、懂文化、会管理的人担任总干事；选齐配强"八大员"；发动广大文艺工作者与文化礼堂结对，负责策划和指导文化礼堂各项活动，提升活动整体质量；发动共青团、妇联等群众团体，高等院校、科研院所和社会组织进文化礼堂，鼓励大、中专学生利用假期和双休日到文化礼堂开展志愿服务。另一方面，要加强对礼堂管理人员的培训与考核，有计划地组织文化礼堂干事参加业务培训，并对其工作进行考核，提升其综合管理素质。

（三）丰富活动内容增强文化礼堂的吸引力

一是开展的活动要更有意思更有味道。在积极推动"教育教化""乡愁乡风""礼仪礼节""文化文艺"活动进文化礼堂的基础上，坚持市、县、乡、村联动，组织开展"唱唱我们的村歌""上上我们的村晚""讲讲我们的精彩故事""演演我们的电影"等接地气、有意思的活动，使群众想来、要来。二是探索服务功能的延伸和拓展。文化礼堂是新形势下做好群众工作的重要渠道和平台，因此，要进一步优化拓展文化礼堂的交流服务功能，使之满足村民议事集会和代理服务的需求。如以矛盾化解、心理疏导、民意汇集为出发点，搭起村民与村民之间、党政与群众之间平等开放交流的平台，小到家庭矛盾或邻里纠纷，大到村庄重要事项或村民重大利益，都可在文化礼堂里进行公开商讨解决。还可以在城郊流动人口和老年人较多的文化礼堂提供一些免费便民服务，设置民意征集箱及时了解有关社情民意，并跟踪反馈处置情况，让文化礼堂成为便民服务的重要窗口。三是方式手段上要有创新、有活力。试点推进无线网络进文化礼堂，在条件成熟的农村文化礼堂免费安装 WiFi，从而吸引更多群众特别是年轻人走进文化礼堂。深化品牌建设，充分利用自身资源禀赋，在建筑风格、展示内容、活动样式等方面形成自己的特色，做到"一村一色""一堂一品"。同时，使一些有特色、有影响的文化项目，通过交流、参赛、举办专项文化节等扩大影响，创出活动品牌，从而吸引更多的人参与到文化礼堂建设中来。

（四）创新机制建设保障科学管理、有效运行

在做好原有制度机制的基础上，继续坚持改革创新，探索和完善一批有效的管理运行新机制。一是建立责任捆绑机制，让全市各方面的力量向文化礼堂靠拢。文化礼堂作为一项具有鲜明价值导向、事关群众切身利益的综合性文化工程，牵涉面广、工作量大、周期性长，需要变"独角戏"为"大合唱"，需要各方面力量参与进来。二是推出文化礼堂产品供给服务"大菜单"。整合市民艺术团、图书馆、文化馆、档案馆的演出、展览、辅导、讲座、数字资源服务等资源，推出文化礼堂服务大菜单，供全市文化礼堂点单，做到全市"一张网"。菜单式整合服务有利于资源的高效利用，符合公共文化服务体系的发展趋势，可以更好地满足当前农民多样化的文化需求。三是试点实施文化礼堂"理事会负责制"。在具备条件的地方吸收村干部、专业人士、热心人士、文化能人、志愿者、群众代表加入理事会，参与文化礼堂管理，使文化礼堂在实现群众自我组织、自我管理、活动开展上更具统筹性和科学性，让文化礼堂成为群众唱主角的舞台，促进文化礼堂管理社会化、规范化。四是在有条件的文化礼堂试点实施政府购买公共文化服务机制。通过政府购买社会公益组织服务的方式进行专业化管理，形成公共服务供给主体多元化的新格局。由于专业化的社会组织比政府更加专业、服务更加贴心，政府也由"办文化"向"管文化"转变，从而可以更好地适应群众文化需求日益多元化的要求，实现节约成本提高效率、让民生工程更好地服务群众的目标。五是建立文化礼堂总干事待遇、活动开展补助基金。各级财政都给文化礼堂的管理者和活动开展给予一定的补贴，调动管理者的工作积极性，稳定这支队伍，从而保障文化礼堂的日常活动能够持续开展。

B.21
温州区域博物馆群建设研究

高启新*

摘　要：　基于对温州区域博物馆历经半个多世纪发展过程的追溯，研究认为在经过雏形期、创建期和发展期之后，温州已形成国有与非国有博物馆"并驾齐驱"的格局。研究指出，温州民间博物馆数量众多、特色鲜明，民间办馆热情高昂。研究就民间办馆遇到的问题进行了分析，提出了构建温州区域博物馆群的设想，并就此提出发展展望与对策建议。

关键词：　博物馆群　国有博物馆　非国有博物馆

温州是中国民营经济的策源地，民间资本力量雄厚。随着《博物馆条例》（国务院令第659号）（下简称《条例》）的出台，敏锐的温州资本，在今后较长的一段时间内将会持续关注博物馆建设。随着国有与非国有博物馆在性质、职能、责任、权益等方面日益平等，可以肯定，已具备一定发展规模的温州非国有博物馆数量将会大幅增加，并与国有博物馆"并驾齐驱"，形成有区域特色的博物馆群，共同承担起传承人类文明和公共文化服务的使命。

一　温州区域博物馆的发展历程

温州区域博物馆在经历半个多世纪的发展过程中，其大致经历了雏形期、创建期和发展期三个阶段。

---

* 高启新，温州博物馆副馆长、副研究员。

（一）综合性国有博物馆从无到有逐渐发展壮大

民国年间，温州即出现学校或私人的展示、收藏文物的机构。如 1933 年 2 月，温州中学筹办工艺、史地和自然类乡土博物馆。1951 年妙果寺千佛塔拆除，佛像、佛座舍利子、瓷盒、石刻、钱币、铜镜等近百件文物在温州国货公司三楼展出。1952 年，温州文物保管委员会正式成立，开始收藏、征集、保护地方文物，规划地方文物事业的发展，并于次年举办陈列展览。1958 年 5 月，原兴庆寺被辟为温州博物馆，由方介堪先生兼任首任馆长，至此温州第一家综合性博物馆正式诞生。"文化大革命"期间撤销温州博物馆，将其并入温州市图书馆，至 1981 年恢复原来建制。2004 年 1 月 12 日，温州博物馆新馆落成并正式对外开放。藏品由 1953 年的 3522 件增至 3 万余件，品种发展到现在的石器、陶瓷器、青铜器、金银器、书画、彩塑、漆器、砖雕、木雕、碑刻、钱币、文史资料、革命文物等十多个门类。

（二）文物收藏保护工作全面复苏

1950 年，随着温州文物管理委员会的诞生，各县（市）也开始成立相应的文保机构，其中文物大县瑞安在县文物管理委员会的基础上，以玉海楼为馆舍于 1956 年成立了瑞安文物馆。1958 年"大跃进"中受"县县有博物馆，社社有展览室"的影响，各县相继成立博物馆，并开展了文物调查、征集及保护工作。如瑞安文物馆配合省文管会在瑞安桐溪、芦浦两地发掘了三国至齐梁的墓葬 41 座，出土一批陶瓷器、铜器、银饰件及纪年墓砖；永嘉县文物部门配合发掘永嘉江北礁下山 10 多座东晋及南朝墓葬；1959 年泰顺县文博馆为庆祝新中国成立十周年，在全县广泛征集革命文物达 1500 余件，大部分送交中国军事博物馆、浙江省博物馆、温州市博物馆；1966 年，平阳出土青釉堆塑谷仓等 20 多件次品和青铜器，桥墩水库工地发现南宋黄石夫妇及其子黄裳夫妇墓葬，出土 10 多件宋代铜器、瓷器以及印章和墓志铭等，均入藏平阳文物馆；1978 年 4 月，省考古研究所派专家前往泰顺进行珊溪水电站淹没区文物调查，同年 11 月省、市、县文物部门联合进行泰

顺玉塔北宋古窑址考古发掘。各县（市）博物馆通过征集收购、捐献和考古发掘等手段，丰富馆藏藏品，使一大批珍贵的历史文物得到保护，馆藏文物的数量剧增。

（三）国有与非国有博物馆并驾齐驱

温州民办博物馆的发展是改革开放的产物，与20世纪80年代悄然兴起的民间收藏密切相关。随着民办博物馆建设的合法化，审批制度也日趋完善，1996年温州首家民办博物馆——永昌博物馆在龙湾区诞生。作为国有博物馆的有力补充，温州民办博物馆经过10多年的发展，数量不断增加，办馆质量逐年提升，办馆规模逐渐扩大，藏品日益丰富，以国有博物馆为骨干、非国有博物馆为补充的温州博物馆网络基本架构已经形成。截至2014年，温州市有一定公认度的民办博物馆有23家，在文化部门注册的有15家，经省级文化行政部门批准成立的有3家，市级文物部门批准成立的有7家，未注册的有6家，正在建设的有6家，参观总人数突破20万人次，社会效益十分显著。民办博物馆办馆形式丰富多样，有历史类、艺术类、自然类、行业类等。民办博物馆各类藏品数达12.8万件，涉及历史文物、陶瓷、书画、钱币、金石、奇石、动物标本、非物质文化遗产、民俗、鞋、服装、电缆、网球等多个门类，填补了国有博物馆未涉及的领域。各类民办博物馆的总建筑面积达4.7万平方米，展示厅面积达2.1万平方米，全部实施了免费开放。温州方介堪艺术馆、金洲动物博物馆在全国享有一定知名度（见表1、表2）。

温州非国有博物馆办馆具有以下几大特色。首先是自觉性。在创始初期，政府没有任何的鼓励扶持政策，民间的收藏家以及爱好收藏、重视企业文化的企业家本着对创建博物馆的热情，积极参与办馆，具有浓烈自发的民间行为。其次是办馆形式的多样性。由于温州各地的经济、文化的差异，投资主体的多样性，形成办馆规模不一，门类繁杂的现象。类型涉及专题类博物馆、自然类博物馆、艺术类博物馆、民俗类博物馆，各具风格，特色鲜明。最后是收藏品的广泛性。温州民办博物馆收藏范围几乎涵盖了社会历史和自然历史所有领域。在收藏品上体现了新、奇、特、专等特点，对国有博物馆起到了拾遗补阙的作用，成为公共文化服务体系中有地域文化影响力的重要载体。

表1 温州各地登记注册的民办博物馆（2013年年检名单）

序号	单位	性质	注册单位
1	温州龙湾永昌博物馆	民办	浙江省文物局
2	温州方介堪艺术馆	民办	浙江省文物局
3	温州金州动物博物馆	民办	浙江省文物局
4	中国鞋文化博物馆	民办	市文化广电新闻出版局
5	温州紫砂壶博物馆	民办	市文化广电新闻出版局
6	乐清三科非遗博物馆	民办	市文化广电新闻出版局
7	瑞安市叶茂钱收藏馆	民办	市文化广电新闻出版局
8	瑞安蓝夹缬博物馆	民办	市文化广电新闻出版局
9	苍南碗窑博物馆	民办	市文化广电新闻出版局
10	苍南藻溪奇石博物馆	民办	市文化广电新闻出版局
11	龙湾白水民俗博物馆	民办	市文化广电新闻出版局
12	瑞安叶适纪念馆	民办	市文化广电新闻出版局
13	瑞安市维加斯服装文化博物馆	民办	市文化广电新闻出版局
14	永嘉瓯渠民俗博物馆	民办	市文化广电新闻出版局
15	温州矾矿博物馆	民办	市文化广电新闻出版局
16	温州叶同仁中医药博物馆	民办	市文化广电新闻出版局
17	温州武术史馆	民办	市文化广电新闻出版局

表2 温州国有博物馆（不含在建博物馆）

序号	单位	性质
1	温州博物馆	国有
2	龙湾博物馆	国有
3	瑞安博物馆	国有
4	苍南博物馆	国有
5	泰顺博物馆	国有
6	瓯海泽雅唐宅村传统造纸专题展示馆、传统造纸体验园区	国有
7	温州非遗馆	国有
8	南戏博物馆	国有
9	谢灵运纪念馆	国有

序号	单位	性质
10	温州数学名人馆	国有
11	马孟容马公愚艺术馆	国有
12	夏鼐故居纪念馆	国有
13	东瓯国历史陈列馆	国有
14	朱自清故居纪念馆	国有

二 发展民办博物馆建设温州博物馆群

20 世纪 90 年代，非国有博物馆创办之初，驰骋商海的精英们，以雄厚的资本开始涉足收藏，从最初与社会公众分享个人收藏的快乐，到为民间收藏的健康发展寻求合法的存在机制，再到参与有广阔发展前景的文化产业，最后到兴办各类博物馆回报社会，形成了一条具有温州特色的从富商向儒商的身份转换之路。经过十几年的"摸石头过河"式的探索，如何使得温州非国有博物馆可持续发展这一问题日益严峻。

一是场地和资金问题。民办博物馆普遍存在批地难、手续繁杂的问题。大部分非国有博物馆属于公益性质，基本是免费参观，但场馆建设和装修、展品维护、人员的开支等是一个长期投入的过程，完全靠企业投入对企业的压力较大。非国有博物馆在法律上属于"民办非企业法人"，很难获得财政拨款、税收和贷款等优惠。

二是法律地位尚没有确定。建立一家民办博物馆，需要首先在文物部门注册获得专业认可，然后在民政部门完成民办非企业法人登记。有不少博物馆没有在民政部门登记注册独立法人资格，而民政部门的审批手续比较麻烦，导致一些收藏家办的博物馆没有合法身份。据统计，"目前我国现有 20% 的民办博物馆尚未完成法人登记手续。已完成法人登记手续的民办博物馆中有 60% 未建立规范的藏品管理制度，有 70% 未按要求建立理事会制度，以收藏文物、艺术品为主的民办博物馆藏品中赝品比例较高，陈列展览普遍数量少质量低。民办博物馆绝大多数还处于个人、家庭、企业'收藏展示馆'的阶段"。①

三是民办博物馆藏品所有权不明晰。创办者的私人财产权与博物馆的法人财产权混淆不清，不符合国际公认的博物馆的定义和性质。从相关法理和国际实践来看，一旦设立民办博物馆，其藏品就应该归博物馆法人所有，属于社会公有财产了。但是现在我国无论是民办馆创办者本人，还是社会公众，甚至是管理部门都还存在一些误区，仍然普遍将其藏品视为创办者私人所有。现阶段，我国民办博物馆要迈出从私人财产权转为法人财产权这一步还十分艰难，还需要在支持和鼓励的原则下引导和规范，避免挫伤创办者的积极性。②

虽然有较多的客观因素制约非国有博物馆的发展壮大，但从2000年至今，温州非国有博物馆创办热情依然高涨，如苍南矾山镇原本是"中国矾都"，收藏家们利用矾矿的资源和矾山人在全国各地开矿的优势，先后创办了矾山矿石博物馆、矾山博物馆、天韵奇石博物馆，目前，他们正在筹备用旧厂房开设矿山机械博物馆。如今小小的矾山镇已初具博物馆群的特征，为今后的矿山旅游奠定了良好的基础。此外，瓯海区为打造塘河沿岸的民办博物馆群，政府以30年为期出租土地给个人，依照自愿办馆、自筹资金、自负责任、自主管理原则，鼓励创办七家特色博物馆（专题馆），打造塘河文化景观长廊，温州共有30多位私人收藏者参与竞拍活动，场面火爆。2013年10月，温州文物部门租赁市级文物保护单位杨宅创办民办博物馆试点，开办具有温州地方文化特色的民间博物馆。经过严格审核，共有12家单位（个人）初评入围，最后温州武术史馆获得开办资格。2015年4月，布展完成的温州武术史馆将正式向社会开放。

博物馆群的形成离不开非国有博物馆的壮大。2015年《条例》正式施行，温州要抓住这一良机，充分利用民间资本雄厚、民间收藏兴盛的特点，

① 段勇：《民办博物馆要扶持也要规范》，《中国文化报》2014年4月8日。
② 段勇：《民办博物馆要扶持也要规范》，《中国文化报》2014年4月8日。

以多种形式大力培育扶持，做强、做大、做优各类非国博物馆。2013 年，温州市委、市人民政府《关于促进民办博物馆发展的实施办法》，明确提出"充分利用温州社会资本充裕、民间投资文化热情高的有利条件，把民办博物馆作为完善公共文化服务网络的一支重要力量，文化品牌"，2015 年施行的《条例》在法律层面明确了非国有博物馆的地位和属性，为其可持续发展提供保障、创造条件。《条例》同时明确博物馆在不违背其非营利属性、不脱离其宗旨使命的前提下，可以开展经营性活动。结合温州本土非国有博物馆的特点，在扶持与培育方面要从以下几个方面进一步细化落实。

一是简化审批程序。健全非国有博物馆准入制度，简化新建非国有博物馆审批程序。对兴办具有门类特点、行业个性或地域文化、民族（民俗）唯一性的非国有博物馆，以及致力于抢救濒危文化遗产、填补某领域文化空白或抢救比较稀缺的物品的新建非国有博物馆，应适当降低准入标准，放宽审批条件，或采用"先兴办，后规范"的方式。同时，进一步规范终止办馆后的藏品处置方案。

二是明确政策扶持和优惠的具体内容。把非国有博物馆建设纳入社会公益事业范畴和重点扶持项目范围，对投资非国有博物馆及其藏品征集、陈列展示、促销宣传等方面给予政策上的扶持和优惠。

三是建立奖励机制。温州市财政可采取以奖代补的形式，支持民办博物馆建设，对奖励实行量化标准并明确奖励程序。鼓励非国有博物馆开展合法的文化经营，在税费方面给予优惠。

四是提供用地保障。对非营利性非国有博物馆建设项目用地，经县级以上人民政府批准，可用划拨的方式提供。鼓励非国有博物馆利用历史文化街区（村落）内的文保单位、历史建筑，举办各类具有地方特色的专题博物馆。

五是加强专业指导和扶持。明确非国有博物馆的等级评定、陈列展览、藏品保护、科研与学术交流、政策信息服务以及工作人员培训、职称评定、人才奖励政策等方面享受与国有博物馆同等的待遇。

三 温州区域博物馆群未来发展与展望

尽管博物馆群是一个相对年轻的概念，但大致应该具备以下几项要素：一是相应数量的博物馆（几座、十几座甚至几十座）；二是相对集中在一个区域；三是以国有博物馆为龙头、专业博物馆为特色、非国有博物馆为补充，各种所有制并存。[①] 博物馆群是国有博物馆、非国有博物馆发展到一定时期的必然结果。目前，博物馆群因其新颖性、前瞻性的办馆理念，资源共享利用的最大化及较强的可操作性，越来越受到各地的重视。

当前，温州全市博物馆的兴建已呈现百花齐放之势，博物馆整体发育良好。在未来发展中，温州博物馆群要力求创新、寻求突破，形成政府主导，多元化、多渠道、多种模式并存的发展机制。

（一）对非国有博物馆的扶持力度要进一步细化，增强可操作性

《条例》只在政策上提出加强对民营博物馆的扶持，且是在一定范围内民营博物馆享受与国有博物馆同等的待遇，相对于国有博物馆，民营博物馆在政策支持、税费减免等方面仍处于劣势。民营博物馆经费来源主要是私人投资，很难享受财政拨款，还需缴纳各种税。因此，要想发展非国有博物馆，除了公平对待外，还需出台配套改革措施。

（二）国有博物馆与非国有博物馆联合建立博物馆群理事会制度

非国有博物馆实力较弱，单靠博物馆自身运营，比如门票收入很难生存，需要社会赞助，可以尝试设立基金，成立理事会进行管理，这对目前缺乏一定资金的国有博物馆同样适用。

---

① 单齐翔：《构建多元、开放、包容的博物馆体系》，《中国博物馆》2014 年第 2 期，第 35 页。

（三）鼓励博物馆合作共赢，唱好"文化生意"经

《条例》明确博物馆在不违背其非营利属性、不脱离其宗旨使命的前提下，可以开展经营性活动。做好经营是博物馆解决自我生存之道的普遍做法。"事实上，国际上许多博物馆的生存也不完全依赖政府。如美国的博物馆一般除获得非政府组织、个人捐赠等财力支持外，缺口部分则通过举办特展或巡展、开发经营文化产品等来增强自身的造血功能。"①

（四）建立并完善博物馆群共享体系

博物馆作为向公众开放的社会性公益机构，不能以一种封闭的状态存在，而是需要社会各界的支持与协助，寻求建立馆群共享体系。一是建立博物馆群资源共享机制。除了展品资源的合作共享外，还包括人力资源、管理经验与模式等的合作共享，以促进区域博物馆群共同繁荣发展。二是组建博物馆群志愿者联盟。国外很多博物馆除研究、保管人员外，几乎所有的职务都是由志愿者承担的。温州的博物馆群可以仿照国外的做法，建立起一支适应本博物馆实际需要且具有较高专业水准的较为稳定的志愿服务队伍。如此不仅可以弥补人力不足问题，并节约人力成本，还可以扩大博物馆社会影响力，提升美誉度。

一个城市拥有数十个乃至上百个博物馆，是城市文化繁荣的标志。温州作为一座具有2200多年历史积淀的文化古城，需要不同种类的文化记忆空间来表达其物质与精神的内核，博物馆作为最直接的"故事讲述者"，在传播信息方面有着得天独厚的巨大优势。不同门类的博物馆能更好地联结成"群"，从不同的角度展示温州的过去，成为市民了解城市历史、寻找历史记忆的重要场所，成为文化惠民的新举措。

---

① 姜潇、孙丽萍、白林：《条例亮点解读》，《新华网》2015年3月2日。

温州文化产业发展报告

谢中榜[*]

摘　要：　"十二五"期间，温州的文化产业发展仍处在从传统型向现代型文化产业格局迈进的"过渡阶段"。一方面，得益于政策的哺育、文化消费需求的增长，温州文化产业保持了高速增长的态势，总体规模持续扩大，产业结构不断优化，专业性、集聚程度越来越高；另一方面，在传统产业基础差、市场不完善等多要素影响下，温州文化产业的核心竞争力依然薄弱，优势产业、品牌建设并不突出，缺乏有效的融资渠道来撬动大投资、大项目，文化产业园区建设仍存在一定的盲目性。因此，未来温州政府应积极调整策略，更加注重从源头上解决制约温州文化产业发展的问题，在顶层设计、融资渠道、品牌建设、人才培育等方面加大投入力度。

关键词：　文化产业　园区　融资

近几年，尽管温州文化产业发展取得了显著进步，但横向看，与宁波、杭州仍相距甚远，即使与台州、绍兴相比，优势也不明显；纵向看，总量、增幅与发展指标，与市"十二五"规划确定的目标仍有差距。总体来说，温州文化产业仍处在"改革哺育期"，政府的扶持、培育作用极为重要。因此，温州文化产业政策的制定、执行与调整，必须建立在对温州文化产业发

---

[*] 谢中榜，中共温州市委党校。

展阶段的分析与研判基础之上。本文旨在客观反映温州文化产业的发展状况，寻找其快速发展背后的真正动因，以及当前仍存在的发展瓶颈，并为相关部门的决策提供一定的参考。

一 温州文化产业的发展状况

（一）文化产业总体规模持续扩大

2010～2013 年，温州市文化产业增加值从 100.58 亿元增长到 170.77 亿元，年均增长率约为 19.2%，远远超过温州 GDP 年均增长率。这表明，"十二五"期间温州文化产业呈现稳定增长的态势，产业规模在逐步扩大，对国民经济发展的贡献越来越大。但是，从横向比较来看，温州文化产业的规模、总量与杭州、宁波等地仍存在差距。例如，宁波市 2013 年的文化产业增加值已经超过温州市的 1.8 倍，占该地区 GDP 的比重达到了 4.45%（见图 1）。另外，金华市因有义乌国际小商品市场、横店影视城等重大项目，2013 年文化产业增加值位列全省第三，也远远超过温州。但我们也应该看到，温州文化产业增加值的年均增长率要远远超过杭州、宁波等城市，且增幅逐年扩大。温州文化产业增加值占 GDP 比重从 2009 年的 3.1% 提升至 2013 年的 4.27%，4 年提升了 1.17 个百分点，年均提升 0.29 个百分点，特别是 2013 年同比提升了 0.52 个百分点，较上年同比增长 24.2%（见表 1）。

表 1　2010～2013 年温州市文化产业增加值及占 GDP 比重变化情况

单位：亿元，%

年份	文化及相关产业增加值	同比增长	占 GDP 比重
2010	100.58		3.43
2011	116.01	15.3	3.47
2012	137.48	18.5	3.75
2013	170.77	24.2	4.27

注：若无特殊注明，本文数据均来源于温州市统计局、温州市委宣传部文化产业处。

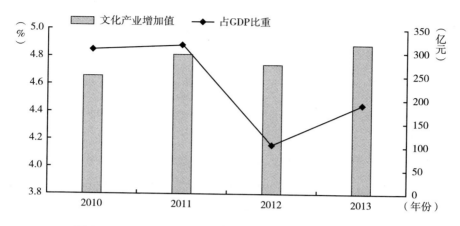

图1　2010～2013年宁波市文化产业增加值及占GDP比重

注：国家统计局颁布了《文化及其相关产业分类（2012）》，统计范围与口径有所改变，各地文化产业增加值发生变化较大，图中宁波市2012年文化产业增加值大幅下降，属于正常现象。

　　温州文化产业的快速增长符合本地区文化资源、消费需求和产业基础等条件，仍处于合理、可持续的范围之内。2013年温州经济总量居全省第三位，文化产业增加值位列全省第四，两者基本上相匹配。浙江省省委宣传部、省统计局发布了"2013年浙江省文化发展指数（CDI）"，温州市的文化发展指数增幅为3.65，名次位列全省第二，与温州的文化产业快速增长是可以相互印证的。文化发展的整体水平对于一个地区的文化产业来说无疑是源头之水，居民的文化消费需求就是其中一个重要的组成部分。2010～2013年，温州地区城乡人均娱乐、文化支出占消费支出的比例分别为4.15%、5.42%、6.49%、6.93%，与文化产业增加值的变化呈现正相关。2010～2012年，温州城镇居民教育文化娱乐服务支出占总消费支出比例为16%、12.8%、13.4%，农村居民教育文化娱乐服务支出分别为842元、1264元、1383元。这反映出温州的文化消费经由过去的结构单一、消费层次低逐步向多样化、高层次转变，文化消费市场日益升温。在温州，文化创意产业园区及其周边的商业、餐饮生意火爆，雁荡院线屡屡创下历史票房纪录，楠溪江古村落等文化旅游景区周末人潮拥挤，这些现象背后正是文化消

费需求日益增长与文化产品供应短缺之间的矛盾。温州文化产业能够在短期内呈现出快速增长的局面，从根本上说还是激增的文化消费需求和日益拓展的文化市场在起作用。

温州文化产业的高速发展还基于文化企业的快速成长，市场主体日益呈现出多元化、规模化的发展特点。2013 年，温州有文化及相关产业法人单位达 11716 家，"三上"单位 391 家，比上年增长 23.5%。其中，规模以上文化制造企业 236 家、限额以上批发零售企业 83 家、规模以上文化服务企业 72 家。基于原有产业格局的深刻影响，温州大部分文化企业仍集中在相关文化产品生产领域。从 2012 年的统计数据来看，印刷企业数量最多，共有 2700 多家，从业人员 58000 多人，年产值 230 亿元。而温州的文具生产企业、工艺礼品生产企业也为数不少，均在 300 家以上。此外，温州全市有制笔企业 200 余家，年产 120 亿支笔，在国内外有较大的知名度。值得注意的是，新兴文化产业领域的文化企业在温州快速发展，其中工艺美术品生产企业、互联网信息传输服务企业、文化娱乐休闲服务企业、创意与设计服务企业数量最多，动漫企业、影视企业也逐渐在本土市场发展壮大。以工艺美术品生产行业为例，温州共有瓯塑、瓯绣、黄杨木雕、石雕、细纹刻纸等 32 个品类 120 多个品种 300 多家企业，2012 年产值超过 130 亿元。[①]

（二）文化产业结构不断优化

"十一五"时期，温州文化产业结构的基本特点是"文化相关产品的生产"占据绝对优势，文化内容产业[②]比例不足。以 2009 年为例，温州市核心层、外围层和相关层分别实现增加值 10.48 亿元、15.15 亿元和 52.12 亿元，三者之比为 13.5 : 19.5 : 67.0。"十二五"期间，政府通过一系列的政

---

① 刘江波：《温州文化产业：从制造到创意》，《大众日报》2002 年 8 月 23 日。
② 学者对"文化内容产业"这一概念有不同看法，这里主要依据《浙江省文化发展指数 CDI 评价指标体系》，其外延与国家统计局《文化及相关产业分类（2012）》中"文化产品生产"这一部分相同，也大致等同于《文化及相关产业分类（2004）》中的"核心层 + 外围层"。

策安排，大力调整、优化文化产业结构，着重来推动文化内容产业发展。随着政策作用的逐步显现，温州的文化内容产业逐渐发展壮大，相关层的文化产业不断调整、提升，文化产业结构更趋合理、优化。2010年，新闻出版、广播影视、文化艺术服务业、数字文化服务、文化休闲娱乐、广告会展等文化内容产业创造的文化产业增加值为42.1亿元。2011年，温州市的文化内容产业增加值占文化产业增加值的比重为12.8%；2012年，这一比重比上年增长7.9个百分点，达到20.7%；2013年，温州地区文化内容产业增加值占文化产业增加值的比重已跃居全省首位，产业结构调整的成效非常显著。

一方面，温州的广播、电视、电影服务业，新闻、出版、发行服务业经过文化体制改革，彻底突破了单一的所有制形式，已成功走向市场化运作。例如温州广电集团，2013年全年实现总收入6.59亿元，同比增长8.3%；2014年实现总收入7.12亿元，同比增长6.73%，其中经营收入4.2亿元，同比增长7.78%，广播广告创收首次突破亿元大关。再如温州报业集团，下辖7个文化产业子公司，涉及户外媒体、广告创意、印刷发行等。2011年集团经营收入7.34亿元，同比增长10.5%；2012年集团收入总额为8.05亿元，同比增长10.3%，其中，广告收入4.5亿元，同比增长12.3%，经济指标跃居全国地市级党报集团第一，荣获中国报协全国城市党报"快速发展奖"；2013年集团收入总额为8.97亿元，同比增长4.3%，其中广告收入4.63亿元，同比增长6.1%，利润同比增长12%以上，实现逆市高位增长。"雁荡院线"也是温州文化体制改革典型案例之一，"雁荡院线"票房保持高速增长，旗下加盟影院数量不断增加，目前仍然无法满足本土市场需求，发展空间依然很大（见图2）。2013年，温州雁荡院线共放映电影36.9万多场，观影人数601万人次，票房收入破2.4亿元；温州大剧院自营演出93场，公益演出24场，观众人数达10万多人次。

另一方面，文化信息服务、文化休闲娱乐、工艺美术品生产等行业逐渐发展壮大，成为温州文化产业的新生力量，为地方经济发展、创造就业机会做出了新的贡献。例如永嘉、洞头、泰顺等缺乏传统优势文化产业支撑的地

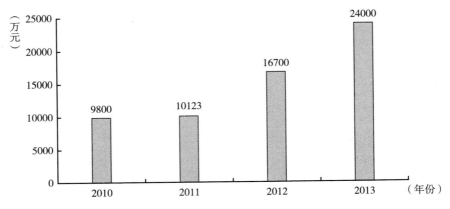

图2　2010～2013年雁荡院线票房收入情况

区，也因为文化休闲娱乐业（以文化旅游业为核心产业）的快速发展而形成了强有力的文化产业竞争力。以永嘉为例，该县专门组建了旅游投资集团有限公司，2013年投入1.89亿元，对楠溪江核心景区的苍坡村、芙蓉村、岩头村等进行先期开发，打造以传统文化为核心，融合民俗、节庆、特色餐饮、特色农业的文化旅游产品。2013年，该县共接待游客415万人次，实现旅游总收入30.57亿元，同比均增长30%以上。① 又如乐清市，充分运用非物质文化资源和文化人才资源，通过大力引导传统工艺美术行业转型升级，推动工艺美术行业实现产业化、集聚化发展。现在，乐清的木雕、细纹刻纸、石雕、铜雕等几大类工艺美术产品远销日本、东南亚、欧美等国家和地区，在全国同行业中处于领先水平。

此外，原本在温州占优势的相关层文化产业（即文化相关的生产）出现了较大的调整，甚至还有部分行业出现了产业转移。以龙湾区为例，文化信息传输服务业的强势崛起，改变了该区以制笔、印刷、文具生产为主的单一格局，逐步实现了文化产业结构调整。2013年，龙湾区共有421家文化企业，涵盖《文化及其相关产业2012》中的9大类（总共10大类），31个中类（总共50个中类），其中企业数量最多的三类分别是互联网信息服务

---

① 数据由永嘉县旅游局提供。

（105 家）、笔的制造（52 家）和文具制造（44 家），占全区文化企业总数的 47%。① 再如，苍南的台挂历行业，原本有数百家企业，长期占国内 80% 以上的市场份额。2013 年，受国家相关政策变化影响，台挂历团购订单相比 2012 年全行业大幅减产了 40%，一些小企业纷纷倒闭或转行，整个行业面临着生存危机。当地政府、行业协会积极协调减产，同时在产品样式、科技含量、营销手段上寻找新的利润增长点，推出了 3D 台挂历、DIY 台挂历等创意产品，另在淘宝、天猫等电商平台上积极拓展营销渠道。该县的台挂历行业虽然减产但不减"收成"，产值相比前一年还略有增加。

（三）文化产业基地（园区）建设较快

"十二五"期间，大量资本进入文化产业领域，温州的文化产业园区建设速度较快。根据《温州市文化产业发展"十二五"规划》，至 2015 年全市拟建成 20 个文化创意产业园。2013 年全市拟开工、续建或规划储备的文化产业园区项目就有 62 个，总投资达 200 多亿元。从园区分布来看，鹿城区是温州文化产业园区集聚的中心，全市 6 家市级重点文化产业园区鹿城就占到一半。例如，"黎明·92"创意街区从原来"低、小、散"的传统轻工厂区摇身一变，成为省级小企业创业示范基地、市级现代服务业集聚示范区、新型都市慢生活休闲区与创业创新集聚区。现在，这里不仅是城市有机更新的"模板"，也成为浙南闽北地区最时尚的文化创意产业集聚地。除"黎明·92"文化产业集聚区外，鹿城区还有浙江创意园、智慧谷文化创意园等一批比较成熟的园区，规模也在不断壮大，并且呈现日益显著的空间集聚特征。此外，龙湾、瓯海、瑞安等地也纷纷加快文化产业园区建设，以园区建设推动文化产业集聚发展，延伸文化产业价值链。继笔都工业园之后，龙湾区建成了红连文创园、源大创业园、蓝江软件园 3 个园区。

温州本土的文化产业园区开始朝着品牌化的方向发展，并且已经取得了

---

① 数据由龙湾区委宣传部文化产业办公室提供。

一些成绩。截至 2014 年底，温州已经有国家级广告产业试点园区 1 个、省级文化产业园区 2 个、市级文化产业园区 6 个，总建筑面积 778.41 万平方米，入驻企业 677 家。① 浙江创意园是温州首个省级文化产业园区，入驻园区的企业超过 90% 为文化创意类企业，文化创意产业链正逐步形成。此外，温州一些传统优势文化产业项目的集聚区在国内外享有盛誉，形成了中国印刷城、中国商务礼品城、中国制笔之都、中国教玩具生产基地等多张国字号金名片。

（四）文化产业政策跟进速度快

2010 年，温州出台《温州市人民政府关于鼓励和引导民间投资健康发展的实施意见》，明确要求尽早确定文化产业"招商引资项目"，重点扶持新兴文化产业发展；2011 年 3 月，出台《关于促进文化产业发展的若干意见》，规定市财政每年安排 2000 万元作为"文化产业发展专项资金"，对文化产业的土地使用权、投融资、人才引进等方面给予优惠。2012 年 4 月，温州市政府下发《温州市文化产业发展"十二五"规划》，指明了文化产业发展方向，即实现从以文化制造业为主向文化创意产业为主转变。2013 年 9 月，市委市政府发布《关于促进文化产业发展的若干意见》，制定"一揽子"政策意见，鼓励扶持文化产业发展；在同月召开的文化产业发展大会上，温州确定了今后重点发展的七类文化产业，具体包括新闻出版服务、电影电视服务、文化艺术服务、文化信息传输服务、文化创意和设计服务、文化产品生产的辅助生产等。2014 年 3 月，市委、市政府出台了《关于实施"五一〇产业培育提升工程"的指导意见》，将文化创意产业作为十大新兴产业之一来打造。2014 年，全市共命名市级重点文化产业园区 6 家、首批市级重点文化企业 35 家，48 个项目获得 751.43 万元文化产业专项资金扶持；成立温州市首家文化企业专营金融机构——温州银行文化支行；成立温州文化创意学院，财政安排 450 万元资金用于学院建设。

---

① 数据由温州市委宣传部文化产业处提供。

二 温州文化产业的发展瓶颈

温州是一个"老牌"的文化产业城市，早在 20 世纪 90 年代初，制笔业、印刷业、文化用品制造业就已经成为支柱产业；同时，温州又是一个"新生"的文化产业城市，动漫产业、文化旅游业、文化会展业等新兴业态才刚刚迈开步伐。"老牌"与"新生"两种特性并存，表明温州文化产业发展必然要处于这样一种过渡状态：从传统型文化产业向现代型文化产业格局迈进。虽然过去几年，温州文化产业保持了高速增长的态势，但制约发展的瓶颈依然存在。归根结底，温州发展文化产业遇到的瓶颈源于这种"过渡状态"，从"低层次、低效率、低增长"的粗放型文化产业向"规模化、集约化、专业化"的现代文化产业体系迈进，必然要面对"改革阵痛"。

（一）温州文化产业依然缺乏核心竞争力

从 2013 年浙江省全省及各市的"文化发展指数 CDI"情况来看，温州文化产业竞争力指数仅为 78.54，列全省第 8 名。归根结底，因为温州的文化产业缺乏核心竞争力，导致"大而不强，快而不优"的状况。在产业快速发展、市场加快分化的今天，提升产业核心竞争力必须要依赖优势产业、知名品牌。与温州所拥有的优势文化资源、巨大的文化消费需求相比，温州的优势文化产业不够突出，知名品牌还不够多，聚合各种社会资源的能力还不够强，这直接制约了文化产业竞争力的提高。一方面，温州传统优势文化产业项目逐渐萎缩，原本在国内外市场都有较强竞争力的制笔业、印刷业面临巨大的生存压力，但改造、提升又存在重重困难；另一方面，迅速崛起的新兴文化产业，普遍还处于模仿、赶超的阶段，并没有很好地整合温州本土的优势文化资源，且存在创意、创新驱动不足的问题，尚未形成与杭州、宁波等地"一较高下"的竞争力。

（二）融资难是当前温州文化产业发展亟待解决的问题

当前温州文化产业整体实力不强，文化产业资金匮乏，缺少重大项目的撬动作用，尚未出现一批文化产业大集团或上市公司。当前，文化企业在我国创业板中表现抢眼，已经成为资本市场热捧的"新宠"，并购重组日渐活跃。但这在温州文化产业领域还是一片沉寂，温州本土的文化企业缺乏进入资本市场的经验积累。而一些走出温州的文化企业、文化商人却在资本市场上实现了跨越式发展。例如，温州"80"后商人林奇创办的网页游戏公司游族网络，成功借壳梅花伞业上市，市盈率高达13.89倍。此外，金融机构对温州文化产业发展的支持不足。当前仅有温州银行文化支行一家文化企业专营金融机构，文化金融产品和文化金融专业服务团队，都极其缺乏针对小微文化企业和文化创意人才创业的金融服务及产品。温州尽管民间资本雄厚，投资者对文化产业项目的投资热情也很高，但由于缺乏成熟的资金、项目对接平台，以及信息不对称使得投资盲目性高且低效率。

（三）文化产业基地（园区）建设存在一定的误区

当前温州文化产业园区大规模建设的背后存在着一些问题，较为突出的有两个方面：一方面，园区建设模式单一，配套服务跟不上。因为建设用地指标紧张，温州每年可用于文化产业园区建设的土地十分有限。再加上当前文化产业园区的投资主体多为民营企业，囿于资金方面的制约，大多倾向于采取旧厂房、旧建筑改造为主。虽然这种建设方式可以突破土地资源要素的制约，实现资源的合理配置，但也存在着先天的缺陷：文化产业园区受制于各种既定要素，提升改造存在着现实困难，停车难、仓储物流滞后等一系列问题突出。另一方面，园区资源整合功能不完善，产业集聚的作用未真正发挥，"同质化竞争"现象较为突出。虽然个别园区在专业化、链条化发展上取得了一定成绩，但大部分园区存在着集聚效应差、企业同质化竞争严重、产业带动作用不明显等问题。园区扎堆的现象已经浮现，甚至一些园区面临着关门、倒闭的尴尬处境，可持续发展成为一个值得关注的问题。

三　促进温州文化产业发展的对策建议

未来，温州文化产业发展的核心问题是处理好政府与市场的关系，使市场在资源配置中起决定性作用，同时更好地发挥政府的引导、服务作用。研究结合温州文化产业的特征、现状，充分借鉴国内外的优秀经验，提出以下几个方面的建议。

（一）优化顶层设计，深化文化产业结构调整

做好文化产业的中、远期发展规划，引导现代高新科技、创新、创意向传统文化产业的转移，重新激发温州优势文化产业（尤其是文化制造业）的内在竞争力，加快布局新兴文化产业业态，重点培育适合温州文化土壤的文化内容产业。温州的传统型文化产业优势不再，关键因素是科技含量、创新、创意的融合度低，产业价值链的延伸度不够。要大力提升文化制造业自主创新能力，整合创意、设计环节，培育有自主知识产权、自主品牌的龙头文化企业，重点发展乐器制造、印刷机械设备制造、高端文化用品制造等行业。充分挖掘温州本土的优势文化资源，充分利用温州旺盛的文化消费需求，加快培育新兴文化产业，重点发展影视制作与播放服务、文化旅游、工艺美术品生产、创意与设计服务等行业。

（二）把握金融改革试验区建设的契机，加快推动文化产业投融资平台创新发展

文化与金融合作是近年来国内外文化产业发展的突破点，各类型的文化产业股权投资基金募集资金规模屡创新高。2014年，中国人民银行、财政部和文化部联合印发《关于深入推动文化金融合作的意见》，对创建文化金融合作试验区、文化金融中介服务体系及组织形式等给出指导意见，这对于温州文化产业发展来说也是一个很好的契机。温州文化产业规模总体偏小，重大项目、龙头企业少之又少，这都需要借助文化资本这个"外力"来实

现突破。应紧紧抓住温州金融改革试验区建设的历史契机，推动文化产权交易及投融资综合服务平台建设，推动文化资产重组、融资并购、创意成果转化，促进文化与资本、文化与市场、文化与科技的紧密对接。

（三）规范文化产业园区建设、发展，加大对文化基础设施、配套服务建设的财政投入力度

立足温州地区土地资源短缺、文化产业园区数量剧增、同质化现象突出等现实，加快出台相应政策规范产业园区建设，实现文化园区可持续发展。提升园区作为产业集聚平台的服务能力，在信息交流、技术服务、融资信贷、创业孵化等方面设置相应的标准，引导园区朝着品牌化、专业化的方向发展。对于国家级、省级、地市级文化产业园区，要加大对基础设施、配套服务建设的投入，解决"退二进三"过程中遗留的交通拥堵、周边环境差等一系列问题。逐渐提高文化产业园区认定、挂牌的标准，严格控制"打擦边球""搭政策便车"的行为，优惠政策要向集聚文化内容产业的文化创意产业园区倾斜。

（四）建立多层次文化产业人才体系，形成产、学、研相结合的人才培育机制

文化产业是典型的人力资源型产业，文化人才资源、创新创意能力是高附加值的根本来源，因此要将构建文化产业人才体系作为长期任务来抓。温州文化人才匮乏，人才体系不完备，这严重制约文化产业的跨越发展。应立足于本土文化产业人才体系建设，大力培育应用型文化产业人才，在温州各大院校设立创意与设计、文化策划、影视传媒等专业，加快温州创意产业学院建设步伐。加快完善人才引进、奖励机制，对高层次文化人才给予特殊待遇，真正实现"引进来、留得住"。加强对文化产业从业人员的专业培训，组织各类文化人才到高校、优秀企业学习、进修。发挥"温商大会""世界温州人大会"等平台的积极作用，发动在外的著名文化温商回乡创业，培育本土文化产业人才培育。

B.23

"温州书法现象"研究

董约武　陈胜武*

摘　要： 改革开放以来，温州人在经济领域创造了举世瞩目的"温州模式"，同时也在文化领域开拓出一片天地。其中，"温州书法现象"正是温州人在丰厚物质基础上迈向"精神富有"的有力诠释。本文追本溯源，从温州书法历史传承和深厚人文积淀切入，分析温州书法发展的现状和特点，研讨造就"温州书法现象"的原因以及温州书法的未来走向。

关键词： 温州书法　温州书法现象　人文积淀

温州人"书法情结"自古已有，历久弥深，近代尤甚。近几十年来经过几代温州书法人持续传承精进，温州书法逐渐形成了取法魏晋、崇尚帖学、注重学养、格调高古的特征，并以传承有序、队伍庞大、抱团发展而成绩斐然、影响广泛，成为中国当代书法发展的风向标之一，被书法界称为"温州书法现象"。

一　"温州书法现象"的表现特征

近年来，温州书家在中国、浙江省书坛的一系列具有重大影响的活动，

---

* 董约武，温州市委党校高级讲师，温州市书法家协会理论与文史委员会委员；陈胜武，温州市文联创研室副主任，温州市书法家协会秘书长。

表现突出、广受关注，"温州书风"正渐入佳境。本文从温州书法成就、群体结构、书风特点等方面展开分析。

（一）温州书法成绩斐然

首先，从当下温州的书法家从书法家群体来看，不论是人数规模、结构梯队，还是获奖规格、荣誉等级，温州书法都达到前所未有的高峰，在全国同类城市中首屈一指。浙江作为全国的书法大省，在历届全国性书法赛事都名列前茅，而从浙江省历次获奖情况来看，温州市与既是省城又有专业书法院校（中国美院）的杭州市相比，都毫不逊色，书法实力可见一斑。在 2012 年"浙风浙派——浙江省历届国展省展获奖作者精品展"上，全省参展的 100 名全国各类专业展获奖者及省展一等奖获得者中温州占据 18 席。浙江省文联、浙江省书协 2013 年评选出的"新峰计划"20 名培养对象中，温州有 4 人入选，2014 年评选出的"新峰计划"培养对象中，温州也是 4 人入选，连续两年占全省 1/5。2014 年，浙江省书法家协会专门发文，表彰 2013 年在全国各重大书法展赛中获奖的浙江省书法家协会会员，温州共有 14 人次获奖，雄踞全省榜首，占了将近 1/4。近四年来，浙江省书协"年度奖"中，温州获奖人数三次居全省榜首，均占据总数的 1/4 左右。其次，书法名家成就卓著。林剑丹荣膺"兰亭奖·艺术奖"，陈忠康荣膺中国首届"兰亭七子"之首，陈伟获第三届"兰亭七子"称号。近十年来，陈忠康、南剑锋、徐强、林峰、卿三彬、邱朝剑、王大禾、陈伟等曾先后荣获全国书法大展金奖或一等奖。在八次浙江省书法大展中，温州人四次勇夺沙孟海奖。温州书家还荣获浙江省第三、四、五届中青展金奖等重要奖项。最后，温州书协活动组织有力。温州市书协 2007 年、2011 年获得中国书协"书法进万家全国先进组织"，2011 年度被温州市委、市人民政府评为文化建设先进集体，是温州唯一获此殊荣的民间协会团体。协会编印的《温州书法百家百集》和陈胜武的《一二斋翰墨心印》获 2011 年度温州市第五届精神文明建设"五个一工程"奖。2013 年龙湾区成功创建"中国书法之乡"。温州书协的组织工作得到各界同仁的一致认可，张索继林剑丹之后，担任浙江省书法家协会副主席，陈中浙当选中国书协、中国美协"双料"理事。

（二）温州书法家群体结构分析

截至 2014 年 12 月，温州市书法家协会会员 833 人（见图 1），其中浙江省书协会员 453 人，中国书协会员 122 人。据初步统计，温州已有书法博士 6 人，书法硕士 30 多人。位于杭州的西泠印社是海内外研究金石篆刻历史最悠久、成就最高、影响最广的研究印学、书画的民间艺术团体，有"天下第一名社"之誉。近百年来，温州共有西泠印社社员 20 余人，2 人曾担任过副社长，目前温州有 10 位西泠印社社员。如此规模的书家群体力量在全国同类城市中名列前茅，"书法大市"之誉名副其实。

在温州书法整体上风风火火的同时，"温州女书法家"作为一个令人瞩目的群体，"巾帼不让须眉"，大显异彩。温州市女书法家协会会员人数为 198 人，其中浙江省书协会员 42 人，中国书协会员 12 人，女书家中攻读中国书画专业的研究生达 18 人（含博士生 2 人）。据了解，目前温州有 30 多位女书家就学或进修于美术院校书法专业，这在全国极为少见。其中，在各大专业书法院校获得书画类硕博学位的青年女书家潘一见、王素柳等极具代表性。她们多为高校、中学教师，有着扎实的基本功和较高的文化修养，工作之余孜孜以求，持续进修，在全国、全省各类书法活动中获奖、亮相，广受关注。

从全市各县、市、区书协会员统计人数来看，以鹿城区的书协会员规模最为庞大，有 286 人，这跟中心城区的书法普及程度有关；而龙湾区的中国书协会员最多，达 24 人，这一方面离不开龙湾区近年来创建"中国书法之乡"的推动；另一方面与已经运作多年的"罗峰艺社"聚集了一群青年书法家持续多年不断切磋砥砺、引进名师加以引导不无关系。而乐清市作为温州的经济强市（县级），在综合实力上名列前茅，不论县级会员规模，还是中国书协会员、省书协会员、市书协会员数量均居前列。同为城区的瓯海区在整体实力上显得有些偏弱，据分析，这跟前些年温州市三个区区域调整有

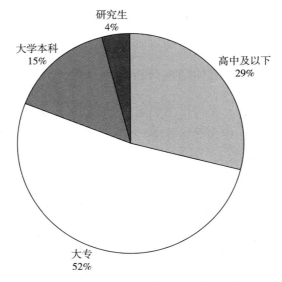

图1　温州市书法家协会会员学历结构

资料来源：温州市文联 2013 年 5 月份统计。

关，原先瓯海书法实力较强的永强片整体划归龙湾区之后，导致瓯海区书法人才出现了暂时的断层局面。其余各县中，苍南、永嘉两县实力较强，其各级书协会员规模均显实力不俗，这跟当地书法发展的历史渊源、民间爱好者队伍庞大、当下书协组织的领导有力等有关（见图2）。

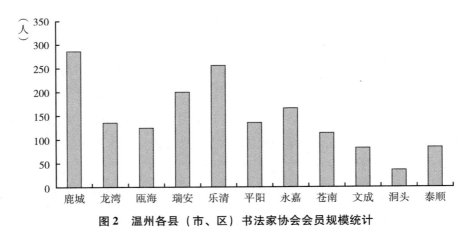

图2　温州各县（市、区）书法家协会会员规模统计

资料来源：本课题组于 2014 年 12 月调查统计。

（三）"温州书风"的主要特点

当今书坛风格流派可谓"争奇斗艳"，流行书风层出不穷，多以突出"展厅效应"，追求视觉冲击和变形、夸张、对比为特色。"温州书风"则迥异于当下书坛时风而高标独立，其主要有如下特点。

1. 取法魏晋，清正古雅

温州人在经济领域以"敢闯、敢干、敢为天下先"名扬天下，而温州人在文化领域却显得非常传统和"保守"。温州书法文脉代代相承、一以贯之，取法魏晋，纯正大气，形成以"清正古雅"为基本格调的"温州书风"。温州书家们一直以来心无旁骛，潜心深入、精致解读"二王"帖学体系，并用独特的书法语言形态表达一种文人式的闲情逸致，成就斐然，引起书法界关注和研究。当前书法界流传着的"学二王，看温州"之说足见温州书风所获得的公认度。原中国书协副主席、浙江书协主席朱关田先生对温州书法作了这样的评价："多基于永嘉而高于永嘉，出之传统又广于传统。长期以来，上下齐心，似守共识，善守者和而不俗，能违者奇而不怪……书坛迩来忽趋浮华，急功近利，虚张声势，愈见粗陋浅近。唯此一枝独秀，不逐时风，敬正文雅，自重而自远。"① 足见朱先生对温州书风评价之高。温州老一辈书家在教学传承中均强调，学习书法一定要"取法乎上"，一定要扎根传统，不断吸收传统文化的精髓，打好基础，而不是模仿当下哪位名家写的字。对于当下青年书法家急于追求艺术风格的现象，老一辈书家们总是强调书法风格的形成非刻意追求之事，而是自然而然、水到渠成的事情，是一个积累的过程，需要长时间的消化和理解。温州书法拒绝浮躁、喧嚣，倡导纯正、古雅，正是几代书家身体力行、持续倡导的结果。

2. 注重学养，秉承传统

温州书家一贯注重综合文化素养的全面发展。温州诸多专业书家擅长画

---

① 2001 年温州书法作品上海展作品集前言中，时任中国书协副主席、浙江书协主席朱关田所做的评价。

梅兰竹菊和山水、花鸟小品，大多数知名书法家深谙传统诗词艺术，书画提跋、即兴赋诗为文，信手拈来、立等可待，体现了浓厚的传统文人气息。从温州书家不断走向全国，其综合素质所彰显出来的影响力越来越大，正说明温州书法所走的路子是对的。温州书画院作为文化系统的官方画院，为了提升温州书画界中青年学人的国学综合素养，近年来也先后举办了多期"国学班"，聘请书画篆刻家林剑丹、文字学专家张如元、章草名家萧耘春、著名学者张乘健等先生主讲，其间还邀请人民大学博士生导师张立文教授、中央党校博士生导师陈中浙教授、温州医学院附二医陈捷主任等人穿插讲学。温州书法界的诸多有识之士一直在呼吁并践行这样一个理念："让书法回归生活。"在当今发达的网络信息时代，有温州书家仍然坚持用文言文、毛笔和宣纸信笺写信，且形成了书画界、学界名家互相酬唱互动的良好风气。温州书协倡导书法艺术向传统的文人艺术回归，成立温州书协文史与学术委员会及诗词委员会，在书法界倡导推广和普及传统诗词创作，为提高温州书家学术品位鼓与呼。同时，温州书协历来注重对本土书法传统的继承与弘扬，相继举办了马孟容、马公愚、方介堪、苏渊雷、张鹏翼、陈铁生、陈云谷、王荣年、徐堇侯等名家学术研讨会、作品集发行仪式、遗作捐赠仪式、弘一大师遗墨研究暨浙南书学研讨会等一系列纪念活动。考证山东孔庙"大成至圣文宣王"碑文为明代温州书法家黄养正书写，确认山东曲阜孔庙前的《明宪宗皇帝御制重修孔子庙碑》的书法出自明代温州书法家姜立纲之手。① 2015年1月，陈佐在西泠印社出版社推出了他编的《姜立纲书法集》。书协和有关单位合作编辑出版了《泰顺先贤墨迹》《永嘉大师证道歌书画集》《百里芳人——温州马氏家族三百年文史资料汇编》《马孟容马公愚昆仲年谱》等文史书籍，整理了50多位已故名家书法篆刻及生平资料。举办了"温州百年篆刻回眸展""方介堪、方去疾昆仲艺术纪念展""马孟容马公愚昆仲艺术展"等一系列活动，来挖掘、传承温州地域书法文化传统。

---

① 见2010年10月9日"弘一大师遗墨研究暨浙南书学研讨会"，陈佐提交的论文：《姜立纲书〈明宪宗皇帝御制重修孔子庙碑〉考》。

3. 兼容并蓄，碑帖互补

1985 年，温州书法界同人顺应全国书法事业发展形势要求，着手筹备成立温州市书法协会。在 20 世纪 80 年代温州书协刚刚起步的时期，温州书法整体水平不高，但书法爱好者众多，成立之初就有 200 余人报名入会。那时的温州书协就主张：书法是一项薪火相传的事业，必须要兼容并包，取长补短，秉持"走出去，请进来"的原则，鼓励年轻人到全国各大专业院校学习，并积极与外省市书法家举办书法联展，把外省、外市知名书法家请进来，做辅导、办展览，为温州专业书法人才的培养提供有力的支持。30 年来，温州书协正是通过不断组织各类展览、讲座、培训课等，使得诸多温州书法人才慢慢崭露头角，他们积极参与各级、各类书法比赛并频频获奖。20 世纪 90 年代初，温州书法界也曾经一度弥漫着路子单一、取法狭窄的瓶颈。当时，有外地书法家很深刻地指出："温州的书风都是'剑丹风'"，意思是当时温州的书法家都是模仿林剑丹先生的书法风格，没有自己的艺术个性。时任温州书协领导班子和个别有识之士听闻后，进行了深刻的反思，自发拓宽温州书法的取法视阈和眼界，个别人开始转向取法北碑，吸收北派粗狂、厚重的书法风格，规避单一取法"二王"帖学一脉，走出了自己的路子。正是有这样一批温州书法家由自发到自觉地践行兼容并蓄、博采众长的习书道路，使得温州书法界能够始终保持着气息鲜活、风气日新的朝气和活力。

二 "温州书法现象"的成因分析

"温州书法现象"能够持续崛起、人才辈出，而且长盛不衰，与温州市书法家协会的正确方针、领导有力，以及温州几代书法家持续不懈的努力密不可分。促成和造就"温州书法现象"的原因有以下几个方面。

（一）温州书协工作方针的"挖、抬、推、拉"

这些年来，温州书法家协会提出和贯彻的"挖、抬、推、拉"四字工作方针广受业界同人的好评，并被上海市书法家协会所借鉴。"挖"，通过挖掘一批温州历史上的本土书法家，展示其艺术成就，梳理其生平事迹，考订其社会交往，以返本溯源、继承文脉；"抬"，是对于已经从书协领导岗位上退下来或者年龄较大的老一辈书法家予以充分尊重，使他们在书法上业已取得的成就、业绩和艺术高度得以充分展示和中肯评价，他们是温州书法发展的参与者和见证者，要对其在温州书法发展进程中的历史地位予以充分肯定；"推"，就是有意识地向全省、全国推出一批具有较高的创作水准和理论水平、具有成熟艺术风格的温州书法名家，提高其知名度，提升温州书法的影响力；"拉"，是对于成长中的后备力量要拉他们一把，在创作上进行鼓励，在学业上进行支持，对个别生活上有困难的给予必要的帮助。"挖、抬、推、拉"四字工作方针是个系统工程，就其核心理念而言则是一篇"道德文章"，从源头上确保了温州书法有序发展、和谐传承与永葆生机活力。在该工作方针的指导下，温州市书法家协会在工作氛围、会员关系和年龄结构方面得到了全面的优化和提升。

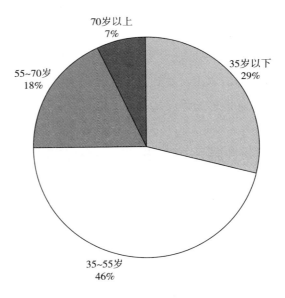

图 2　温州市书法家协会会员年龄结构

资料来源：温州市文联 2013 年 5 月统计。

（二）传统师承与学院派教学的"齐头并进"

传统私塾式师徒授受和专业书法艺术院校的学院派教育相结合是温州书法传承的一大特色。从老一辈书家的"松台山馆"到后来的"会文书社""日益堂""听涛庐""真我阁""西岘书社""府学书社"，再到当下的"罗峰艺社""安澜书社""瓯澜社""清风阁""畅因书社"等诸多民间书法学馆，无不助力温州的书法人才培养，前赴后继、薪火相传。他们教学规范、授受得法。近年来，温州新生代书家追求美术院校深造，积极攻读专业硕博士学位，成为温州书坛的最大亮点。经过多年持续倡导和引领，温州出现了规模相当庞大的书法专业"硕博群体"，他们中有陈忠康、周延、戴家妙、王客、林峰等书法博士，以及楼晓勉、郑一增、徐强、范琼伏等30多位书法硕士，还有70余位书法学子进修于中国艺术研究院书法院和各大美术院校书法专业高研班、本专科学历班。温州新生代书家的茁壮成长，使得温州书法家占据了全国书法人才高地，也为温州书法持续发展奠定了扎实基础。

（三）书法传承中一以贯之的"公益之风"

温州当代书法的蓬勃发展与人才辈出有多方面的原因，其中一个很重要的原因是温州书法界一贯以来有着从事公益书法教育的传统，并且频加倡导、代代相传。从方介堪等前辈以来，林剑丹、马亦钊、张如元、陈出新等名家，都有十年以上的公益书法教育奉献和实践。[①] 温州书协主席多次在不同场合倡导：温州书法家协会骨干在常规教学培训之余，每月或者每周要抽出一天时间开展"公益书法教学"。自20世纪90年代以来，温州书法教学日趋普及，温州青年群体学习书法的内在动力和热情日益强劲，而源于民间的公益书法团体在其中发挥了推波助澜的作用，成为最重要的动力之一。其中，最为典型的是陈忠康主持的府学书社，为温州培养了一大批非常优秀的

---

① 余炳连：《温州书协三十而立 民间书社蔚然成风》，《温州日报》2014年3月12日第15版。

温州青年书法家，从中成长起来的徐强、陈伟、卿三彬、钱允等人都已经成为当今温州书坛的中坚力量。如今的安澜书社，是另一个由温州年轻的书法爱好者自发组织的公益性学习型书法团体，可以说它是温州书法民间发展热潮的一个缩影。安澜书社由青年书法家王客于 2003 年始创，每周日晚上，都无偿地为一批痴迷于书法、篆刻艺术的爱好者进行专业指导。随着影响日隆，人数逐渐增加，从小孩到老人都有，学习氛围浓厚。作为公益性的书法学社，安澜书社不收取学员学费，老师义务授课不计报酬，面向所有书法爱好者，且学员来去自由、不设门槛。① 2013 年，林剑丹获中国书法最高奖——兰亭奖艺术奖，他将政府奖励的 10 万元悉数捐出，并以个人名义再追加 10 万元，捐赠给温州市书法家协会，设立书法专业学子专项奖学金，用于鼓励资助温州考取各大艺术院校书法专业的年轻学子们。2013 年、2014 年该专项奖学金分别奖励了 8 位和 7 位书法专业学子，此项奖学金的设立是延续温州书法公益之风的创新之举。

（四）内外书家互动交流平台的着力打造

近年来，温州市书协借助各种平台积极开展对外交流活动，先后与台州、洛阳、重庆、南宁、济南、广州、福鼎、韩国牙山等城市举办书法交流联展，展示温州书法成果。不断地通过内外互动提升文化品位，促进温州书家的成长。通过与温州历史文化相关的弘一大师墨迹精品展、弘一大师遗墨研究暨浙南书学研讨会西泠印社壬辰春季雅集暨"诗岛清韵"文艺创作表演鉴赏系列活动，东瓯雅风——温州市书法家协会顾问书法作品展等活动，展示温州书法的文化品格和乡土之情。通过钱塘笔阵——温州书法晋省展，尤其是 2011 年以来连续三年参与策划由中国艺术研究院、温州市人民政府联合主办的中国（温州）书画大展系列活动，全国名家邀请展，方介堪、方去疾昆仲篆刻展，同源·异构——当代青年书画邀请展，"伯温碑林"名

---

① 余炳连：《温州书协三十而立 民间书社蔚然成风》，《温州日报》2014 年 3 月 12 日第 15 版。

家书法邀请展，印从书出，金石可镂——温州篆刻大展、嘉木风采，文心雕龙——温州市第二届刻字展，温州书法现状和发展战略研讨会等重要活动，研讨温州书法人才的培养战略。2012 年 12 月，《温州书法百家百集》在杭州举行了发行仪式暨"温州书风"研讨会，推出了当代温州 100 位最具实力的老中青书法家的 100 册书法篆刻作品，以"组团"方式向全国乃至全世界全面展示"温州书风"，此举措开全国之先河。在各种活动中，温州书协邀请各地名家举办多种讲座，帮助温州青年书法家拜师学艺，汲取营养、建立人脉，拓展进一步提升、发展的空间。

生 态 篇

Ecological Development

B.24
温州市重污染高耗能行业整治提升
进展、成效及对策

麻素挺 余翔翔 张 慧*

摘　要：　　"十二五"期间，温州市以"关停淘汰一批、整合入园一批、规范提升一批"的思路，全面推进电镀、印染、造纸、制革、化工、合成革六大重污染高耗能行业整治提升工作。到 2013 年底，重污染高耗能行业整治时间进度过半，行业整治工作取得了阶段性成效，重污染高耗能行业企业数量明显减少，较 2010 年减少 438 家，减少率为 38.05%；六大行业的污染物排放总量大幅下降，其中化学需氧量和氨氮的排放量分别比整治前削减了 50.04% 和 52.16%；土地节约集

---

*　麻素挺，温州市环境保护设计科学研究院副院长，高级工程师；余翔翔、张慧，温州市环境保护设计科学研究院工程师。

约利用效益明显，通过企业关停淘汰、整合入园等方式，整治后，累计节约土地面积 4770 亩。但整治过程中诸如园区选址落地难、部门协调难等问题影响了整治成效，文章针对上述问题提出了解决思路。

关键词：　重污染　高耗能　温州市

2011 年，浙江省政府发布了《关于"十二五"时期重污染高耗能行业深化整治促进提升的指导意见》，省环保厅印发了《浙江省电镀行业污染整治方案》《浙江省印染造纸制革化工等行业整治提升方案》等文件，按照"关停淘汰一批、整合入园一批、规范提升一批"的工作思路，明确了"十二五"期间电镀、印染、造纸、制革、化工等重污染高耗能行业的整治提升任务和要求。根据省政府统一部署，温州市从 2011 年全面开展了五大重污染高耗能行业的整治提升工作，同时，根据温州产业分布特征，增加了对合成革行业的整治提升工作。到 2013 年底，重污染高耗能行业整治时间进度过半，为客观、公正、科学地评估当前整治提升工作取得的阶段性成效，认真分析存在的问题，更好地指导开展后续整治工作，全面完成整治提升工作任务，课题组以 2013 年数据为基础，对六大行业整治提升情况进行了调研和分析。

一　整治前六大重污染高耗能行业概况

（一）六大重污染高耗能行业分布情况

据统计，2010 年温州市电镀、印染、造纸、制革、化工和合成革六大重污染高耗能企业共计 1151 家企业，电镀企业 601 家、印染企业 131 家、造纸企业 112 家、制革企业 75 家、化工企业 117 家、合成革企业 115 家。根据 2010 年污染源普查数据，全市重点工业企业为 2035 家，六大重污染高

271

耗能行业企业数约占全市重点工业企业总数的56.56%。

除合成革行业外，电镀、制革企业分别占全省电镀、制革企业数的38.92%、41.66%；造纸企业数居全省第二，占全省造纸企业数的16.23%；印染、化工企业数均为全省第六，分别占全省印染、化工企业数的8.36%、7.86%。

从区域分布情况来看（见表1），涉及6个行业的有龙湾区、瓯海区、瑞安市、平阳县等地，涉及5个行业的有鹿城区、经济开发区、永嘉县、苍南县等地；从企业数量来看，龙湾区重污染高耗能行业企业数最多，为224家，占全市的19.46%，其次是平阳县、瑞安市、鹿城区和永嘉县，分别为186家、176家、136家和131家，分别占全市的16.16%、15.29%、11.82%和11.38%，重污染行业企业数最少的是泰顺县和生态园，均为2家企业，均占全市的0.17%。

表1   2010年温州市六大重污染高耗能企业区域分布情况汇总

单位：家，%

区域	印染	造纸	制革	化工	电镀	合成革	合计	占比
鹿城区	14	4	/	20	97	1	136	11.82
龙湾区	26	9	1	29	75	84	224	19.46
瓯海区	11	8	8	7	33	2	69	5.99
经开区	2	2	/	8	24	13	49	4.26
生态园	/	1	/	/	1	/	2	0.17
乐清市	/	14	/	7	73	/	94	8.33
瑞安市	43	9	9	18	95	2	176	15.29
永嘉县	5	29	/	6	89	2	131	11.38
平阳县	14	9	57	9	95	2	186	16.16
苍南县	16	25	/	10	14	9	74	6.43
洞头县	/	/	/	3	5	/	8	0.69
泰顺县	/	2	/	/	/	/	2	0.17
全市总计	131	112	75	117	601	115	1151	100

（二）六大重污染高耗能行业污染物排放状况

根据环境统计数据，温州市2010年重点工业企业2035家，废水排放量

7978.63 万吨，化学需氧量排放量 9134.81 吨，氨氮排放量 1154.73 吨。六大重污染高耗能行业企业 1151 家，废水排放量 6784.33 万吨，占全市重点工业企业的 85.03%；化学需氧量排放量 8035.21 吨，占全市重点工业企业的 87.96%；氨氮排放量 963.94 吨，占全市重点工业企业的 83.48%。

六大重污染高耗能行业总产值占全市的 8.04%，而废水、化学需氧量、氨氮分别占 85.03%、87.96%、83.48%。由此可见，六大重污染高耗能行业排污占比远远超出其工业生产总值占比，说明行业的单位产值排污量过大，对环境造成极大的压力，对其进行整治提升十分必要和迫切。

二　六大重污染高耗能行业整治提升成效

截至 2013 年底，温州市六大重污染高耗能企业已关停淘汰 438 家，完成整治提升 120 家，搬迁入园 362 家，总体完成率 79.93%（见表 2）。全市六大重污染高耗能行业中，制革业整治完成率 100%，电镀业整治完成率 93.18%，造纸业整治完成率 90.18%，化工业整治完成率 65.81%，印染业整治完成率 51.15%，合成革业整治完成率 34.78%。

表 2　六大重污染高耗能行业整治工作进展汇总

单位：家，%

整治类别	电镀	印染	造纸	制革	化工	合成革	合计
已关停淘汰	184	30	94	56	43	31	438
已整治提升	26	37	7	7	34	9	120
已搬迁入园	350	0	0	12	0	0	362
合计已完成	560	67	101	75	77	40	920
企业总数	601	131	112	75	117	115	1151
完成率	93.18	51.15	90.18	100	65.81	34.78	79.93

通过整治，全市重污染高耗能企业数量明显减少，区域布局和产业结构不断优化，污染物排放大幅削减，水环境质量明显好转，行业综合经济竞争能力增强，企业环境管理能力大大加强，公众环境投诉案件数量明显下降。

（一）重污染高耗能企业数量明显减少

重污染高耗能行业整治以来，温州市大力淘汰关停了一批重污染企业，截至 2013 年底，重污染高耗能行业企业较 2010 年减少 438 家，减少 38.05%，具体见表3。

表3 六大行业整治前后企业数量变化情况汇总

单位：家

行业	整治前	整治后	减少企业数
电镀	601	417	184
印染	131	101	30
造纸	112	18	94
制革	75	19	56
化工	117	74	43
合成革	115	84	31
总计	1151	713	438

通过整治，电镀行业减少了 184 家企业，减少 30.62%；印染行业减少了 30 家企业，减少 22.90%；造纸行业减少了 94 家企业，减少 83.93%；制革行业减少了 56 家企业，减少 74.67%；化工行业减少了 43 家企业，减少 36.75%；合成革行业减少了 31 家企业，减少 26.96%。

（二）区域污染物排放大幅削减

整治后，废水及主要水污染物均大幅削减，废水排放量 40823697 吨，比整治前削减了 39.84%；化学需氧量排放量 4014.58 吨，比整治前削减了 50.04%；氨氮排放量 461.12 吨，比整治前削减了 52.16%；总铬排放量 10.09 吨，比整治前削减了 38.77%。在污染物排放强度方面，2013 年全市重污染行业万元产值废水排放量 12.96 吨，万元产值化学需氧量排放量 1.27 吨，万元产值氨氮排放量 0.15 吨，分别比整治前削减 32.08%、43.60% 和 46.00%。

（三）水环境质量逐步趋于好转

重污染高耗能行业整治进程的推进，主要得益于污染物排放总量逐年下降和工业废水截污纳管的不断完善，区域水环境质量逐步趋于好转。温州市环境状况公报显示（见图1），2013年温州市76个市控以上地表水监测断面中，Ⅴ类和劣Ⅴ类水体占47.3%，较2010年减少2.7%。2010~2013年，优于Ⅲ类水体所占比重逐年上升。2013年，优于Ⅲ类水体占46.1%，较2010年增加3.5%。随着下一步污染整治工作的开展，区域环境质量将有望得到进一步的改善。

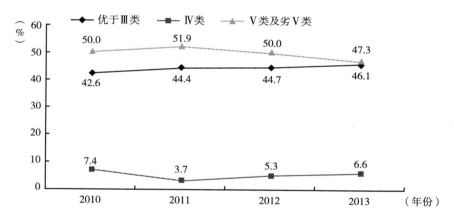

图1　2010~2013年温州市水环境质量变化趋势

（四）产业布局和产业结构不断优化

按照"三个一批"的思路，以淘汰落后产能、原地整治提升、搬迁入园、兼并整合的方式促进产业集聚升级，企业实现规模化发展，基本解决了重污染行业企业分布"低、小、散"问题，有力地促进了行业的转型升级和产业结构优化。整治提升后温州市成为全省唯一一个电镀、印染、造纸、制革均建设园区的地区，电镀行业整治园区建设成效显著，已建设电镀园区11个，电镀企业入园率由整治前的11.98%大幅提高至83.9%，电镀企业

集聚度全省最高。平阳水头制革园区建设也已基本完成，废气、废水处理方面都有新的突破，解决了水头镇一直以来制革业污染重、布局散乱的问题，为今后企业进一步整合组建企业集团、提升规模效益和行业管理水平奠定了基础。建成的永嘉造纸集聚区，实现了造纸企业集聚发展。另外，3个印染园区正在建设中，建成后全市印染行业布局将得到进一步优化。

（五）行业竞争力得以提升

通过淘汰关停438家企业，温州市重污染行业的经济总量有所缩小。整治后，重污染行业年生产总值314.91亿元，较整治前下降11.42%。但平均单体企业经济规模不断扩大，经济效益有所上升，整治后，平均每个企业的生产总值达到4392.1万元，较整治前提高42.27%。其中，制革行业和造纸行业单体企业经济规模增幅最大，单体企业产值分别达到20340.5万元、6350.4万元，较整治前提高3.13倍、2.20倍。其次为化工行业，单体企业产值达到9205.3万元，较整治前提高55.38%；其余各行业单体企业经济规模增幅相对较小，详见表4。通过整治，温州市重污染行业区域布局和产业结构不断优化，工艺装备和清洁生产水平明显提高，污染防治水平显著提升，行业竞争力逐渐增强。

表4　整治前后六大行业平均单体企业产值情况

单位：万元，%

行业	整治前	整治后	增幅
电　　镀	921.7	1278.4	38.69
印　　染	3434.9	4253.0	23.82
造　　纸	1983.8	6350.4	220.12
制　　革	4916.3	20340.5	313.73
化　　工	5924.5	9205.3	55.38
合　成　革	11003.1	12155.8	10.48
六大行业	3087.2	4392.1	42.27

（六）土地节约集约利用效益明显

通过企业关停、淘汰、整合入园等整治方式，累计节约土地面积4770

亩，其中，制革行业土地节约量最大，节约土地面积 3164 亩，占总节约土地面积的 63.33%；其次为合成革、电镀和造纸行业，节约土地面积 546 亩、426 亩、378 亩，分别占 11.45%、8.93%、7.92%；印染和化工行业节约土地相对较少。各县（市、区）中，平阳县、龙湾区节约土地面积最大，分别为 3156 亩、581 亩，分别占总节约土地面积的 66.16% 和 12.18%；其次为永嘉县节约土地面积 335 亩，占总节约土地面积的 7.02%。

（七）企业环境管理能力得到加强

通过整治提升，企业的环保意识有了明显提高，相关环保手续得到落实，污染防治水平显著提升，厂区卫生、车间整洁程度大幅度提高，环境管理机构和环境管理制度进一步健全，环境保护档案资料管理台账齐全。通过推行污染治理自动在线监控系统，重污染高耗能行业污染源得到有效监控。

（八）环境信访投诉量显著下降

通过关停环境敏感地区非法重污染高耗能企业，规范原地整治提升企业，使地区环境质量显著改善，重污染高耗能企业违法行为减少，周边公众对环境污染等投诉量、信访量明显下降，从整治前到整治后，重污染行业相关信访数由 315 件下降为 62 件，减少 80.3%，其中电镀行业从 130 件下降至 28 件；化工行业信访数从 18 件下降到 10 件，造纸行业从 43 件下降到 1 件，印染行业从 45 件下降至 8 件；制革行业从 59 件下降至 10 件，合成革行业由 20 件下降为 5 件。随着整治的推进，公众对区域环境质量的满意率逐步上升，区域整体投资环境和人居环境得以优化和提升。

三　整治提升存在的问题及对策建议

（一）存在的问题

重污染高耗能行业整治开展以来，温州市各行业、各地区整治工作均取

得了较为明显的成效，但在整治过程中也存在一些困难和问题，主要有以下几个方面。

1. 园区选址落地难

解决重污染高耗能行业布局不合理、污染分散治理的问题，根本方法还是通过建设各行业的集中工业园区，实现统一规划、统一建设、统一治污。但园区的选址落地难问题十分突出，特别是园区所在地的民众对选址有较大顾虑，项目前期政策处理会碰到较大的阻力，部分地区的电镀、印染园区地址都是几经修改，才最终确定。

2. 整治提升部门协调难

重污染高耗能行业整治提升工作的责任主体是各级政府，但在推进过程中主要依靠环保、经信等少数几个部门。各地其他相关部门的参与配合力度不平衡，虽有相应的领导机构，但在责任分工、任务落实、协同配合方面没能形成分工明确、责任清晰、协同有力的工作机制，导致部分地区整治工作进度滞后。

3. 整治提升成效容易出现反弹现象

部分通过整治提升验收的企业，在日常的生产过程中没有严格按照整治提升标准要求去落实，出现了落后淘汰的生产工艺死灰复燃，污染防治设施运行不正常，车间环境管理不规范等现象，整治工作出现反弹现象。

（二）对策建议

为顺利推进整治提升工作，巩固扩大整治成果，严防反弹回潮，提出如下对策建议。

1. 科学合理规划，确保园区落地

各地根据本辖区重污染高耗能行业分布特征，结合小微园区建设，因地制宜、科学规划专业化集中园区，各园区必须符合各类规划要求，园区内要做到统一规划建设，要严格实行雨污分流，配套建设废水集中处理设施，六大重点行业企业的废水必须全部纳管，并实行分质分流。园区要实行集中供热、污水集中治理、危险废物集中收集处置。加强与园区周边群众的沟通，完善公众参与机制，切实保障人民群众的环境知情权、参与权和监督权，调动社会各界支持、参与和监督整治提升工作。

2. 加强部门联动，形成整治合力

整合环保、经信、国土、规划、安监、卫生等相关部门力量，加强部门协调，强化联合执法，由市整治办定期对各县（市、区）整治提升工作的政策措施、工作进展和整治成效等进行汇总、分析，就整治工作中存在的问题和难点进行分析和指导，明晰工作思路和方法。积极加强产业政策的指导，创造外部条件，帮助企业向污染轻、能耗低、效益高的行业转型发展。

3. 建立长效机制，巩固整治成果

加快制定印染、造纸、制革和化工行业整治提升长效管理制度，建立严格项目管理、提升工艺装备、强化日常监管、监督性监测、年度核查等方面的管理措施，通过对源头控制、生产环节和末端治理的监督管理巩固提高整治成效。加强执法监管，开展重污染行业整治后督查，对整治成果出现反弹、不符合整治标准的企业和行业，予以挂牌督办、限期整改。强化重污染高耗能行业整治提升考核，对不能完成整治提升任务的，在生态市建设考核中实行"一票否决"。在巩固成果的同时要深化拓展行业性整治，发挥企业积极性，利用老厂区改造、小微园建设等机遇，推进各区县发黑、酸洗、卤制品、塑编等区域性污染行业整治提升。

B.25

温州市工业挥发性有机化合物排放与防治研究

林海转　麻素挺　王强强*

摘　要：　挥发性有机化合物（VOCs）排放是引起城市光化学烟雾和
PM2.5污染的重要影响因素。根据相关行业污染物排放系数
和活动水平估算分析，2013年温州市VOCs排放量达
204740.13吨，约占全省工业VOCs排放总量的20%。VOCs
污染物排放主要来自以VOCs为原料的工艺过程（占全部排
放量的76.98%），其次为含VOCs产品的使用过程（占
19.61%）；重点排放行业包括合成革制造、泡沫塑料制造、
高分子合成等12个行业，各行业排放量均在2000吨以上。
当前，工业VOCs污染治理和控制仍存在收集难、处理难、
监测难等问题，建议从加强环境准入、深化产业升级、强化
重点行业污染治理、强化环保监管、加大环保宣传力度等方
面加强VOCs污染防治。

关键词：　挥发性有机化合物　排放特征　环保监管

挥发性有机化合物（VOCs）是指常温下沸点在50℃～260℃的各种有
机化合物，是引起城市光化学烟雾和PM2.5污染物的重要污染因子，已成

---

* 林海转，博士，温州市环境保护科学研究院；麻素挺，温州市环境保护设计科学研究院副院
长，高级工程师；王强强，温州市环境保护设计科学研究院。

为我国一些区域和重点城市群大气复合污染的重要影响因素之一。大部分 VOCs 具有较强的毒性和一定的刺激性,对人体健康危害较大。我国已将 VOCs 污染防治作为大气污染物联防联治工作的重要内容。温州制造业发达,工业生产等过程中排放的大量 VOCs 导致城市光化学烟雾、灰霾等大气污染问题日益严重。根据《浙江省大气复合污染实施方案》(浙政办发〔2012〕80 号),温州与杭州、宁波等 8 个城市被列为浙江省 VOCs 污染重点整治区域,要求加强重点工业企业挥发性有机物的排放控制,加强有机废气治理。目前,温州市工业企业 VOCs 污染排放特征等基础信息尚不完善,VOCs 监测难、处理难等问题仍未得到解决,极大地影响了区域 VOCs 治理工作的开展。全面了解工业 VOCs 排放量、排放来源,研究污染防治对策,有利于掌握全市工业 VOCs 排放特征等基础信息,为区域大气 VOCs 污染治理和环境空气质量改善提供决策参考。

一 工业 VOCs 污染物排放基本特征

VOCs 排放主要来源于生物作用、不完全燃烧、溶剂使用、油品挥发、工业过程等。根据 VOCs 物质全流动过程,工业企业 VOCs 排放源可分为含 VOCs 产品的生产、含 VOCs 产品的储存和运输,以含 VOCs 物质为原料的工艺过程和含 VOCs 产品的使用过程 4 个环节。其中生产环节主要包括石油炼制、石油化工、基础化学原料制造业,是 VOCs 排放的重要来源;VOCs 储存和运输环节主要为油品、燃气、有机溶剂在储存、转运、配送和销售过程中的蒸发和泄漏过程,是 VOCs 排放的另一个重要来源;以 VOCs 为原料的工艺过程源包括涂料、油墨、橡胶等生产制造行业工艺生产过程,污染物主要来自 VOCs 原料(如醇类、酯类、酮类、芳香烃等)在储存和使用过程中的散佚物质,或为生产工艺过程的反应产物;含 VOCs 产品的使用源包括家用电器、家具等产品制造、印刷、建筑装饰等行业,其作业过程大量使用有机溶剂、清洗剂、涂料等高挥发性的 VOCs,因而产生一定的 VOCs 排放。此外,工业企业使用煤、燃料油、煤气、天

然气、液化石油气等燃料数量也非常庞大，燃烧过程中涉及不同 VOCs 类物质的排放。

工业源 VOCs 涉及的行业众多，因此污染物种类也十分繁杂，性质差异甚大。目前世界上已鉴定出的 VOCs 有 300 多种，最常见的有苯、甲苯、二甲苯、苯乙烯、三氯乙烯、三氯甲烷、三氯乙烷等，其中工业排放量最大的物质为苯类和卤代烃类。大多数行业气态污染物是以混合物的形式排放，因而废气组成十分复杂。不同行业及同一行业不同工序所排放的有机气体工况条件，包括温度、湿度、浓度、流量、颗粒物等差异性明显。如喷涂过程中所排放的气体通常为常温气体，而制药、化学、化工等行业所排放的为高温气体；汽车行业喷涂线排放的气体为常温气体，而烘干线排放的往往为高温气体；在大多数情况下，常温废气中还掺杂一定量的颗粒物等。

二 温州市工业企业 VOCs 排放量及来源分析

温州市工业企业各环节 VOCs 的排放量采用排放系数和活动水平污染治理水平计算[①]。其中排放系数主要参考《大气挥发性有机物源排放清单编制技术指南（试行）》中的相关系数，部分参考国内相关文献或本课题组对温州市典型行业开展的监测、调研资料，综合考虑选择适合温州实际情况的数值。行业活动水平，如主要产品产量、原辅材料用量等，主要取自《温州市统计年鉴（2013 年）》、温州市环境统计数据（2013 年）、行业协会统计资料及本课题组的调研资料。

根据排放系数和活动水平污染治理水平计算，2013 年全市工业源 VOCs 排放量约为 204740.13 吨，其中以 VOCs 为原料的工艺过程 VOCs 排放量最大，排放量占总量的比重达 76.98%；其次是以含 VOCs 产品的使用过程排放量占总量的比重为 19.61%；VOCs 的生产环节和储运环节排放量

---

① 计算公式为 $E = \sum_{i,k}^{n} A_{i,k} \cdot EF_k$，式中 E 为 VOCs 排放量，单位根据不同排放源确定；n 为排放源数量；i 为排放源序号，k 为源类别；A 为行业活动水平数据；EF 为对应的排放因子。

较小，比重分别为2.47%和1.25%①。各环节VOCs排放情况及主要来源分析如下。

（一）VOCs的生产环节

该环节VOCs排放量为5047.87吨，主要来自石油炼制与石油化工行业。温州市石油炼化行业主要分布在洞头县大小门岛，2013年原油加工量692408吨，VOCs排放量4722.22吨，其中储罐损失、转运损失、泄漏排放和废水处理过程4个环节VOCs排放量分别占7.3%、44.0%、46.9%和1.8%。有机化工行业也是重要的VOCs排放源，2013年，温州市该行业VOCs排放量为325.65吨，VOCs排放主要来源于生产中高温高压操作环节。

（二）VOCs的储运环节

该环节VOCs排放量为2553.07吨，主要来自油品储运。温州是东南沿海地区重要的物资集散地和沿海港口城市，油品流通量较大，2013年，燃料油、汽油、柴油等油品由外地输入温州845245吨，由温州输出外地203757吨，本市范围内流通823491吨，油品储运过程中散佚的VOCs排放量为2552.44吨，占该环节的99.98%，成分主要为C1～C9烷类（≥93%），同时含有少量的苯类化合物。其余源于燃气运输，由于温州市燃气运输量较小（6245吨），其VOCs排放量仅0.616吨。

（三）以VOCs为原料的工艺过程

该环节VOCs排放量为157612.05吨，主要来自18个不同行业，各行业具体排放情况如图1所示。由图1可知，合成革行业是温州市工业行业最大的VOCs污染源。合成革制造是一个复杂的过程，需要经过一系列的化学处理与物理机械加工，VOCs主要来自湿法生产工艺、干法贴面工艺、后整

---

① VOCs排放特征较为复杂，同一类排放因子波动范围大，采用的排放系数难以保证有足够的代表性，同时部分统计数据未将所有企业纳入统计范畴，因此本文VOCs排放量估算结果具有一定的不确定性。

理工序等工艺过程中的配料、涂覆、烘干等工序，产生的污染因子包括
DMF、丁酮、甲苯、醋酸丁酯等有机废气，总体排放面广、排放浓度高；同
时由于合成革行业为温州的典型特色行业，产品产量大（2013 年为 59822.4
万米），该行业 VOCs 排放量也较大，排放量高达 103416.77 吨，占该环节
的 65.61%。此外，泡沫塑料制造、高分子合成、建材制造、制革、移膜
革、油漆涂料生产、化学原料药制造、化学农药制造和陶瓷品制造行业 9 个
行业 VOCs 排放量也较大，分别为 18095 吨、8645.26 吨、6433.57 吨、
6072.08 吨、4285.69 吨、3775.65 吨、2113.53 吨、1730.70 吨、1658.64
吨，占该环节 VOCs 总量的 33.5%。

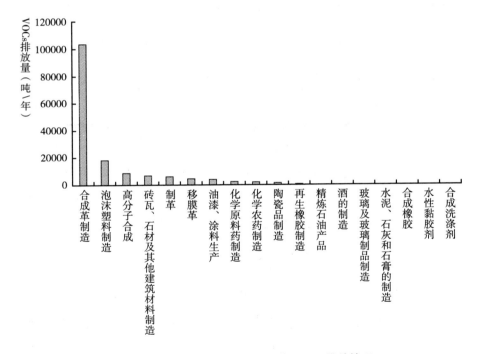

图1 以 VOCs 为原料的工艺环节 VOCs 排放情况

（四）含 VOCs 产品的使用过程

该环节 VOCs 排放量为 39527.14 吨，主要来自制鞋、燃料燃烧、表面

涂层、染色过程、造纸及纸制品 5 个行业。其中制鞋行业 VOCs 排放主要源自黏合过程中使用的胶水，排放的污染物有丁酮、甲苯、碳酸二甲酯、树脂溶剂、苯系物、汽油等，VOCs 废气面广、排放浓度较高，2013 年排放量34896 吨（见图 2），为该环节最主要的排放源（占比 88.28%）。燃料燃烧VOCs 排放量约 3838.06 吨，主要来自工业消费（排放量 3828.60 吨，占99.76%），其余为火力发电和供热。从燃料类型来看，燃煤燃烧排放量达99.6%，其余为燃料油和液化石油气燃烧。表面涂层行业主要来源有交通运输设备制造与维修（船舶、摩托车等）、家具制造、机械设备制造等，VOCs 排放量共 531.54 吨，占比 1.34%。表面涂装过程 VOCs 排放主要由于涂料中有机溶剂比例较高，且作业过程散佚的 VOCs 难以收集处理，造成挥发比例较大。

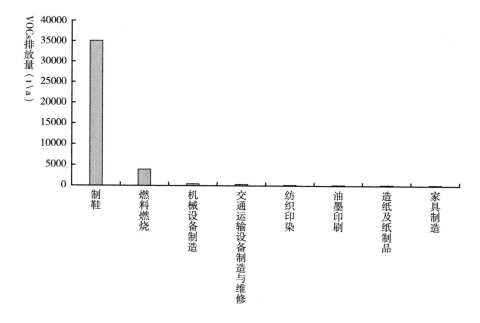

图 2 含 VOCs 产品的使用过程 VOCs 排放情况

（五）VOCs 重点污染源分析

根据各行业 VOCs 排放总量，排放量在 2000 吨以上的工业行业有 12 个
（见图 2），VOCs 排放量共 198846.26 吨，占总量 97.12%。VOCs 污染物排放
量与产业发展情况密切相关。合成革行业排放量最大，其次为制鞋行业，分
别占总量的 50.51% 和 17.7%，这是因为温州市是全国最大的皮革生产基地，
合成革、皮鞋产量较大，其中合成革生产过程中产生大量的 DMF、丁酮、甲
苯、醋酸丁酯等有机废气，制鞋过程使用的胶水排放大量的丁酮、甲苯、碳
酸二甲酯、树脂溶剂、苯系物、汽油等有机废气，VOCs 废气面广、排放浓度
较高，但目前集中收集处理效率较低，致使该行业 VOCs 排放量非常大。此
外，泡沫塑料制造、高分子合成、建筑材料制造、制革、石油炼制与石油化
工、移膜革、燃料燃烧、油漆、涂料产生等行业 VOCs 排放量均超过 3000 吨，
这些行业 VOCs 污染物的排放对区域大气环境污染应当引起高度重视。

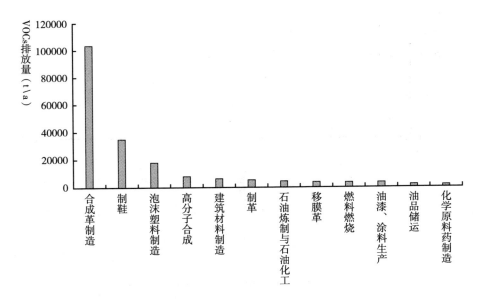

图3 温州市主要工业 VOCs 污染源排放情况

三 温州市工业 VOCs 治理存在的问题

为加强区域工业挥发性有机物的排放控制，加强有机废气治理，温州市结合《温州市控制重点行业挥发性有机物（VOCs）排放实施方案》（温政办〔2012〕235 号）和《浙江省挥发性有机物污染整治方案》（浙环发〔2013〕54 号）等文件要求，将企业挥发性有机废气治理列为大气污染防治重点项目，积极开展了治理工作。目前已启动了涂装、生活服务、橡胶塑料制品、印刷包装、木业等10个重点行业 VOCs 试点整治，选择 100 家企业率先开展有机废气控制，并完成"一厂一策"。对全市所有加油站、油库、油罐车开展油气回收治理，VOCs 储运环节的 VOCs 排放量得到了明显削减。2014 年初，温州市政府下发了《2014 年温州市大气污染防治实施计划》，将省下达的 46 家企业 VOCs 治理任务以清单形式下发给各地执行，目前治理工作正在推进中。此外，开展了全市制革、制鞋、合成革、移膜革挥发性有机物排放总量调查研究，温州市合成革、喷涂、家具等行业 VOCs 污染防治最佳可行技术调研等研究工作，为提升相关行业 VOCs 污染防治能力提升提供了思路。总体来说，温州市 VOCs 排放控制起步较晚，相关技术正在逐步完善中，当前 VOCs 污染防治存在以下困难和问题。

（一）企业工艺水平相对落后，污染物排放量大

全市现有工业企业普遍存在"低、小、散"情况，技术水平参差不齐，工艺设备相对落后，清洁生产水平落后，加上大多数排放 VOCs 污染物的工业企业未开展 VOCs 污染治理，致使区域工业企业 VOCs 污染物排放量大。全市 2013 年 VOCs 排放量为 20.47 万吨，占全省工业行业 VOCs 排放总量的 20% 以上，居全省前列。同时，由于企业分布散乱，多数企业分布在农村、山边，甚至居民区附近，大量 VOCs 地无组织排放，对区域环境、大气质量及周围群众环境健康均造成较大影响。

（二）VOCs 种类复杂多样，污染治理技术水平偏低

全市涉及 VOCs 排放的工业企业类别多样，几乎覆盖浙江省确定的 13 个主要 VOCs 污染行业。不同行业排放的 VOCs 差异较大，同一行业不同工艺排放的 VOCs 也不尽相同，涉及的具体成分十分复杂，相比 SO_2 和 NOx，VOCs 治理难度较大。目前，温州市工业企业 VOCs 污染废气末端治理技术普及率偏低，仅有部分合成革、化工、石化行业部分企业安装了有机废气净化设施，但采用的技术方法也较为落后，多为活性炭吸附技术，而低温等离子、光催化氧化、吸附等先进适用技术开发应用不足，存在处理效率较低、二次污染物处置难等问题，不能完全满足环境保护的要求。

（三）VOCs 排放控制政策法规缺失，环保监管基础薄弱

在环境空气质量标准方面，国家及地方层面仅出台了一些固定源的 VOCs 排放标准，如《储油库大气污染物排放标准》（GB20950 - 2007）、《恶臭污染物排放标准》、《合成革与人造革工业污染物排放标准》（GB21902 - 2008）等，但典型行业 VOCs 排放标准仍严重缺失。在环境监管方面，我国有关 VOCs 排放控制政策法规以及监测标准缺失，难以实现对企业排放的有效管控。此外，有关 VOCs 监测方法标准尚未制定实施，环保部门的 VOCs 监测能力仍然薄弱，监测分析设备配备不足，难以满足 VOCs 监测需求。

（四）环保意识薄弱，治理设施运行不稳

温州市 VOCs 污染防治工作处于起步阶段，企业对 VOCs 污染认识不足，对污染防治重视也不足，环保污染治理设施建设滞后，即使已上马的配套设施闲置率也较高，设施运行不稳定，污染物去除率难以保证。一些企业环保管理制度不健全或形同虚设。

四 VOCs污染防治对策

工业源VOCs污染防治是一项涉及政策、法律、经济和技术等多方面的系统工程，需要立足现实，考虑长远，采用多种手段，实施综合治理，严格控制源头新增量、加快削减过程排放量、强化提升末端治理能力、建立环境监管体系和长效机制，实现工业企业VOCs的有效控制。

（一）加强环境准入，从源头控制污染

优化区域布局，进一步深化空间准入、总量准入、项目准入"三位一体"的环境准入制度，积极引导主要VOCs排放产业布局优化调整。生态敏感区实施强制性保护，禁止建设VOCs污染企业，现有污染源应限期关停；生态功能保障区和人居环境保障区实行限制开发，不得新建和扩建VOCs排放量大的企业，环境防护距离不能满足要求的污染企业一律依法实施停产整治、限期搬迁或关闭，其他已建的企业也应逐步关停。积极引导产业集聚发展，推动VOCs重点行业企业向园区集中，督促高污染企业调整产品结构或淘汰高污染工序。鼓励同类企业的整合重组，积极引进先进、环保的生产工艺及产品。

（二）推进清洁生产、提升工艺装备，控制产生量

加快淘汰落后产能，严格执行VOCs重点行业相关产业政策。坚决淘汰落后产品、技术和工艺装备。大力推进清洁生产，鼓励建立清洁生产示范工业园，加大石油、化工、制鞋、合成革、制革等重点行业清洁生产和污染治理力度。全面推行VOCs治理设施的建设及更新改造。重点推进环保有机溶剂的使用，大力倡导环境标志产品生产及使用，引导和鼓励VOCs排放企业削减VOCs排放量。严控VOCs新增排放量，探索建立VOCs排放总量控制制度，重点行业集聚的产业园区应把VOCs排放纳入重点控制指标，核定本产业园区VOCs允许排放总量。实施"点对点"总量调剂，确保区域内工业企业VOCs排放总量得到有效控制，持续实现净削减。

（三）加强先进适用技术推广，强化重点行业污染治理

制定重点人造革与合成革生产、制鞋、表面涂装、化学原料药生产、印刷等重点行业 VOCs 污染整治实施方案，积极推广环保先进适用技术，研发或引进一批能够解决目前 VOCs 排放控制的技术，逐步建立 VOCs 污染控制技术体系。深化产学研合作，建立与科研院校合作机制，进一步加强 VOCs 排放控制技术和对策研究，为 VOCs 污染防治工作的顺利开展提供科技支撑。建立行业环保专家技术帮扶机制，建立 VOCs 排放重点行业专家技术组，邀请行业内环保技术专家指导整改，提升基层环保部门 VOCs 污染防治管理能力。

（四）完善相关政策法规，强化环保监管

进一步研究探索挥发性有机物污染防治的环境监管办法，建立完善 VOCs 排放监测监控体系，加强 VOCs 排放源的监督和监管核查，全面提高 VOCs 监测能力和技术水平。定期对重点企业、VOCs 排放集中区或工业园区进行空气质量监测。企业应加强自行检测能力建设。在重点排放区域，逐步建立健全 VOCs 监测应急和预警系统，提升事故应急处理能力。建立完善的 VOCs 污染防治体系与长效监管体制，制定动态的污染源清单，建立重点污染源监测体系，对重点行业 VOCs 控制过程和削减效果进行全面综合的评估，全面掌握污染源的分布情况。建立大气污染联防联控参与机制，积极参与区域环境管理协调、大气环境联合执法监管等区域大气污染联防联控机制建设。

（五）加大舆论宣传力度，提高公众环保意识

充分发挥新闻媒体的舆论导向和监督作用，通过广播、电视、报纸、互联网等媒介手段，不断强化重点行业 VOCs 污染防治工作宣传，提高公众和企业主环保意识和环保理念。

五　小结

我国现已启动并全面推进大气污染物联防联控工作，并将 VOCs 污染物作为重点防控对象之一。温州市工业源 VOCs 污染物排放总量大，涉及的行业类别多，排放量达 2000 吨以上的有合成革制造、泡沫塑料制造、高分子合成、制鞋等 12 个行业，各行业排放的 VOCs 组成和性质差异明显，但污染控制起步较晚，VOCs 污染综合防治工作任务艰巨。今后，应根据温州市实际情况，综合考虑污染物排放特征、污染物排放量及污染危害程度等因素，筛选典型行业及重点企业优先实施 VOCs 污染排放控制，积极推广环保先进适用技术，制定推进 VOCs 排放控制的政策措施，建立 VOCs 污染防治体系，通过政策、经济、公众监督等手段全面加强环保监管监督，切实控制并削减企业 VOCs 排放量，改善区域环境空气质量。

B.26
温州市区一般工业固体废物现状
调查及处理对策研究

王强强　潘 霞*

摘　要：　近年来，随着一般工业固体废物产生量日益增加，杨府山垃圾填埋场和卧旗山垃圾填埋场相继封场，市区一般工业固体废物处置管理问题日益凸显。调查结果表明，市区2013年一般工业固体废物的产生量约为1245吨/天，全年市区一般工业固体废物累计贮存量约为42651吨，其中工业垃圾约39655吨，占总量的92.98%。但当前市区存在着处置设施建设严重滞后与市场化处置不足并存、综合利用能力有限、企业管理体系不完善、基层管理力量不足等问题，制约着一般工业固体废物的合理处置，甚至导致了市区部分区域出现了"垃圾围城"现象。建议通过政策、经济、管理、技术、宣传等手段加强市区一般固体废物处置，避免造成二次污染。

关键词：　一般工业固体废物　垃圾围城　温州市

　　随着温州市经济的快速发展，工业生产规模的扩大，市区一般工业固体废物的产生量逐年递增，且伴随着杨府山垃圾填埋场和卧旗山垃圾填埋场相

---

* 王强强，温州市环境保护设计科学研究院；潘霞，温州市环境保护设计科学研究院。

继封场和固体废物基础设施建设相对滞后，市区"垃圾围城"现象愈演愈烈。近年来，随着环境管理日益规范化，对一般工业固体废物的处置要求日益提高。但当前市区一般工业固体废物的专业化、集约化、社会化处理处置能力严重不足，造成部分一般工业固体废物露天堆放或随意丢弃。这些废物具有富集终态和污染源头的双重作用；具有潜在性、长期性和灾难性的危害。

为掌握市区一般工业固体废物的区域分布、种类和数量，为处置设施建设提供基础信息，规划解决区域一般工业固体废物处置难的问题，课题组从 2014 年 9 月至 11 月，开展市区一般工业固体废物的现状调查，调查以 2013 年为基准调查年，调查范围为市辖三区及温州经济技术开发区和温州生态园产生一般工业固体废物的企业，调查方式以基层站所数据表格填报与实地调研相结合的方式进行。在数据分析基础上，提出一般工业固体废物的处置对策。

一 市区一般工业固体废物现状

（一）一般工业固体废物产生量现状

1. 一般工业固体废物产生量

根据填报数据统计，2013 年市区一般工业固体废物产生量约为 454363 吨/年。其中工业垃圾产生量约为 321304 吨/年，约占一般工业固体废物总量的 70.72%，主要分布在瓯海区（130000 吨/年）和鹿城区（124783 吨/年），龙湾区和温州经济技术开发区产生量相对较少，主要来源于制鞋企业、箱包制造企业等；其他一般工业固体废物产生量约为 133059 吨/年，占市区一般工业固体废物总量的 29.28%，主要分布在龙湾区（86584 吨/年）和经济技术开发区（34098 吨/年），主要来源于燃煤锅炉焚烧等（见表 1、表 2）。

表1　市区一般工业固体废物产生情况

序号	所在区	工业垃圾（吨/年）	日产生量（吨/天）	占比（%）	其他一般工业固体废物（吨/年）	日产生量（吨/天）	占比（%）
1	瓯海区	130000	356	40.46	1886	5.17	1.42
2	鹿城区	124783	342	38.84	8991	24.63	6.76
3	龙湾区	48271	132	15.02	86584	237.22	65.07
4	温州经济技术开发区	18250	50	5.68	34098	93.42	25.63
5	温州生态园	0	0	0	1500	4.11	1.13
合　计		321304	880	100	133059	364.55	100

2. 一般工业固体废物产生类别

一般工业固体废物的产生与工业结构及行业特征密切相关，统计结果见表2。一般工业固体废物主要可分为20类，其中产生量较多的为工业垃圾321304吨/年，占总量的70.72%；炉渣46562吨/年，占10.25%；煤渣24609吨/年，占5.42%；矿物型废物18206吨/年，占4.01%；印染污泥8814吨/年，占1.94%；其他几类占比较小。

表2　一般工业固体废物类别分析

序号	固体废物种类	产生量（吨/年）	日产生量（吨/天）	占比（%）
1	工业垃圾 *	321304	880.28	70.72
2	炉渣	46562	127.57	10.25
3	煤渣	24609	67.42	5.42
4	矿物型废物	18206	49.88	4.01
5	印染污泥	8814	24.15	1.94
6	五金生产加工废料	6296	17.25	1.39
7	拉丝污泥	5500	15.07	1.21
8	砂轮灰	4870	13.34	1.07
9	无机废水污泥	4283	11.73	0.94
10	冶炼废物	3235	8.86	0.71
11	含钙废物	2501	6.85	0.55

序号	固体废物种类	产生量（吨/年）	日产生量（吨/天）	占比（%）
12	制革污泥	2206	6.04	0.49
13	脱硫石膏	1972	5.40	0.43
14	金属氧化物	1211	3.32	0.27
15	木塑生产加工废料	1204	3.30	0.26
16	工业粉尘	827	2.27	0.18
17	包装纸品废料	520	1.42	0.11
18	其他废物	114	0.31	0.03
19	中药残渣	99	0.27	0.02
20	氮有机废物污泥	30	0.08	0.01
合 计		454363	1244.81	100.00

注：所称工业垃圾根据《温州市工业垃圾管理办法（试行）》定义，是指未被列入《国家危险废物名录》或者根据国家规定的 GB5085 鉴别标准和 GB5086 及 GB/T15555 鉴别方法判定不具有危险特性，且具备可燃、有机成分较多、热值较高的工业固体废物。

（二）一般工业固体废物累积贮存量现状

截至 2013 年底，一般工业固体废物的累计贮存量以区域进行统计分析结果见表 3。至 2013 年底市区一般工业固体废物累计贮存量约为 42651 吨，其中工业垃圾累计贮存量约为 39655 吨，占一般工业固体废物累计贮存总量的 92.98%，主要分布在鹿城区和龙湾区；其他一般工业固体废物累计贮存量约为 2996 吨，约占市区累计贮存总量的 7.02%，贮存量依次为龙湾区（1468 吨）、生态园（600 吨）、经济技术开发区（489 吨）、鹿城区（439吨）。对其累计贮存情况按种类进行统计分析结果见表 4。累计贮存一般工业固体废物共计 13 类，最多的为工业垃圾 39655 吨，占贮存总量的 92.98%，主要来源于制鞋、箱包制造等；炉渣 1086 吨，占 2.55%；无机废水污泥 683 吨，占 1.60%；矿物型废物 360 吨，占 0.84%；其他几类占比较小。

温州蓝皮书

表3　市区一般工业固体废物累计贮存量

序号	所在区	工业垃圾(吨)	占比(%)	其他一般工业固体废物(吨)	占比(%)
1	鹿城区	37595	94.81	439	14.65
2	龙湾区	2060	5.19	1468	49.00
3	温州生态园	0	0	600	20.03
3	温州经济技术开发区	0	0	489	16.32
5	瓯海区	0	0	0	0.00
	合　计	39655	100	2996	100.00

表4　市区一般工业固体废物累计贮存情况类别分析

序号	固体废物种类	累计贮存量(吨)	占比(%)
1	工业垃圾	39655	92.98
2	炉渣	1086	2.55
3	无机废水污泥	683	1.60
4	矿物型废物	360	0.84
5	五金生产加工废料	345	0.81
6	冶炼废物	239	0.56
7	木塑生产加工废料	66	0.15
8	金属氧化物	61	0.14
9	工业粉尘	51	0.12
10	脱硫石膏	30	0.07
11	包装纸品废料	28	0.07
12	其他废物	27	0.06
13	煤渣	20	0.05
	合　计	42651	100

（三）一般工业固体废物环境管理现状

温州市针对危险废物已建立了相对完善的危险废物处置及管理体系；自2012年逐步开展了一般工业固体废物的登记管理工作，下发《温州市一般工业固体废物台账》，要求企业按照废物产生量、处置方式、去向等建立一般工业固体废物的管理体系。在日常环境监察及监管中也将一般工业固体废物的处理处置情况纳入管理范畴。

二　一般工业固体废物处置存在问题

虽然建立了相对完善的一般工业固体废物管理体系，但由于处理处置设施建设不配套、起步晚等，在实际处置及管理过程中仍存在不少的问题和困难。

（一）处置设施建设严重滞后和市场化处置不足并存

一方面，处置设施建设严重滞后。目前，省内其他地市级城市大部分已建成可消纳一般工业固体废物的填埋场，温州市尚无一处符合规范的垃圾或一般工业固体废物填埋场，温州市西向生态填埋场和温州宏泽污泥项目正在建设之中，市区工业垃圾仅依靠市区三座垃圾发电厂处置，其处置能力小于总垃圾产生量。另一方面市场化处置渠道不多。由于一般工业固体废物利用价值低或无再利用价值，加之政府没有给予财政补贴，使得一般工业固体废物处置领域，企业缺乏投资积极性，市场化程度不高，这也是处置设施建设严重滞后的重要原因之一。

（二）综合利用能力有限

当前除工业垃圾外的一般工业固体废物（煤渣、炉渣和无机废水污泥等）的处置方式主要为外售给制砖厂和铺路基，处置方式较为单一。一方面，大量煤渣、炉渣和无机废水污泥等固体废物的处置方式为铺路基，存在环境安全隐患。另一方面，根据实地调查，市区规模较大的几家制砖厂污泥处置能力（约 50 吨/天）有限，同时存在规划、国土等相关手续不齐，随时面临停产可能的问题；而且根据市政府要求，这些制砖厂优先处置来自东片污水处理厂的污泥，已有将近两年的时间未收购来自其他企业的污泥、粉煤灰、炉渣等。以上原因造成了部分企业产生的一般工业固体废物无法得到及时有效、规范合理的处置。

（三）企业管理体系不完善

监管难。相较于对危险固体废物的管理，企业对一般工业固体废物的处置管理认识不到位，大部分企业未按照《温州市一般工业固体废物台账》的要求，建立完善的台账制度，存在贮存不规范、处置去向不明、随意混入生活垃圾等问题，有的企业还选择在偏僻的地方倾倒或一烧了事，严重污染环境，造成不良社会影响。

固体废物鉴别随意，存在很大环境和安全隐患。工业固体废物类别多，成分复杂，有时需要通过详细的鉴别，核实其是否属于危险废物。但实际调研发现，部分企业对其产生的、存疑的工业固体废物未作详细的鉴别，直接归于一般工业固体废物。根据本课题组对某重金属回收企业产生的"工业固体废物"进行浸出毒性鉴定（见表5），除六价铬外，其余重金属均超相应的鉴别标准，按照危险废物鉴别相关标准，该企业产生的"一般工业固体废物"均需纳入危险废物处置程序。但实际情况中由于企业管理体系不完善，鉴别环节的缺失，该企业将上述"工业固体废物"直接判定为一般工业固体废物，进入处置环节，环境和生态安全隐患突出。

表5　某重金属回收企业"一般工业固体废物"浸出毒性分析

指标	浸出毒性标准（毫克/升）	检出浓度（毫克/升）	指标	浸出毒性标准（毫克/升）	检出浓度（毫克/升）
总铬	15	322	锌	431	100
铅	5	0.27	镍	801	1
镉	1	21	六价铬	0.009	5
铜	100	1360			

（四）基层管理力量不足

环卫部门作为基层管理部门负责垃圾清运，依法收缴生产经营性垃圾处置费。根据《温州市工业垃圾管理办法（试行）》规定，明确街道办事处、镇（乡）人民政府及县工业区管理机构负责本辖区工业垃圾收集、贮存、转移的日常管理工作，但基层相应管理人员与资金投入仍然不足，对工业垃圾贮存场所的日常监管和及时收集转运难以到位，垃圾随意焚烧现象时有发生。同时，基层环境保护管理人员业务素质与日益严峻的环境保护执法和管理要求存在较大差距。

三 对策建议

根据市区一般固体废物处置的现状与问题，结合政府、企业、管理部门等的职能，对一般工业固体废物处置工作提出以下建议。

（一）深化政府职能，推动一般工业固体废物规范化处置

1. 制定和实施污染防治政策

根据《固体废物污染环境防治法》及《浙江省固体废物污染环境防治条例》的规定，结合市一般固体废物面临的主要问题及污染防治的复杂性和特殊性，建议从政府层面制定发布一套针对不同类型废物、不同利用方式和处置方法的防治条例，实现对一般工业固体废物产生、收集、运输、贮存、利用、处理处置的全过程管理。并对任意丢弃工业固体废物和不遵守有关规定的行为，制定相应的经济和行政制裁手段。

2. 合理规划处置或消纳场所

合理规划温州市西向生态填埋场和宏泽污泥综合利用项目，建议在西向垃圾填埋场二期设立单独的一般工业固体废物填埋场，并制定相应的准入条件。对热值较高的工业垃圾建议按照相应的比例纳入生活垃圾发电厂，实现其能源化利用。并根据发展需求，在城市总体规划和土地利用规划修编过程中将一般工业固体废物处置、消纳场所纳入综合考虑。

3. 扶持小微消纳企业发展

针对一般工业固体废物的主要处置方式为建材、路基、制砖等，且这些企业均属于小微企业，利用方式单一。建议政府制定固体废物处理与资源化

利用的优惠政策和补助标准，同时搭建沟通平台，鼓励和引导社会力量及资金投入，持续加大对以上小微企业的扶持力度，最终实现企业核心竞争力的提升，培育出一批具有国际竞争力的节能环保大型企业集团。

4. 改革管理体制，促进处置市场化

一般工业固体废物处理水平和投资有关。为此，要根据实际的经济基础酌情加大投资力度，引进先进的固体废物处理处置设施。改革现有的管理体制，促进固体废物管理市场化。鼓励组建专业化公司、使用专业设备设施、配备专业人员承接一般工业固体废物的管理工作。同时，政府也应该通过加大监督和惩治力度规范固体废物产生及处置企业的环境行为，使得一般工业固体废物得到有效监管、安全处理处置。

（二）推行清洁生产、规范产污企业管理体系

1. 推行清洁生产

严格按照国家和省级落后产能淘汰计划，淘汰落后的生产工艺和设备，同时鼓励企业采用最佳可行技术，推动企业实现技术进步升级。

2. 规范企业处置行为

进一步规范产污企业一般工业固体废物和危险废物处置行为，将危险废物纳入强制管理程序，产生一般工业固体废物的企业严格执行处置政策；完善一般工业固体废物管理台账，如实填写一般工业废物产生情况（包括产生量、去向、回执）等，规范企业行为。

（三）加强环保监管和执法、加快管理信息平台建设

1. 加强环境监管，强化企业责任

严格执行《温州市一般工业固体废物台账制度》。环保部门加强对企业执行台账制度情况的现场检查和指导，对企业提供的数据和信息进行认真审核。属地县级环保部门将企业一般工业固体废物的登记情况纳入日常管理，市级环保部门进行抽查。同时督促企业对历史堆存的工业固体废物实施限期治理，尽可能实施资源化利用。

加强对企业的环境监管和执法力度。严格企业和建设项目环境监察、验收工作，保证建设项目能够全面执行"三同时"制度。加强各企业的日常监管，对于不按规程进行利用、处置废物的企业，依法进行处罚。建立一般工业固体废物台账，列明其产生量、去向、转运单位、接受单位回执、最终去向、来源单位、接受量、回执存根、产品掺比等，且一般工业固体废物消纳单位不得接受危险废物。此外，消纳企业还需规范一般工业固体废物的堆放场所，防止造成二次污染。

2. 加快建设一般工业固体废物信息化平台

逐步建立起一般工业固体废物管理信息系统。在市级及有工业园区的区、县建立两级固体废物管理信息系统，实行计算机全过程规范化管理，要求产污企业按月在线准确填报产生量、处置利用量、贮存量等信息。

探索建立起固体废物资源综合利用交换信息平台。建立全市的固体废物资源综合利用交换信息平台，为固体废物产生和利用企业搭建信息平台。

3. 提升固体废物管理能力

逐步建设标准化、规范化的固体废物监管队伍，健全市、县两级监管体系，开展固体废物管理轮训工作，全面提升全市固体废物监管与事故应急处置能力。加强基层站所建设。此外，固体废物管理水平与国外先进水平相比差距还很大，建议增加相应的管理经费和科研经费，培养一批有关工业固体废物的管理人员和科研人员。

（四）拓宽利用渠道、合理规划处置方式

1. 引进先进技术

加强与国际、国内其他省市的合作与交流，引进外先进技术、设备和管理经验，促进固体废物处理产业化。加强一般工业固体废物污染防治的技术研发，大力研究开发一般工业固体废物污染防治技术（如污泥、炉渣、煤渣类利用处置技术等），积极稳妥推广和规范适宜的一般工业固体废物利用处置技术等（如水泥窑制砖等），开展示范工程建设。鼓励环保企业与高等学校、科研院所密切合作，重点研究、开发、推广、应用适合的一般工业固

体废物的减量化、资源化和无害化的技术与设备，特别是一般工业固体废物资源化技术设备及其污染控制技术设备。

2. 拓宽利用渠道，合理规划处置方式

鉴于市区一般工业固体废物的现状，结合现有处置设施建设，提出如下解决建议。

（1）实施工业垃圾多途径处置。

①根据 2013 年 9 月 11 日召开的《温州经济技术开发区污泥综合利用热电工程技改项目建议书》专家咨询会的意见，温州宏泽污泥综合利用热电项目通过掺煤工业垃圾技改每天可处置 300 吨的工业垃圾。

②市区垃圾焚烧发电厂目前处置能力为 3085 吨/天，永强垃圾焚烧发电厂扩建工程规模设计为 1200 吨/天，建成后总处置能力可达 4285 吨/天。根据国家《生活垃圾焚烧污染物控制标准》，工业垃圾可以直接进入生活垃圾焚烧炉进行焚烧处置。其余 580 吨/天的工业垃圾，按照 20% 的比例纳入垃圾焚烧发电厂消纳。

③宏泽污泥综合利用热电联产项目二期气化技改和瓯海郭瞿工业园区集中供热项目建成后，根据环评批复的处置能力，可承接市区工业垃圾的处置工作，若有剩余纳入垃圾焚烧发电厂处置。

（2）制革、印染污泥（非危废）处置。

日产生 30.2 吨的制革、印染污泥全部纳入温州宏泽污泥综合利用热电工程项目（1500 吨/天污泥）处置。

（3）其他一般工业固体废物处置。

炉渣、煤渣、五金生产加工废料、木塑生产加工废料、包装纸品废料和电子生产加工废料等固体废物（约 218 吨/天）按照资源化的方式进行利用。剩余的其他一般工业固体废物如矿物型、冶炼废物及金属氧化物、无机及氮有机废水污泥、砂轮灰及工业粉尘、中药残渣和其他废物（据调查约 120 吨/天），可按照《生活垃圾填埋场污染控制标准》的入场要求，经预处理后进入西向生态填埋场消纳，或在西向生态填埋场独自设立一般工业固体废物填埋区，设计规模可确定为 120 吨/天。

（五）引导公众参与、强化宣传教育

加强宣传教育，促进公众参与。通过电视、广播、报纸等各种舆论工具，进行广泛的宣传，引起全社会的重视，自觉做好固体废物的减量化和资源化。举办各种专业教育和培训班，对各级管理人员及有关工作人员进行不同层次的职业教育，提升一般工业固体废物管理与处置水平。

专题篇

Special Topics

B.27

领导干部对温州经济社会发展
状况和趋势的判断

张玉洁　任冬梅*

摘　要： 调查显示，领导干部对2014年温州经济发展形势和社会发展状况的满意度相对于2013年略有回升。普遍认为，社会信用缺失是温州2014年最突出的经济问题；经济发展环境不佳是制约温州经济发展的最主要因素；信用缺失导致经济纠纷增多是2014年最为突出的社会问题。政府保持经济健康发展的重点是强化政府服务意识、破解中小企业融资难问题、加快培育新兴产业发展。保持社会和谐发展最需关注的民生问题是环境污染、交通拥堵严重以及食品安全形势严

* 张玉洁，中共温州市委党校教师；任冬梅，中共温州市委党校教师。

峻。今后政府需对建设公共服务型政府、促进社会公平正
义、保持经济稳步增长等问题多加关注。

关键词：　　经济　社会　温州

温州市领导干部是温州经济社会发展相关政策的制定者与执行者，他们对温州经济社会发展情况的主观感受在一定程度上影响着政策的制定与施行。为了解领导干部对 2014 年温州经济和社会发展总体状况的判断以及对 2015 年经济社会发展的预期，2014 年 10～11 月，我们以在中共温州市委党校进修培训的县处级和乡科级干部为调查对象进行了问卷调查，问卷主要围绕 2014 年温州经济社会发展状况、发展过程中亟须解决的问题以及对 2015 年经济社会发展的预期等内容设置相关问题。调查回收有效问卷 213 份，其中，县处级领导干部 44 份，乡科级干部 169 份。统计分析结果主要涉及以下方面。

一　对2014年温州经济社会发展状况的总体评价

1. 领导干部对2014年温州经济社会发展状况的满意度略有回升，但经济发展状况满意度再次跌破10%

调查结果显示，领导干部对 2014 年温州经济发展形势和社会发展状况的满意度分别为 8.45% 和 18.31%，2013 年的满意度分别为 7.12% 和 17.29%，2012 年的满意度分别是 24.88% 和 40.72%，领导干部对 2014 年温州经济社会发展状况的满意度略有回升，其中，对经济发展形势的满意度上升了 1.33 个百分点，对社会发展状况的满意度上升了 1.02 个百分点；但领导干部对温州 2014 年经济发展状况的满意度再次跌破 10%。

就不同领导群体而言，县处级领导干部对 2014 年温州"经济发展的总体状况"的满意度明显高于乡科级干部。在"经济发展的总体状况"的判断方面，县处级领导干部中有 7 人选择了"好"，占县处级领导干部总人数

的 15.91%。乡科级干部对这一问题的认知与县处级领导干部差别较大，乡科级干部中仅 6.51% 的人认为经济发展的总体状况"好"。对"经济发展的总体状况"的满意度，县处级领导干部明显高于乡科级干部 9.40 个百分点。

对于"社会发展的总体状况"满意度的调查结果显示，县处级领导干部与乡科级干部对 2014 年温州"社会发展的总体状况"的满意度基本持平。县处级领导干部中有 8 人认为，社会发展的总体状况"好"，选择占县处级领导总人数的 18.18%。乡科级干部中有 31 人认为社会发展的总体状况"好"，占比 18.34%，略高于县处级领导干部 0.16 个百分点。

此外，认为 2014 年温州经济发展总体状况"差"与"很差"的领导干部比例与 2013 年相较有所下降。另有 1 人未对此题做出回应（见表1）。

表1　对温州经济社会发展状况的总体评价（2014 年）

单位：%

总体评价	很好	好	一般	差	很差
经济发展总体状况	—	8.45	67.14	21.13	2.82
社会发展总体状况	—	18.31	70.42	6.10	1.41

2. "互联网经济"被认为是2014年经济发展最富有成效的工作

从领导干部对 2014 年经济发展过程中比较富有成效的工作的选择来看，共有 87 人选择了"互联网经济"，选择比率达 40.85%，位居第一，相较 2013 年上升了 26.95 个百分点；"固定资产投资"排名第二，选择总数占比 38.50%，比 2013 年下降了 20.14 个百分点；"招商引资"位列第三，有 65 人选择了该选项，占比 30.52%，比 2013 年下降了 3.38 个百分点。在给予排序的选择中，"互联网经济"被列为第一选择，占比 23.40%（见表2）。

在对问卷设计的有关经济发展富有成效工作的其他各选项的关注度上，除乡科级干部对"固定资产投资""商贸服务业发展""产业转型升级""互联网经济""金融综合改革"等选项的关注度分别高于县处级领导干部 5.55 个、9.72 个、8.57 个、8.51 个、6.67 个百分点外，两者对其他选项的关注度区别不大。

表2　2014年温州经济发展过程中最富有成效的工作

单位：个，%

调查选项	2013 年各项选择占被调查者比重	2014 年各项选择				
		总数	占被调查者比重	与2013 年相比	排序	各项第一选择占所有选择比重
固定资产投资	58.64	82	38.50	↓20.14	2	18.44
商贸服务业发展	25.76	60	28.17	↑2.41	4	9.93
产业转型升级	25.08	29	13.62	↓11.46	10	5.67
实体经济振兴	47.80	51	23.94	↓23.86	6	15.6
产业平台建设	37.63	45	21.13	↓16.5	8	2.13
互联网经济	13.90	87	40.85	↑26.95	1	23.4
招商引资	33.90	65	30.52	↓3.38	3	8.51
外贸出口	11.19	30	14.08	↑2.89	9	4.96
时尚之都建设	—	56	26.29	—	5	5.67
金融综合改革	—	50	23.47	—	7	4.96
其他（请注明）	3.05	2	0.94	↓2.11	11	0.71

3. "城市环境卫生明显好转"被认为是2014年社会发展方面最富有成效的工作

根据领导干部对2014年社会发展过程中比较富有成效的工作的调查结果显示，"城市环境卫生明显好转"被认为是社会发展方面最富有成效的工作，共有144位领导干部选择了该项，选择占比为67.61%，比2013年下降了10.02个百分点；"五水共治"工作排名第二，占比67.14%；"社会治安形势好转"排名第三，有104位领导干部选择，占比48.83%，相较2013年上升了6.80个百分点。

就不同领导群体而言，两群体对"卫生医疗事业稳步发展""社会组织发展"两选项的关注度呈现出了较大差异。29.55%的县处级领导干部认为该项工作成效显著，但仅有15.38%的乡科级干部认为"卫生医疗事业稳步发展"，县处级领导干部对这项工作的成效认可度高于乡科级干部14.17个百分点。另外，对"教育事业稳步发展""社会治安形势好转"等工作的成效认可度方面，县处级领导干部也明显高于乡科级干部。此外，22.49%的

乡科级干部认为"社会组织发展"成效显著，但仅有 6.82% 的县处级领导干部选择该项，乡科级干部对此项工作的成效认可度高于县处级领导干部 15.67 个百分点。

在给予排序的选择中，"城市环境卫生明显好转"工作被列为第一选择，占比达 38.31%，"五水共治"工作被列为第一选择，占比达 32.47%（见表3）。

表3　2014 年温州社会发展过程中最富有成效的工作

单位：个，%

调查选项	2013 年各项选择占被调查者比重	2014 年各项选择				
		总数	占被调查者比重	与 2013 年相比	排序	各项第一选择占所有选择比重
城乡居民收入增长	18.31	17	7.98	↓10.33	11	1.95
卫生医疗事业稳步发展	26.44	39	18.31	↓8.13	5	4.55
城市环境卫生明显好转	77.63	144	67.61	↓10.02	1	38.31
就业形势稳定	11.19	22	10.33	↓0.86	9	2.6
教育事业稳步发展	23.39	19	8.92	↓14.47	10	—
城镇保障房建设	22.37	23	10.8	↓11.57	8	0.65
养老为老事业发展顺利	16.27	29	13.62	↓2.65	6	2.6
社会治安形势好转	42.03	104	48.83	↑6.8	3	11.04
文化事业稳步发展	25.08	26	12.21	↓12.87	7	1.95
五水共治	—	143	67.14	—	2	32.47
社会组织发展	—	41	19.25	—	4	3.9
其他(请注明)	0.68	3	1.41	↑0.73	12	—

二　温州经济社会发展存在的问题及制约因素

1. 超六成领导干部认为社会信用缺失是温州2014年最突出的经济问题

问卷调查结果显示，社会信用缺失是 2014 年温州经济发展过程中最为突出的问题，有 130 位领导干部选择了该选项，选择总数占总人数的 61.03%，位居第一。"企业担保链危机"与"企业融资难加剧"分列第二、第三位,占比分别为 60.56% 和 58.69%。与 2013 年相比,"企业担保链危机"选项占比增加了 15.14 个百分点,"企业融资难加剧"选项占比下降了 0.63 个百分点。而在给予排序的选择中,"社会信用缺失"被列为第一选择项,占比 23.31%,位居第一;"企业担保链危机"被列为第一选择项,占比 19.02%,位居第二(见表 4)。

就不同领导群体而言,乡科级干部对"企业融资难加剧"、"企业外迁"两选项的关注度分别高于县处级领导干部 13.81、11.59 个百分点;而县处级领导干部则对"企业低小散"、"产业结构转型难"选项的感受度分别高于乡科级领导 11.60、17.70 个百分点。对于其他选项,两者的关注度差别不大。

表 4　2014 年温州经济发展存在的突出问题

单位:个,%

调查选项	2013 年各项选择占被调查者比重	2014 年各项选择				
		总数	占被调查者比重	与 2013 年相比	排序	各项第一选择占所有选择比重
企业融资难加剧	59.32	125	58.69	↓0.63	3	12.27
企业低小散	52.88	82	38.50	↓14.38	7	8.59
资金外流	38.64	39	18.31	↓20.33	10	1.84
人才外走	51.53	100	46.95	↓4.58	5	4.29
企业外迁	51.19	68	31.92	↓19.27	9	3.07
基础设施薄弱	41.69	73	34.27	↓7.42	8	6.75
产业空心化	66.44	118	55.40	↓11.04	4	11.04
民间资金投资难	25.08	34	15.96	↓9.12	12	1.23
企业担保链危机	45.42	129	60.56	↑15.14	2	19.02
库存积压	2.37	6	2.82	↑0.45	13	—
通货膨胀	9.15	5	2.35	↓6.8	14	—
用地紧张	33.22	36	16.90	↓16.32	11	3.07
社会信用缺失	—	130	61.03	—	1	23.31
产业结构转型难	—	96	45.07	—	6	4.91
其他	1.69	2	0.94	↓0.75	15	0.61

2. 经济发展环境不佳成为制约温州经济发展的最主要瓶颈

制约温州经济发展的主要因素,本问卷共设置了 11 个选项,调查结果显示，共 166 位领导干部选择了"经济发展环境不佳"选项，选择人数占领导干部总人数的 77.93%，排名第一，相较 2013 年上升了 1.32 个百分点；排在第二位的是"企业自主创新能力不强"选项，选择该项的领导干部共139 人，选择总数占比 65.26%，比 2013 年下降了 2.88 个百分点；"高端人才平台短缺""产业结构不合理""新兴产业发展缓慢"分列第三、第四、第五位，分别有 138 位、123 位和 118 位领导干部选择，选择总数占比分别为 64.79%、57.75% 和 55.40%。

在给予排序的相关调查中，有 67 位领导干部将"经济发展环境不佳"列为第一选项，占比 41.61%，而将"产业结构不合理""企业用工用地成本过高"列为第一选项的，分别有 22 人和 18 人，第一选择占比分别为13.66% 和 11.18%（见表 5）。

就不同领导群体而言，县处级领导干部对"产业结构不合理"选项的关注度要高于乡科级干部 13.20 个百分点，而乡科级干部则对"企业自主创新能力不强""高端人才平台短缺""政府政策支持不够""新兴产业发展缓慢"等选项的关注度要略高于县处级领导干部。

表 5　制约温州经济发展的主要因素

单位：个，%

调查选项	2013 年各项选择占被调查者比重	2014 年各项选择				
		总数	占被调查者比重	与 2013 年相比	排序	各项第一选择占所有选择比重
产业结构不合理	6.61	123	57.75	↑51.14	4	13.66
企业自主创新能力不强	68.14	139	65.26	↓2.88	2	8.70
投资效率不高	27.46	82	38.50	↑11.04	8	6.21
高端人才平台短缺	64.75	138	64.79	↑0.04	3	6.21
房地产调控政策的影响	21.02	35	16.43	↓4.59	9	0.62
企业用工用地成本过高	5.39	111	52.11	↑46.72	6	11.18
政府政策支持不够	42.03	96	45.07	↑3.04	7	8.07
经济发展环境不佳	76.61	166	77.93	↑1.32	1	41.61
新兴产业发展缓慢	39.66	118	55.40	↑15.74	5	2.48
购买力外流	7.46	15	7.04	↓0.42	10	—
其他	0.68	5	2.35	↑1.67	11	1.24

3. 信用缺失导致的经济纠纷增多被认为是影响社会运行最突出的问题

从领导干部对 2014 年影响社会运行的突出问题的选择结果来看，共 167 位领导干部选择了"信用缺失导致的经济纠纷增多"选项，选择总数占总人数的 78.40%，排名第一，比 2013 年选择占比上升了 9.25 个百分点；有 122 人选择了"环境污染问题严重"选项，选择总数占比 57.28%，排名第二，相较 2013 年下降了 3.06 个百分点；"城市管理能力滞后""食品安全问题"分列第三、第四位，分别有 119 位和 110 位领导干部选择。在给予排序的选择中，有 60 位领导干部将"信用缺失导致的经济纠纷增多"列为第一选择，占比 37.74%，位居第一（见表 6）。

在对 2014 年温州社会发展存在的突出问题的看法上，县处级领导干部与乡科级干部均将第一关注点放在了"信用缺失导致的经济纠纷增多"选项上，但同时调查结果显示，不同领导群体在不同选项的感受度上有所不同。在对"收入差距进一步加大""社会不公现象较为普遍"两选项的关注度上，乡科级干部均高于县处级领导干部；然而，在对"城市管理能力滞后""文化事业发展滞后"两选项的关注度上，县处级领导干部则高于乡科级干部。

表 6　2014 年温州社会发展存在的突出问题

单位：个，%

调查选项	2013 年各项选择占被调查者比重	2014 年各项选择				
		总数	占被调查者比重	与 2013 年相比	排序	各项第一选择占所有选择比重
就业形势严峻	17.29	30	14.08	↓3.21	12	3.14
收入差距进一步加大	29.83	52	24.41	↓5.42	8	5.66
信用缺失导致的经济纠纷增多	69.15	167	78.40	↑9.25	1	37.74
征地拆迁导致的矛盾增多	39.32	73	34.27	↓5.42	7	2.52
食品安全问题	43.05	110	51.64	↑8.59	4	10.69
腐败现象严重	20.34	25	11.74	↓8.6	14	3.14
安全生产形势严峻	12.20	28	13.15	↑0.95	13	—
环境污染问题严重	60.34	122	57.28	↓3.06	2	13.84
优质教育资源供给严重不足	34.58	86	40.38	↑5.8	6	4.40

续表

调查选项	2013 年各项选择占被调查者比重	2014 年各项选择				
		总数	占被调查者比重	与 2013 年相比	排序	各项第一选择占所有选择比重
外来人口融入难	19.32	32	15.02	↓4.3	11	—
看病难看病贵	21.36	52	24.41	↑3.05	8	3.14
城市管理能力滞后	48.81	119	55.87	↑7.06	3	11.95
文化事业发展滞后	10.51	42	19.72	↑9.21	10	0.63
社会不公现象较为普遍	37.97	92	43.19	↑5.22	5	3.14
其他	0.34	2	0.94	↑0.6	15	—

三　2015年温州经济社会发展趋势判断

1. 超五成领导干部对温州2015年经济发展前景表示乐观

在关于 2015 年温州经济发展前景的调查中，有 5.63% 的领导干部认为经济发展前景将"平稳上升"，48.36% 的领导干部认为经济将"平稳发展"。同时，有 72 位领导干部认为前景"略有下滑"，占比 33.80%；另有 8 位领导干部认为发展前景将"大幅下滑"，选择占比 3.76%。此外，18 位领导干部对此题没有做出回应。

在温州经济发展前景的预期上，不同群体的领导干部呈现出了不同的感受。县处级领导干部中认为经济发展前景"平稳上升""平稳发展"的占比要明显高于乡科级干部；而乡科级干部认为发展前景"略有下滑"及"大幅下滑"的比例明显高于县处级领导干部。（见表7）

表7　对温州经济发展前景的总体评价（2015 年）

单位：%

总体评价	平稳上升	平稳发展	略有下滑	大幅下滑	缺失
县处级领导干部	6.82	54.55	27.27	2.27	9.09
乡科级干部	5.33	46.75	35.50	4.14	8.28

2. 仅两成的领导干部对温州2014年社会发展的前景充满信心

在问卷设计的 2015 年温州社会发展前景的所有选项中，选择"很好"与"好"选项的共有 46 位领导干部，占被调查总人数的 21.60%。另有 64.32% 的领导干部认为 2015 年温州社会的发展前景"一般"；4.70% 的干部则认为发展前景"差"和"很差"。值得一提的是，通过县处级领导干部和乡科级干部选择项的对比发现，选择发展前景"差"和"很差"的问卷均来自乡科级干部，县处级领导干部中无一人选择。

3. "强化政府服务意识""破解中小企业融资难""加快培育新兴产业发展"被认为是政府促进经济健康发展的工作重点

对 2015 年"温州经济持续健康地发展，政府应将工作重点放在哪些方面"这一问题的调查结果显示，"强化政府服务意识"选项位列榜首，有 164 位领导干部选择该项，总数占比达 77.00%，相较 2013 年上升了 14.97 个百分点；"破解中小企业融资难"排在第二位，有 144 人选择，占比 67.61%，比 2013 年上升了 12.69 个百分点；"加快培育新兴产业发展"和"加快产业平台建设"分列第三、四位，分别有 126 位、118 人选择，选择总数占比分别为 59.15% 和 55.40%，相较 2013 年分别上升了 1.86 和 3.87 个百分点。在给予排序的相关调查中，"强化政府服务意识"仍位列第一，有 56 人将其列为第一选项，占比 34.36%。"加快培育新兴产业发展"和"破解中小企业融资难"并列第二，两选项的第一选择占比均为 11.66%（见表8）。

表8　经济健康发展政府的工作重点应放在哪些方面

单位：个，%

调查选项	2013 年各项选择占被调查者比重	2014 年各项选择				
		总数	占被调查者比重	与2013年相比	排序	各项第一选择占所有选择比重
加快城乡一体化发展	30.85	79	37.09	↑6.24	5	7.98
加快培育新兴产业发展	57.29	126	59.15	↑1.86	3	11.66
破解中小企业融资难	54.92	144	67.61	↑12.69	2	11.66
推进骨干企业上市	12.20	22	10.33	↓1.87	13	—

续表

调查选项	2013 年各项选择占被调查者比重	2014 年各项选择				
		总数	占被调查者比重	与 2013 年相比	排序	各项第一选择占所有选择比重
扩大政府有效投资	36.27	75	35.21	↓1.06	6	7.98
强化政府服务意识	62.03	164	77.00	↑14.97	1	34.36
加快产业平台建设	51.53	118	55.40	↑3.87	4	6.75
加强对外经济合作	10.51	58	27.23	↑16.72	9	—
优化经济发展环境	67.46	73	34.27	↓33.19	7	8.59
政府审批制度改革	38.64	40	18.78	↓19.86	10	0.61
推动"温商回归"	30.85	23	10.80	↓20.05	12	—
发展互联网经济	18.98	35	16.43	↓2.55	11	1.84
现代农业园区建设	5.42	3	1.41	↓4.01	18	—
五水共治	—	20	9.39	—	14	—
区域金融改革与创新	—	15	7.04	—	15	0.61
化解担保链危机	—	60	28.17	—	8	7.36
两美建设	—	12	5.63	—	16	0.61
时尚之都建设	—	10	4.69	—	17	—
其他	2.71	1	0.47	↓2.24	19	—

对"温州经济持续健康发展，政府应将工作重点放在哪些方面"这一问题，除了"强化服务意识"外，县处级领导干部与乡科级干部呈现出了不同的看法，在对"政府审批制度改革""区域金融改革与创新"两选项的关注度上，乡科级干部分别高于县处级领导干部 9.35 个、6.01 个百分点；然而在对"加快产业平台建设""推动温商回归"两选项的关注度上，县处级领导干部则分别高于乡科级干部 10.40 个、12.20 个百分点。在对其他选项的认识上，两领导干部群体态度较为接近，差距不大。

4. "环境污染""交通拥堵严重""食品安全形势严峻"被认为是温州社会发展亟须关注的民生问题

问卷调查结果显示，"环境污染"、"交通拥堵严重"、和"食品安全形势严峻"分列温州社会和谐发展最需关注的民生问题的前三位。169 位领导干部认为，保持温州社会和谐发展，应更多关注"环境污染"，该项的选择总数占比 79.34%。"交通拥堵严重"选项有 143 位领导干部选择，占比 67.14%，位列第二，相比 2013 年，选项占比下降了 8.11 个百分点。另有

134 位领导干部选择了"食品安全形势严峻"选项，选择总数占比62.91%，位居第三，比 2013 年上升了 1.89 个百分点。紧随"交通拥堵严重"和"食品安全形势严峻"选项之后的是"教育资源配置不合理"和"居民收入增长水平低于物价上涨幅度"，两项选择总数占比分别为 60.09%和 46.95%，分列第四、第五位。在给予排序的相关调查中，30 人将"环境污染"列为第一选项，占比 18.75%（见表 9）。

表 9 社会发展亟需关注的民生问题

单位：个，%

调查选项	2013 年各项选择占被调查者比重	2014 年各项选择				
		总数	占被调查者比重	与 2013年相比	排序	各项第一选择占所有选择比重
房价过高	59.66	82	38.50	↓21.16	7	16.25
居民收入增长水平低于物价上涨幅度	68.47	100	46.95	↓21.52	5	15.00
安全生产	19.66	40	18.78	↓0.88	10	1.25
交通拥堵严重	75.25	143	67.14	↓8.11	2	13.13
食品安全形势严峻	61.02	134	62.91	↑1.89	3	15.00
药品安全形势	—	33	15.49	—	11	0.63
看病难看病贵	51.86	92	43.19	↓8.67	6	5.63
教育资源配置不合理	61.36	128	60.09	↓1.27	4	8.75
环境污染	—	169	79.34	—	1	18.75
就业困难	21.36	47	22.07	↑0.71	8	3.75
保障性住房建设不足	29.15	45	21.13	↓8.02	9	1.88
其他	—	1	0.47	—	12	—

调查结果显示，县处级领导干部与乡科级干部在此题不同选项的关注度上，区别较大。县处级领导干部对"房价过高""安全生产""环境污染""保障性住房建设不足"等选项上的关注度分别高于乡科级干部 28.80个、13.60 个、11.70 个、13.50 个百分点。而乡科级干部对"居民收入增长水平低于物价上涨幅度""看病难看病贵""教育资源配置不合理"等选项的关注度分别比县处级领导干部高出 16.20 个、17.20 个、12.72 个百分点。

5. 保持社会和谐发展，政府需对"建设公共服务型政府""促进社会公平正义""保持经济稳步增长"等问题多加关注

问卷调查结果表明，"建设公共服务型政府""促进社会公平正义""保持经济稳步增长"被认为是今后温州社会和谐发展，政府最需要多加关注的问题。其中，"建设公共服务型政府"有 145 人选择，选择总数占比68.08%，位居第一，比 2013 年上升了 11.13 个百分点；"促进社会公平正义""保持经济稳步增长"两选项均有 113 人选择了，选择总数占比53.05%，并列第二，选项占比分别比 2013 年上升了 8.30 个和 8.98 个百分点；"健全社会保障体系"和"加强社会管理创新"分别有 109 人和 91 人选择，选择总数分别占比 51.17% 和 42.72%，分列第四、五位。在选择排序的问卷中，有 33 人将"建设公共服务型政府"作为第一选择，第一选择占比 20.89%，位居第一；"保持经济稳步增长"选项有 30 人将其列为第一选择，占比 18.99%，位居第二（见表 10）。

表 10 社会和谐发展政府的工作重点应放在哪些方面

单位：个，%

调查选项	2013 年各项选择占被调查者比重	2014 年各项选择				
		总数	占被调查者比重	与 2013 年相比	排序	各项第一选择占所有选择比重
缩小贫富差距	33.90	65	30.52	↓3.38	8	10.76
大力推进城乡统筹	40.34	71	33.33	↓7.01	6	7.59
加大保障性住房建设力度	21.69	29	13.62	↓8.07	14	1.27
促进就业	16.95	47	22.07	↑5.12	11	3.80
加强社会治安综合整治	29.83	54	25.35	↓4.48	9	2.53
加强社会管理创新	37.63	91	42.72	↑5.09	5	8.23
改善弱势群体的生活	30.51	69	32.39	↑1.88	7	2.53
惩治腐败	28.14	51	23.94	↓4.20	10	1.27
做好对外宣传及舆论引导	20.00	31	14.55	↓5.45	13	0.63
促进社会公平正义	44.75	113	53.05	↑8.30	2	14.56
健全社会保障体系	44.41	109	51.17	↑6.76	4	4.43
发展社会组织	10.17	32	15.02	↑4.85	12	1.90
建设公共服务型政府	56.95	145	68.08	↑11.13	1	20.89
保持经济稳步增长	44.07	113	53.05	↑8.98	2	18.99
其他	0.68	2	0.94		15	0.63

县处级领导干部与乡科级干部对"缩小贫富差距""促进就业""加强社会治安综合整治""改善弱势群体的生活"等选项的关注度相近，但对于"加强社会管理创新"和"惩治腐败"等问题，二者的关注度呈现出了较大差异，乡科级干部中关注此两项的人数占比分别高出县处级领导干部 13.74 个和 18.72 个百分点。

四　调查思考

通过对 2014 年温州经济社会发展状况、发展过程中亟须解决的问题以及对 2015 年经济社会发展的预期等内容进行相关调查，结果显示，领导干部对 2014 年温州经济社会发展状况的满意度略有回升，同时也提出了对温州经济社会运行中出现的亟须关注与解决的问题。

调查显示，"保持经济稳步增长"是社会和谐发展的工作重心。但经济发展环境不佳是制约温州经济发展的最主要因素。为了实现 2015 年温州经济持续健康发展、社会和谐发展，"强化政府服务意识"成为政府工作的重中之重。温州现在正处于推进经济转型升级发展的关键期。转变发展方式，关键是政府转型。大部分领导干部已经认识到政府服务与行政管理方面的不足，政府职能转变不到位，基层社会管理和公共服务缺乏，权责不明、机构设置不合理、部门职责交叉，由此导致的公共服务水平不高，已经成为温州经济社会发展的一个阻力。不少企业认为，在政府服务方面，温州存在惩治有余引导不足、管理有余服务不足、重查处少监督、重打击少教育的现象，对企业发展缺乏必要的支持等。整体发展软环境不佳已经成为部分企业外迁的推力。因此温州市政府应切实转变政府职能，强化服务意识，进一步深化"效能改革"，着力优化政府服务，集中精力进行规则的制定和实施，营造一个良好的激励环境，提供公平的法律环境。作为促进经济健康发展的政府工作的重点，"优化经济发展环境""政府审批制度改革""推动'温商回归'""区域金融改革与创新""化解担保链危机"等一系列措施的提出将在一定程度上强化政府的服务意识。

良好的自然生态环境是一个地区经济社会健康发展必要的外部条件。调

查显示，57.28%的被调查者认为"环境污染问题严重"是2014年温州经济社会发展存在的突出问题，位列第二。79.34%的被调查者选择了环境污染问题作为2014年温州社会和谐发展最需关注的民生问题，选择位列第一。这说明领导干部对这个问题已经有了清醒的认识，环境问题也到了必须给予高度重视的时候了。当前，由于产业结构"低小散"的现状未能根本改变，片面追求经济效益，忽视了对生态环境和资源的保护，温州生态环境破坏较为严重。环境的破坏不仅对本地居民的正常生活及身体健康带来极大的隐患，同时也对人才的吸引、外来投资的吸引造成一定的阻碍。温州亟须改变高消耗、高排放、高污染的"低小散"产业结构，加快发展以生产性服务业为重点的现代服务业，并以现代服务业的大发展为高端制造业和现代农业的发展创造良好的环境条件，全面促进产业转型升级，打造中国民营经济转型发展示范区。把百姓增收、生态良好、社会平安作为经济社会发展的"底线"，作为政府工作的"标尺"。在这一基本政策指导下"城市环境卫生明显好转""五水共治"已经作为2014年温州社会发展过程中最富有成效的工作，分别位列第一、第二。但是我们也应该看到，虽然在社会领域大部分领导干部对环境污染问题都有了清醒的认识，环境污染成为社会发展最需要关注的问题，位列第一，但是，在经济发展领域，这一问题还未得到充分的重视。在对当前"经济健康发展政府的工作重点应放在哪些方面"这一问题的回答中，与环保问题相关的两个选项"五水共治""两美建设"被选比例较低，分别占被调查者的9.39%、5.63%，排在第14位和16位（见表8）。虽然"加快培育新兴产业发展""强化政府服务意识""优化经济发展环境"已经内含了对环境的改善，但环境问题和经济发展的相互依存关系的重要性还未得到充分的认识，这一现象值得我们深思。根据温州市委十一届八次全体（扩大）会议精神，温州要在深化"十大举措"的基础上，高度重视研究和积极组织实施"五化战略"。研究和实施生态化战略成为其重要内容，以经济生态化、生态经济化为主攻方向，以"五水共治"和"三改一拆"为突破口，努力把温州打造成为生态文明先行区这一目标的提出，将有力促进温州环境问题的解决。

2014年温州工业企业生产经营状况分析

温州市经济和信息化委员会课题组 *

摘　要： 基于对温州有关县（市、区）、行业协会和重点企业广泛而深入的实地调研、座谈交流，尤其是对1200家温州市重点工业企业的月度跟踪监测后发现，2014年温州工业经济总体企稳回升，企业效益明显改善，并呈现出三个"步伐加快"的新特征。同时，企业订单不足、资金紧张、担保链风险等痼疾依然存在。分析认为，2015年温州工业经济总体仍将呈稳中趋缓态势，企业生产经营困难和压力依然较大，据此本文提出全力打造温州工业经济创新版等对策建议。

关键词： 温州　工业企业　生产经营　监测

为及时、全面地了解2014年温州工业企业生产经营动态，准确把握温州工业经济运行态势，温州市经信委深入全市有关县（市、区）、行业协会和重点企业开展了广泛的实地调研、座谈交流，尤其是对全市1200家重点企业定期发放网上调查问卷，开展月度跟踪监测，据此形成了本调研分析报告。通过客观的数据分析，研究提出了优化企业发展环境、促进工业经济健康发展、全力打造温州工业经济创新版的对策建议。

2014年，温州市工业经济运行总体上呈现出"稳中趋好、缓慢回升"

---

* 课题组组长：梁超，温州市经信委书记、主任；副组长：赵斌，温州市经信委副主任；课题组成员：杨雄文、陈博、林剑，温州市经信委经济运行综合处。

的态势，特别是第三季度以来，指标增速和结构优化均出现了一些积极变化。同时，由于国内宏观经济环境仍然趋紧，企业生产经营仍面临订单不足、资金紧张等问题，企业担保链风险仍然较为突出。

一 2014年温州工业企业生产经营出现的新特征

2014年以来，温州市工业经济运行总体上仍延续2013年"稳中趋好、缓慢回升"的态势。2014年温州规模以上工业增加值976.60亿元，同比增长6.2%，增幅比上年同期提高0.4个百分点，比上半年回升1.2个百分点。2014年以来，温州规模以上工业增加值基本上在5.0%左右波动，下半年呈缓慢回升态势（见图1）。在温州市经信委监测的1200家重点企业中，汽摩配（47家）、电工电器（135家）、服装（46家）、泵阀（47家）等支柱产业，产值同比分别增长14.4%、10.3%、7.3%和6.9%，拉动温州规模以上工业增加值约3.5个百分点。从企业生产经营情况来看，2014年温州工业经济呈现出三个"步伐加快"的新特征。

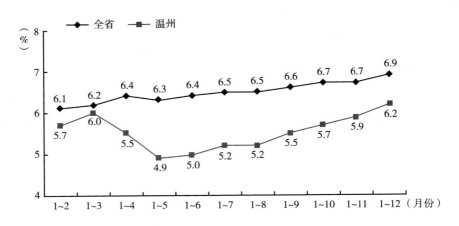

图1 2014年温州和全省规模以上工业增加值增长情况

一是创新驱动步伐加快。面对市场需求不足、产能过剩严重、要素成本上升等多重因素的压力，温州工业企业创新步伐明显加快。2014年温州规模以上工业新产品产值在上年同期高基数（45.6%）的基础上增长39.9%，连续24个月增幅高出规模以上工业总产值10个百分点以上；新产品产值率达到20%，同比提高4个百分点。企业创新平台建设明显加快，2014年已新增浙江石化阀门有限公司等6家省级企业技术中心、中天昊宇科技股份有限公司等45家市级企业技术中心。

二是机器换人步伐加快。在温州"助企强工"新十条等政策的引导下，温州劳动密集型行业的企业实施"机器换人"现代技术改造的积极性得到进一步激发，减员增效取得较好成果，全员劳动生产率稳步提高。2014年，温州完成技术改造541.81亿元，同比增长56.1%，技改投资占工业投资比重达到72.16%，比上年同期提高15.9个百分点。温州规模以上工业企业劳动生产率达到12万元/人，同比增长10%。

三是规范提升步伐加快。随着"三名"工程（建名企、出名品、育名家）、"三转一市"（"个转企"、"企升规"、"有限转股份"、上市）等工作的深入实施，企业提升发展进一步加快，现代企业制度进一步完善。2014年以来，温州市龙头企业"三名"培育成效良好，正泰、华峰列入浙江省首批"三名"培育试点企业。"三转一市"提质推进，温州市完成"个转企"17371家、"小升规"999家、"规改股"128家。

二 2014年温州企业生产经营面临的主要问题

尽管2014年温州市工业经济运行总体上较为平稳，企业转型发展步伐加快，但工业用电等先行指标增长低迷，工业品出厂价格指数（PPI）持续下跌，中小企业赢利水平仍然较低，工业持续回升的基础仍不稳固。总体来看，2014年制约温州工业持续向好的不利因素仍然较多，但主要问题表现在以下三个方面。

一是订单不足的企业仍然较多。2014年市场需求仍然较为疲软，大部分行业仍面临产能过剩、订单不足的挑战。温州市经信委对1200家重点企业的监测显示，订单很少或没有的企业占到20.1%之多，增多的仅占16.3%，特别是在制革、金属冶炼等高能耗行业，半数以上企业存在缺单现象。如制革

行业，74 家受调查的企业中，没有 1 家订单可供生产 2 个月以上，订单很少或没有订单的企业占七成左右；金属冶炼行业将近一半的企业订单很少或没有订单。从企业规模来看，小微企业订单明显少于大中型企业，亿元以上企业中订单很少或没有的仅占 12.0%，而产值 5000 万元以下的企业中，这一比例上升到 28.0%。受订单不足影响，企业产能发挥严重不足，用电量增长乏力，减产面仍较大。2014 年温州市工业用电量 217.29 亿度，同比仅增长 0.6%，增幅同比回落 2.1 个百分点，比浙江省平均水平（2.0%）低 1.4 个百分点。

二是企业资金压力仍然较大。2014 年，温州市不良贷款仍在高位运行，银企互信程度下降，银行不放贷、企业不还贷的现象依然突出。截至 2014 年 12 月底，温州市人民币贷款余额 7223 亿元，增长 1.9%，位列浙江省倒数第一，其中企业贷款 3532 亿元，比年初减少 103 亿元；人民币存款余额 7937 亿元，增长 2.1%，其中企业存款余额 1912 亿元，较年初减少 196 亿元。工业企业存贷款大幅减少，表明温州企业资金流动性整体不足。在温州市经信委调查的重点企业中，反映 2014 年底资金比上年同期紧张的占 32.0%，比上半年提高 2.0 个百分点。特别是制革、金属冶炼等市场萎缩、产品滞销的行业，反映资金比上年同期紧张的企业分别占 67.0% 和 52.0%。

三是企业担保链风险仍然突出。进入 2014 年第三季度以来，温州的龙湾区、瑞安市、苍南县等地的出险企业数同比增长 40.0% 以上，新增出险企业基本是受担保链牵连的。2014 年，温州市"下规"企业约有 330 家，其中停产的企业超过 110 家，绝大多数是由担保问题引起企业资金链断裂而导致的。如瑞安的某包装龙头企业、苍南的某钢铁和纺织龙头企业均受到担保链风险影响。其中，苍南县受这两家企业影响，全年共减少产值 16 亿多元，拉下该县工业增长 6.0 个百分点左右。

三 2015 年温州工业企业生产经营环境分析与展望

2015 年，温州市工业企业运行仍将面临诸多问题和挑战，企业生产经营环境依然复杂而严峻。总的来说，主要表现在以下两个方面。

（一）从有利因素看，主要体现在三个"进一步"

一是温州促进支柱产业提升发展的力度进一步加大。2014 年，温州已经制定了电气、服装、鞋业、汽摩配、泵阀五大支柱产业和时尚产业的发展规划、三年行动计划和专项配套政策，并与全市各地衔接将支柱产业培育纳入当地工业发展主要举措中。2015 年，温州五大支柱产业和时尚产业培育工作的重点将放在规划落实推进上，从产业布局优化、重点项目推进、惠企政策兑现等方面，加大支柱产业培育力度，提振企业发展传统产业的信心。特别是在重点项目推进方面，五大支柱产业已经梳理了重点项目 166 个，投资额 207 亿元；技改项目 63 个，总投资 52 亿元；承接平台 43 个，总投资 63 亿元；服务平台 33 个，总投资 61 亿元。随着这批项目的顺利推进实施，温州传统产业的整体规模和发展层次有望得到明显的提升。

二是企业发展空间约束进一步缓解。2014 年是温州市小微园建设全面铺开的一年，也是成果初现的一年。温州全市 104 个小微园已经开工 61 个，竣工 11 个，在建面积 812 万平方米；其中 30 个示范小微园已全部开工。同时，温州市制定出台了推进企业空间换地的实施细则，瓯海区、瑞安市等地的实施工作均已取得良好的成效。2015 年随着小微园建设的加快和空间换地的深入，长期以来制约温州市中小企业发展的空间问题，有望得到明显地缓解。

三是"两化"融合的带动作用进一步提高。2014 年，浙江省将信息经济和"两化"融合提到了新的高度，明确了建设信息经济大省的目标，提出要打造国际电子商务中心、全球物联网产业中心等"七中心一基地"。2014 年，温州市也已经在研究细化落实相关扶持政策，并加快推出信息经济发展和"两化"深度融合的具体举措。2015 年，温州市将围绕乐清电器、永嘉泵阀两个省级"两化"深度融合示范区建设，重点推进永嘉系统流程装备中心的整合提升，以及电器检测中心等行业公共平台的完善，培育一批"两化"融合示范企业，切实提升温州全市企业的信息化应用水平，为企业转型升级注入新的活力。

（二）从不利因素看，主要体现在三个"短期内难以明显改变"

一是市场需求不足短期内难以明显改变。在温州市经信委监测的1200家企业中，认为2015年订单比2014年增多的仅为17.3%，认为持平的约占六成，还有约两成企业预测订单比2014年有所减少。同时，市场需求的低迷也反映在工业品出厂价上，2014年温州工业品出厂价格同比下降0.8%，近几个月均未出现明显的回升迹象。

二是中小企业赢利水平低短期内难以明显改变。2014年以来，温州市规模以上企业利润总额虽然保持两位数增长，但增幅（11.6%）较上半年回落10.0个百分点，若扣除企业投资收益、华润电厂利润，规模以上工业企业利润同比仅增长5.0%左右。特别是广大中小企业，由于议价能力较弱，在用工、资金等成本持续上升的情况下，基本上只保持微利经营，扩大产能的动力不足。以利润增长较快的电气行业为例，温州市经信委监测的电气行业产值和利润同比分别增长9.9%和23.4%，但若扣除正泰、德力西、人民、兴乐、长城等龙头企业，其余企业产值和利润同比仅增长1.5%和3.2%。

三是企业投资意愿不高短期内难以明显改变。受市场预期不足、资金紧张等因素影响，温州市大部分企业投资意愿仍然较为谨慎，目前不少在建项目仍处于观望状态，甚至取消了投资计划。初步统计，温州2014年共有回储或计划回储土地44宗，累计面积达到3926亩。温州市经信委监测的1200家重点企业中，超过四成的企业2015年没有投资计划；在有投资计划的企业中，计划投资额在1000万元以下的企业占46.5%，计划投资额超亿元的企业不到10.0%。从影响企业投资意愿的主要因素来看，认为是受市场需求制约的占48.0%，认为是受资金制约的占38.0%。

2015年，温州市工业企业发展面临的总体环境仍然趋紧。从宏观经济环境来看，2015年国际经济形势总体上仍将处于缓慢复苏阶段；国内经济面临经济增速换挡期、结构调整阵痛期、前期刺激政策消化期"三期叠加"效应的考验，经济发展进入新常态。从增长速度方面看，受国内外红利衰退的影响，经济高速增长向中高速增长换挡；从结构调整方面看，经济从结构失衡到优化再平衡，进而实现有质量、有效益的增长；从宏观政策方面看，要保持政策定力，消化前期刺激政策，调控从总量宽松、粗放刺激转向总量稳定、结构优化。从温州自身环境来看，当前温州工业强市的氛围已经形成，促进工业企业长远发展、转型发展的产业培育、平台建设、"两化"融合等都初见成效。但是，温州工业企业生产经营面临的市场需求、赢利水平、投资意愿三个"不足"短期内仍难以改变。综合以上各种因素来看，2015年温州市工业经济总体上仍将保持"稳中趋缓"的态势，企业生产经营面临的困难和压力依然较大。

四 促进温州工业企业平稳较快发展的对策建议

2015年，按照温州市委、市政府"稳中求进、克难奋进，扎实做好新常态下经济工作"的总要求，温州要在强化创新驱动、突出精准发力上下功夫，进一步改进抓工业的方式方法，着力培育工业新增长点，全力打造温州工业经济创新版。

（一）全力促进工业平稳增长

围绕温州规模以上工业增加值同比增长7.0%的目标要求，大力推进工业强市建设，着力培育"四个增长点"。

一是以五大支柱产业培育为重点推进工业强县建设。温州全市5个专项组每半年召开一次工作推进会，分别指导乐清围绕新型电气之都，瑞安围绕汽摩配先进产业基地，鹿城、瓯海、龙湾围绕时尚鞋（服）都，永嘉围绕系统流程装备产业基地为重点，推进落实产业规划和行动计划。发挥乐清省级工业强县示范带动作用，推进瑞安、龙湾（含开发区）向创建规模以上工业产值超1000亿元工业强县冲刺，瓯海、永嘉向规模以上工业产值超500亿元冲刺，力争温州全市各县（市、区）综合评价水平在浙江省进等升位。

二是以分类指导培育为重点推进工业强镇建设。根据工业强镇发展水平和路径，将强镇划分为拓展、提升、转型三类。推进拓展类强镇加大投资力

度、培育引进特色产业；推进提升类强镇强化技术创新，整治低、小、散企业；推进转型类强镇"腾笼换鸟"、发展生产性服务业，培育 12 个超百亿元工业强镇（街道），其中 2 个超 300 亿元强镇（街道）。

三是以扩容改造提升为重点推进工业强区建设。引导 11 个省级以上产业集聚区和乐清湾港区、瑞安东工业园区等新兴产业集聚区，通过优化规划、征地拓展、完善设施、改造旧厂房、优化服务等措施，提升园区发展水平。

四是以"三名"工程和"小升规"为重点推进工业强企建设。组织开展首批 20 家市级"三名"企业培育试点，转变驻企服务方式，更加突出市级对超 10 亿元企业、县级对超亿元企业的集中服务，协调解决企业生产经营遇到的融资问题、用工难等实际困难，提高企业扩大产能的积极性，力争亿元企业达到 1000 家。进一步完善将规模以下企业转为规模以上企业的培育机制，将入库企业范围扩大到 500 万～5000 万元的科技型、成长型、创新型企业，规模扩展至 8000 家，培育周期延长至 3 年，加强企业梳理筛选，协调税务、统计等部门，"一对一"帮助企业做好纳税证明、入统申报等工作，力争规模以下小微企业转规模以上数量达到 500 家。

（二）着力扩大工业有效投资

围绕温州工业投资占固定资产投资比重达到 26.0%、技改投资同比增长 20.0% 且是占工业投资比重在 70.0% 以上的目标，全力抓好重点项目督查推进、"机器换人"技术改造和小微园建设。

一是强化项目督查推进。督促各地优化用地管理计划，优先保障五大支柱产业重点项目和小微园用地，争取全年新增工业用地 10000 亩。梳理 300 个以上往年已供地未开工项目，强化合同监管、政策处理等措施，争取项目开工率在 90.0% 以上。针对温州全市 550 个在建涉地项目，督促各地倒排时间进度，开展"一对一"全程服务，集中力量解决政策处理、水电道路配套等实际问题，确保项目顺利实施。

二是强化"机器换人"技改。推进一批重点项目，在温州全市范围实施 500 项"机器换人"项目，其中市本级重点推进新增设备总投资超百亿元的重点"机器换人"技改项目 100 个以上。抓好一批示范行业，筛选鞋业等 5 个以上产业优势明显、集聚度高的重点行业，强化"机器换人"示范推广，力争在减员增效方面实现新突破。培育一批技术服务平台。培育 5 个以上行业"机器换人"产业联盟，组建 50 家以上科研平台和专家指导组。发展一批装备工程公司。以工业机器人、自动化控制和智能装备、重大智能成套装备等为重点，形成 20 家以上具有自主知识产权的装备工程公司。

三是进一步提升小微园发展层次。按照"四化五促"的要求（产业特色化、服务功能化、园区智慧化、营运市场化；促供地、促开工、促进度、促入园、促投产），争取温州全市新开工小微园 40 个，市级示范小微园 20 个，在建小微园在 100 个以上。

（三）努力化解企业担保链风险

一是增强企业资金流动性。充分利用浙江省委、省政府对温州化解金融风险的倾斜政策，鼓励各大银行积极向上争取信贷额度和贷款展期、挂息转贷等自主裁量权，实现温州地区的信贷增长速度不低于浙江全省平均增速。拓宽企业直接融资渠道。引导企业充分利用温州"金融改革"成果，强化"新三板"、企业债、风投创投、众筹等金融创新应用。创新应急转贷运作机制，联合相关银行探索实施信用精准贷项目，以存量换增量，加大企业融资帮扶力度。建立产业引导基金和信息经济创业投资基金，重点对成长型、科技型企业以及向信息产业、智慧城市等进行股权投资。

二是加快分类处置力度和速度。建立温州规模以上企业和重点行业企业经营风险评估数据库，继续对产值规模及生产现状、资产状况、赢利能力等指标开展风险评估，确定企业风险等级，实现风险提前预警。推荐优质类企业作为金融机构放贷的主要客户，满足关注类企业正常生产经营的资金需求，加强对暂时性资金困难的帮扶类企业的融资支持，加快倒逼破产类企业资产债务处置，尽快切断担保链。

三是推进企业整合重组。结合要素市场化配置改革，制定出台具体可操作的整合重组实施办法，加大对整合重组企业在用水、用电和排污容量等方面的支持力度，提高企业整合重组的积极性。以泵阀、服装等重点行业为试点，制订行业性整合重组的具体方案，争取每个行业推进示范案例 2 个、温州各县（市、区）推进示范案例 1 个以上。

附　录

Appendix

B.29 1978～2014年温州经济社会发展主要指标

年份	地区生产总值(万元)	第一产业(万元)	第二产业(万元)	第三产业(万元)	人均GDP(元)	财政一般预算总收入(万元)	人民币储蓄余额(万元)	年末户籍人口(万人)		城镇居民人均可支配收入(元)	农村居民人均纯收入(元)	城镇居民恩格尔系数(%)	农村居民恩格尔系数(%)	城镇居民住房建筑面积(m²)	农村居民住房建筑面积(平方米)	初中毕业生升学率(%)	卫生医疗机构床位数(个)
								城镇	农村								
1978	132150	55744	47361	29045	238	13477	4511	55.98	505.28	—	113	—	—	—	—	—	5826
1979	150186	62498	55400	32288	265	13781	7242	57.70	513.93	—	—	—	—	—	—	—	6449
1980	179689	68437	73121	38131	312	17089	10783	59.04	522.38	—	165	—	—	—	9.5	—	6951
1981	191755	69904	78928	42923	327	18076	14367	61.73	531.10	477	270	59.95	—	—	10.1	—	7186
1982	213686	88608	75839	49237	358	19100	18482	64.32	537.81	514	298	56.89	—	—	13.1	—	7372
1983	243432	93190	91797	58445	401	23067	24912	65.95	545.51	536	313	63.47	—	11.46	13.6	—	7737

续表

年份	地区生产总值（万元）	第一产业（万元）	第二产业（万元）	第三产业（万元）	人均GDP（元）	财政一般预算总收入（万元）	人民币储蓄余额（万元）	年末户籍人口（万人）		城镇居民人均可支配收入（元）	农村居民人均纯收入（元）	城镇居民恩格尔系数（%）	农村居民恩格尔系数（%）	城镇居民住房建筑面积(m²)	农村居民住房建筑面积（平方米）	初中毕业生升学率（%）	卫生医疗机构床位数（个）
								城镇	农村								
1984	302064	112740	116447	104420	490	27352	31717	69.51	551.01	605	345	56.64	59.45	11.88	15.4	28.1	8289
1985	378045	128045	160970	89030	605	40579	36044	85.10	544.09	819	447	54.63	57.34	—	17.1	19.2	8428
1986	449140	140772	194156	114212	710	50329	59761	88.86	547.35	1020	508	53.24	54.13	11.56	18	26.71	8881
1987	549554	175792	233083	140679	859	60944	76291	91.99	552.00	1176	626	51.71	54.73	—	19.5	22.13	9207
1988	692077	205865	290740	195472	1067	75419	94946	95.42	557.55	1602	832	56.84	53.67	—	20.4	19.42	9841
1989	728378	207848	316565	203965	1110	87672	199361	97.11	562.63	1895	924	57.51	51.82	14.84	21.3	28.48	9935
1990	778977	213424	347959	217594	1174	88929	311059	98.28	568.70	2007	929	58.47	54.84	15.41	21.4	27.67	10135
1991	929184	243483	412663	273038	1387	99391	415505	99.66	572.89	2354	1044	59.16	54.60	—	22.3	26.19	10202
1992	1268594	237351	663989	367254	1877	118946	554207	102.08	576.91	3156	1200	51.88	57.22	13.82	22.3	24.7	10261
1993	1960634	261792	1144698	554144	2874	186767	680182	104.53	581.04	4369	1474	49.34	53.89	14.27	23.2	32.42	10661
1994	2958650	306284	1726585	925781	4294	216837	987766	107.53	584.87	5625	2000	53.95	57.77	16.37	25.3	68.66	11249
1995	4016636	414154	2311076	1291406	5778	264921	1420469	111.24	586.66	7507	2801	54.41	51.26	17.16	28.4	50.69	11303
1996	5070549	473725	2952381	1644443	7232	321986	1994759	114.31	590.06	8277	3371	51.89	56.28	17.06	29.4	52.81	11288
1997	6018516	516825	3444436	2057255	8520	387066	2556952	119.76	588.59	9034	3658	48.92	60.21	20.04	30.7	54.23	11655
1998	6720564	531329	3810420	2378815	9423	459864	3229434	123.90	594.14	8968	3833	47.44	54.08	20.68	28.6	54.4	11905
1999	7290748	523703	4048362	2718682	10128	551533	3795863	127.16	594.46	10339	4024	42.65	51.20	23.28	31.0	58.7	12381

续表

年份	地区生产总值（万元）	第一产业（万元）	第二产业（万元）	第三产业（万元）	人均GDP（元）	财政一般预算总收入（万元）	人民币储蓄余额（万元）	年末户籍人口（万人）城镇	年末户籍人口（万人）农村	城镇居民人均可支配收入（元）	农村居民人均纯收入（元）	城镇居民恩格尔系数（%）	农村居民恩格尔系数（%）	城镇居民住房建筑面积（m）	农村居民住房建筑面积（平方米）	初中毕业生升学率（%）	卫生医疗机构床位数（个）
2000	8220172	532070	4556311	3131791	11276	738727	4641487	130.93	605.39	12051	4298	43.45	49.43	25.63	33.7	66.9	12411
2001	9243037	561894	5022548	3658594	12532	961088	5829091	134.13	604.68	13200	4683	39.22	46.43	26.92	34.1	72.96	12946
2002	10523525	544913	5688237	4290376	14241	1262601	7459660	138.26	600.86	14591	5091	38.13	43.66	27.70	38.2	79.47	14131
2003	12124850	556719	6604186	4963946	16369	1517719	9203153	142.95	599.33	16035	5548	37.13	44.65	28.67	38.4	83.47	15481
2004	13889065	626205	7461479	5801381	18662	1824359	10040379	148.15	598.04	17727	6202	37.43	45.13	29.16	39.4	85.72	16309
2005	15963530	648867	8668845	6645818	21335	2049213	11613127	152.61	597.67	19805	6845	32.61	44.63	31.30	40.0	88.10	16839
2006	18375038	655084	10064859	7655095	24390	2410894	14763429	156.98	599.50	21716	7543	35.22	42.55	31.51	41.3	89.83	18223
2007	21589094	680862	11704211	9204020	28387	2932606	16380211	161.06	603.51	24002	8591	36.38	44.52	33.52	42.3	95.32	18612
2008	24242923	766843	12867606	10608473	31403	3397842	20850242	164.44	607.55	26172	9469	38.36	47.55	30.16	42.1	96.07	19304
2009	25273442	803100	13142400	11327942	32588	3607243	26172245	167.12	611.99	28021	10100	36.34	46.32	30.93	44.1	95.51	20380
2010	29250426	936932	15334626	12978868	37359	4114300	29161226	170.2	616.60	31201	11416	35.2	43.11	30.5	43.0	95.8	22617
2011	34185315	1078751	17607162	15499402	43132	4856156	33422645	171.34	627.02	31749	13243	36.2	44.9	32.3	43.8	96.1	22783
2012	36691832	1142171	18529900	17019761	45906	5178928	36169626	169.50	630.70	34820	14719	37.8	45.7	33.2	45.8	96.5	26159
2013	40038617	1153905	20154845	18729866	49817	5656347	38212517	169.73	637.51	37852	16194	38.8	46	41.7	42.2	97.3	29165
2014	43028100	1179200	20462300	21336600		6124400				40510	19394	31	37.7				

数据整理与计算：王健。

331

❖ 皮书起源 ❖

"皮书"起源于十七、十八世纪的英国，主要指官方或社会组织正式发表的重要文件或报告，多以"白皮书"命名。在中国，"皮书"这一概念被社会广泛接受，并被成功运作、发展成为一种全新的出版型态，则源于中国社会科学院社会科学文献出版社。

❖ 皮书定义 ❖

皮书是对中国与世界发展状况和热点问题进行年度监测，以专业的角度、专家的视野和实证研究方法，针对某一领域或区域现状与发展态势展开分析和预测，具备权威性、前沿性、原创性、实证性、时效性等特点的连续性公开出版物，由一系列权威研究报告组成。皮书系列是社会科学文献出版社编辑出版的蓝皮书、绿皮书、黄皮书等的统称。

❖ 皮书作者 ❖

皮书系列的作者以中国社会科学院、著名高校、地方社会科学院的研究人员为主，多为国内一流研究机构的权威专家学者，他们的看法和观点代表了学界对中国与世界的现实和未来最高水平的解读与分析。

❖ 皮书荣誉 ❖

皮书系列已成为社会科学文献出版社的著名图书品牌和中国社会科学院的知名学术品牌。2011年，皮书系列正式列入"十二五"国家重点图书出版规划项目；2012~2014年，重点皮书列入中国社会科学院承担的国家哲学社会科学创新工程项目；2015年，41种院外皮书使用"中国社会科学院创新工程学术出版项目"标识。

中国皮书网

www.pishu.cn

发布皮书研创资讯，传播皮书精彩内容
引领皮书出版潮流，打造皮书服务平台

栏目设置：

☐ 资讯：皮书动态、皮书观点、皮书数据、
　　　皮书报道、皮书发布、电子期刊
☐ 标准：皮书评价、皮书研究、皮书规范
☐ 服务：最新皮书、皮书书目、重点推荐、在线购书
☐ 链接：皮书数据库、皮书博客、皮书微博、在线书城
☐ 搜索：资讯、图书、研究动态、皮书专家、研创团队

　　中国皮书网依托皮书系列"权威、前沿、原创"的优质内容资源，通过文字、图片、音频、视频等多种元素，在皮书研创者、使用者之间搭建了一个成果展示、资源共享的互动平台。

　　自 2005 年 12 月正式上线以来，中国皮书网的 IP 访问量、PV 浏览量与日俱增，受到海内外研究者、公务人员、商务人士以及专业读者的广泛关注。

　　2008 年、2011 年中国皮书网均在全国新闻出版业网站荣誉评选中获得"最具商业价值网站"称号；2012 年，获得"出版业网站百强"称号。

　　2014 年，中国皮书网与皮书数据库实现资源共享，端口合一，将提供更丰富的内容，更全面的服务。

法 律 声 明